你，燃燒殆盡了嗎？

用情商打造倦怠免疫力，在壓力下維持高效能，
和工作建立更健康的關係

BURNOUT IMMUNITY

HOW EMOTIONAL INTELLIGENCE CAN HELP YOU BUILD RESILIENCE AND HEAL YOUR RELATIONSHIP WITH WORK

by

Kandi Wiens, Ed.D.

坎蒂·韋恩斯 博士 著　葛窈君 譯

方舟文化

獻給史賓塞、寇森和索耶

我一輩子全心全意愛你們

Contents

CHAPTER 1 擺脫倦怠 9

● 情商到底是什麼？

CHAPTER 2 「你」的個案研究：是什麼讓你容易倦怠？ 41

● 倦怠關鍵詞

倦怠正在向你招手嗎？ 50

不是你有問題，是你的工作有問題 55

● 練習：匹配度檢查

地獄（可能）是別人 68

● 練習：你是什麼樣的人？

過去可以改寫 81

低效能 94

當事情一發不可收拾 100

覺察和關心 102

CHAPTER 3

善用壓力：掌控壓力的甜蜜點

善用壓力：掌控壓力的甜蜜點 105
認識壓力反應並加以管理 114
應對壓力更好的方法 119
壓力的甜蜜點 128
是什麼觸發了你的工作壓力？ 134
● 練習：覺察你在工作場所的觸發因素
我如何學會調節壓力反應？ 140

CHAPTER 4

調節的力量與展望：在壓力下維持效能

調節的力量與展望：在壓力下維持效能 147
在壓力下調節情緒 151
情緒調節策略＃1：具有倦怠免疫力的人把壓力源視為可以解決的問題
情緒調節策略＃2：具有倦怠免疫力的人主動管理工作中的情感投入
● 練習：當你進步了，但你的公司沒進步
情緒調節策略＃3：具有倦怠免疫力的人實行適應性的情緒調節
調節思想以保持清晰和平靜 168

調節行為，就是倦怠免疫超能力 191
● 練習：找出你的保護模式
● 練習：我在壓力下的最佳狀態
如何加速培養調節技能？ 202
調節的回報 205

CHAPTER 5

使命、人與價值觀：有意義的連結可以點石成金 207

與工作有意義的連結 212
當有意義的工作招來惡果
領導者和組織可以做的事
個別工作者可以做的事
● 與當下有意義的連結
與人有意義的連結 228
● 練習：找出能帶給你心理韌性的關係
與價值觀有意義的連結 240

● 練習：價值觀探索之旅
● 練習：你的價值觀是否正在叫你快逃？

CHAPTER 6
獲得倦怠免疫力的四種關鍵心態：信念如何成就或摧毀韌性 257
積極展望的心態 263
壓力是助力的心態 278
僕人式領導的心態 288
「覺察與關懷」的心態 297
成長型心態的力量 303
● 練習：讓心態轉向成長的五個有效做法
CHAPTER 7
三重處方：重新復原、重新連結、重新想像 307
重新思考復原 315
從工作壓力「和」倦怠中復原的自我照顧策略
特殊案例：從同理愁苦中復原

重新連結 332
重新想像 339
你的理想自我和工作環境 342
● 練習一：我的理想自我清單
● 練習二：我理想的工作環境清單
● 練習三：願景：重新想像你的影響力
美好的事物 352
致謝 354
倦怠風險評估 359
原書附註 389

Chapter

1

擺脫倦怠

BURNOUT IMMUNITY

護士檢查了我的血壓兩次、三次，然後第四次。她默默離開檢查室，我抓起黑莓機查看工作。這本來應該是一次例行健檢，就是那種進去半小時拿到檢驗報告就可以閃人、回去工作的情況。

幾分鐘後，醫生進來了，她問：「發生了什麼事，坎蒂？妳感覺怎麼樣？」

「我很好啊。」我說。

我確實感覺良好。問題是，在正常的感覺之下是危及生命的血壓讀數：收縮壓兩百，舒張壓一百一十。我很快就會學到，這麼高的血壓被判定為高血壓急症（hypertensive emergency），如果不治療，可能會導致許多可怕的後果：器官衰竭、視力喪失、中風、心臟病，死亡。

我的醫生搖搖頭。「妳不太好，我們需要盡快控制住這種情況。」她馬上給我開了降血壓藥物和大劑量的贊安諾（Xanax）。然後她親自打電話給我先生，叫他來接我，等我情況穩定後，命令我直接回家臥床休息三天；只要有一點點頭痛就要趕快急診。

我的第一個念頭？**我不能請病假，下週我要主持一個領導力發展課程！**

我的第二個念頭，即使在當時我也認為是不健康的：**感謝上帝，我終於有正當理由**

可以睡覺了。

我的第三個念頭：**醫生說的完全正確，我並不好。**

＊　＊　＊

上面描述的那一天發生在二〇一一年。從某種程度上來說，我這一輩子都在朝向那一天前進。

我生長於蒙大拿州東部的印地安保留區。想像一下蔚藍的天空、金色的麥田和美洲原住民文化的豐富之美，同時還有貧困、幾乎沒有受教育的機會，以及我母親家族長期精神疾病和酗酒的歷史。我的大妹在兩歲不幸過世，之後父母離婚，留下媽媽照顧剛出生不久的寶寶和我。

不用說，日子過得很辛苦，滿是掙扎。我媽受到了心理創傷，以我無從理解的方式沉浸於悲傷之中，我們住在政府補貼的住處，依靠食物券和原住民醫療服務維持基本生活。我在學校常常因為太瘦而被欺負。**這不是我的錯，**我心裡想，**我過去五天裡幾乎沒有吃東西！**

從那時起，我一直在對抗逆境造成的壓力，以及不安全感引發的焦慮。

＊　＊　＊

我要責怪一九七〇年代的情境喜劇《愛之船》和《夢幻島》，喚醒了我對「好還要更好」的執著。一九七八年，我們有了第一台電視，在此之前，我從不知道貧困以外的生活方式。這兩部電視劇讓我認識了做著重要的工作、穿著華美的衣裳、有錢到處旅行的角色。看到另一種生活方式，讓我開始想像，如果我非常非常努力的話，將來可以有怎麼樣的人生。我想像自己帶著閃亮的公事包出差，做著某種專家的工作（是什麼專家不重要），人們向我尋求指引。

當我十二歲時，蒙大拿州司法系統允許我決定跟誰住，於是我搬到了我爸家。我的人生一夜之間改變。我爸來自吃苦耐勞的德國門諾村**註1**古老家族派系，他遵守紀律、勤奮努力，有一份「真正的」工作，在一家小銀行負責貸款業務。我突然有了穩定的家庭環境，他會看管我完成作業不缺課。我發現我熱愛學習，第一次體會到實現目標的興奮。六個月內，我的成績從幾乎全F變成了幾乎全A，沉默寡言的父親為此自豪不已。

於是我開始對外界的肯定上癮，沉迷於追求成就。

我還有一種強烈的恐懼，擔心讓我的父親失望，尤其是在他把我從苦難的生活中拯救出來之後。

* * *

在這些動機的驅使下，我在高中表現優異，上大學這件事開始看起來有實現的可能。雖然我們不再生活於貧困中，但也沒有餘錢，所以我知道學費必須靠自己想辦法。我在蒙大拿州朗達普鎮的忙碌蜜蜂（Busy Bee）卡車休息站當洗碗工，省下每一分錢，還拿了三個小額獎學金，再申請學生貸款支付其餘的費用。就這樣，我上了大學，成了家族中第一個大學生。

我兼了三份工作來養活自己：律師事務所的簿記員、廉價酒吧的雞尾酒服務員以及在商場賣軟體。沒錢了，我就休學一個學期，工作到存夠生活費為止。

1 譯註：Mennonite homesteaders，自給自足、有嚴格信仰的聚落。

我就這樣念完了大學，排了滿滿的課程同時兼一到兩份工作。有時候我會無所適從，常常感到難以承受。但我害怕沒錢，更害怕無法完成學業。

於是我養成了咬牙苦撐的習慣。

＊＊＊

大學三年級，我第一次遭遇巨大的壓力和倦怠。我正在修讀一直很期待的整套進階課程，但律師事務所的上司很欣賞我的工作，希望我增加工作時間。上司的認可就像毒品，我無法拒絕。更何況，我有什麼資格拒絕額外的收入？

另一方面，課程跟我期待的一樣棒。我全心投入學習，而且老實說，成功的興奮感讓我十足上癮，無論是在考試中取得好成績，還是再次成功湊出學費，都成了我的癮頭。我更加努力工作，每晚只睡幾個小時，靠火雞肉腸和德式酸菜維生（取材自儉約的德國門諾教徒手冊）。我緩解壓力的唯一方法，就是像千禧末日那樣跑趴參加聚會。

到了學期中，我的身體和精神都疲憊不堪。我得了潰瘍，幾乎無法進食，這讓我更加疲倦。但我依然沒有放慢腳步。我不知道該怎麼放慢腳步，坦白說，我也不想放慢。我非常害怕失敗，害怕被推回以前的生活。

一位關心我的朋友建議我嘗試心理諮商。在我願意並且能夠做到的範圍內，心理諮商發揮了作用。我開始意識到自己承受的壓力有多大，以及我糟糕的應對習慣（喝酒、過度工作、完美主義）如何加劇了我的壓力。但我還沒準備好戒除這些習慣，也還沒準備好深入檢視這些不健康的應對機制從何而來。

老實說，這不能怪我，這種深刻的內省總是需要等到時機成熟做好準備，而對我來說這還需要很多年。當然，現在說這些都是後見之明，當時我只知道我充滿了懷疑和恐懼。保持非常非常忙碌的狀態幫助我領先了兩步。

* * *

然後，一線希望出現了。

大學畢業後，我錄取了企業管理碩士（MBA）課程，簡直棒呆了，一切都讓我著迷：課程內容、優秀的教授和學生、加速開展的可能性，以至於沒有空間容納以往所有的自我懷疑和恐懼。我第一次重新體驗為了學習而學習的樂趣。在這段期間我學到了良性壓力的概念，這種壓力會讓你感覺受到激勵，想要迎向挑戰，而不是不知所措和效率低下。

在這種狀態下，追求好還要更好的習慣似乎產生了優異的成果，但沒有讓我因為不良壓力而付出高昂的代價。我在一種心流狀態順利完成了學業，以全班第一名的成績畢業。

我應徵了六份工作並且全部錄取，最後進了一家顧問公司，公司的使命是讓低收入家庭更負擔得起也更容易獲得醫療。這份工作完全是為我量身打造的！我興高采烈地把簽約獎金存進支票帳戶，還買了一個閃亮的皮革公事包慶祝。就是這樣，終於——我即將踏入從小夢想的生活了。

* * *

我的「火的洗禮」（公司就是這麼說的）始於上班第一天。這意味著每一個新員工就這樣簡單粗暴地被推入火坑，填了幾張人事資料之後被帶到隔間座位，沒有其他入職培訓。順便說一句，我的座位恰好在一個沒有窗戶的置物間最裡面的陰暗角落。（多希望我是在開玩笑！）

現在我會對自己的天真苦笑，但在當時我並不擔心缺乏訓練。我剛從研究所畢業，樂觀有幹勁，相信自己能夠一路表現超出期待，創造近乎垂直的學習曲線。我也是公司使命的忠實信徒，而且我相信我加入的這個團隊裡面的同事跟我一樣有熱忱。我認為到第一季結束時，我會和非常滿意的客戶手牽手歡快地走進落日。

然後我接下了第一個任務。

我將輔導由四家醫院九名財務諮商師組成的客戶小組，身為代理總監的我要做的事，包括實施生產力和品質標準、改變眾多流程、執行新技術，目標是在一年內使團隊的財務績效提高兩倍。你瞧，兩位財務諮商師討厭這些變化，因此也討厭我。有一個財務諮商師經常對我尖叫，還有一個氣到在我走進她的辦公室時，向我扔了一個三環活頁夾。快樂的客戶日落場景到此為止。

大約三個月後，團隊中的一個人（姑且稱之為阿班）把我拉到一旁，說他無意中聽到我們的專案負責人在談論我。他們認為招募我進來是個錯誤，正在商量該如何處置我。

我驚呆了。我怎麼可能已經失敗了？跟我同期還有另外三名年輕女性被聘用，她們似乎都沒有遇到困難。我做錯了什麼？

我最可怕的惡夢成真了。我被發現了——我不配在那裡，每個人都知道。

對於一個缺乏安全感、過度追求成就的人來說，只有一件事可以做：加倍努力，努力再努力。尋求幫助不在我的選項內。在我身處的環境中，尋求支持被視為軟弱或無能的表現，我們被明確告知要「吃苦當作吃補」，要嘛證明你可以衝破逆境，要嘛去坐冷板凳。我當時還很年輕，缺乏經驗，所以單純認為企業界就是這樣，我不知道該如何質疑或為自己辯護。

因此我從來沒有想過要徵求對我工作表現的回饋，或是去找領導階層的人聊聊，確認阿班說的是不是真的。（過了很多個月，我才知道阿班是積習難改的煤氣燈操縱者**註2**。）陷入完美主義和過度工作的惡性循環後，我每週的工作時間逐漸增加到五十五個小時、六十個小時，然後是六十五個小時，每天只有工作、出差（在飛機上繼續工作），晚上抓緊時間睡幾個小時，連做夢都經常是工作。

不久之後，我累得不成人形，痛苦又悲慘，理想幻滅。事情不應該這樣發展的。每週日晚上，我都充滿了恐懼和焦慮，我會計算，如果辭職的話需要償還多少簽約獎金，但我知道我永遠不會辭職，辭職會證明我失敗了，我還有三萬七千美元（約新台幣一百一十一萬元）的學生貸款要還，而且我非常想證明，招聘我不是一個錯誤。

一如既往，我「吃苦當作吃補」，繼續奮勇向前。

＊ ＊ ＊

在接下來的幾年裡，隨著我對工作的熟練，情況確實有所改善，而且我真的很喜歡跟客戶一起工作，這對我很有幫助。然而陰霾始終未曾散去，而我的公司和許多公司一樣，非常高興員工是像我這樣雄心勃勃、缺乏安全感、過度追求成就的人。每十到十二個月，我就會有新的專案、新的客戶、新的團隊、新的城市以及一套新的職責。就在我覺得已經適應時，卻經常被告知下星期要去另一個城市執行另一個專案。我必須迅速做個總結，告別已經建立起關係的客戶和隊友，然後繼續前進。

儘管如此，我仍然表現出色，多次獲得晉升、高額獎金和加薪。同時在個人方面，一切都很棒，我於二〇〇一年結婚，二〇〇三年生下第一個孩子，二〇〇四年生了老二。

2 譯註：出自電影《煤氣燈下》（*Gaslight*），在劇中，丈夫利用一些方法，例如調暗煤氣燈來操控妻子，讓妻子誤認自己瘋了。後來「煤氣燈效應」或「煤氣燈操縱」被廣泛用於描述這種「扭曲受害者眼中的真實」的心理操控手段。

從外表看來，我是成功的象徵。我似乎擁有了一切——很酷的工作、令人印象深刻的頭銜、聰明有才華的同事、幸福的家庭、美麗的家，我賺到的錢遠比當年那個生長於印地安保留地的瘦小女孩所能夢想到的還要多。

但在背後依然是大量的自我懷疑，以及強烈的需求要證明我夠好。儘管我為公司帶來了數百萬美元的收入並穩步晉升，但我感覺也許哪一天上面的人就會意識到我是「一個招募錯誤」。現在除了每天固定工作十到十二個小時之外，我還不斷擔心沒有把家裡照顧好。我和先生相處的時間夠多嗎？我的兩個寶貝呢？我的長期缺席對他們有什麼不良影響？

週日晚上又開始變得可怕。激勵自己變得越來越困難，有些日子甚至連起床都變得困難。我把這歸因於疲勞——哪個新手媽媽不累？——並告訴自己，一旦完成了下一個重大任務，我就可以放鬆一點。或者只要堅持到夏天，我就可以去度假充電，與家人共度美好時光，這會減輕我一直以來的罪惡感。

我告訴自己，我所追求的成功需要這種犧牲。

* * *

我在二〇〇五年碰壁了。我媽媽在六月去世，我的兒子一個兩歲、一個才六個月大。悲傷和產後憂鬱症擊垮了我，有生以來，我第一次完全無法工作。我不是沒有用力嘗試過，我拖著身體走到電腦前，眼淚卻止不住地流。或者我開始做案子，但大腦就是無法運作。我感到筋疲力盡，我的工作不再有意義。工作有什麼意義？我所有的努力是否有那麼一丁點影響？

我決定請假，留在家裡陪伴孩子，同時休養。我對此感到內疚（並且非常感激我可以選擇休假），但我內心有種直覺，知道如果想再次在工作中變得高效和有成就感——如果我想再次**工作**——我就需要療癒。

緊接著兩個年幼的孩子之後，第三個兒子於二〇〇六年誕生，但我記得那兩年是一段積極而且**悠閒**的時光——跟工作節奏相比。是的，即使要照顧一個新生兒加兩個幼兒，我的生活反而感覺更輕鬆、更平靜，而且比我當顧問做牛做馬時睡得**更多**。對我來說，這是一段重要的修復時間。

但過了一段時間，我開始覺得不工作也不是個辦法。儘管整天和三歲以下的孩子玩耍聽起來很愉快，卻嚴重缺乏智力刺激。二〇〇七年，我重返工作崗位，決心以不同的方式做事。我保護自己的時間，週末不工作，並與團隊成員建立了良好、正面的關係。我愛我的新角色，領導新員工和領導力發展計畫，我再次開始喜愛工作。

讓我啼笑皆非的是，領導階層對我的表現非常滿意，以至於我再次升遷——意味著更多的工作、更多的責任和更多的出差。我的工作時間又開始攀爬往上，我的壓力也是。但我不想讓任何人失望，尤其是在他們如此看重我之後。

我緩慢但穩定地又回到了賣命爆肝的模式。如果身體沒有在二〇一一年發出求救訊號，我還會繼續前進。

在家臥床休息時，我記得躺在沙發上，吃了贊安諾之後感覺輕飄飄的，突然腦袋裡靈光一閃：**天哪**，我想，**我差點害死我自己！有些事必須改變。我需要改變。**

在家的日子，我終於開始認真檢視我的壓力、我與工作和成功的不健康關係，以及自我毀滅的因應模式。在整個職業生涯中，我忙到無法停下來思考為什麼我的動力這麼強，這麼願意犧牲工作以外的所有事情——與家人和朋友在一起的時間、睡眠、運動、假期、休閒活動，這些都是讓生活變得有意義的事。一直要到被迫完全停下腳步，我才意識到我多麼疲憊，儘管我熱愛我的工作並且仍然相信公司的使命。

我還想通了另一件事：我竭盡全力試圖忽略卻日益強烈的恐懼，並不是來自工作量，甚至不是我感到的疲憊，而是來自不斷追逐別人的目標，而不是自己的目標。

當我終於向自己承認，我感到與自己真正的目標深深脫節時，我淚流滿面。更糟的是，我一直忙著超額完成任務、壓迫自己取悅他人，以至於我甚至不確定自己真正的目標是什麼。

就在那張沙發上，我決定做出一些重大改變。如果我四十歲出頭就中風，那麼這些成功還有什麼價值呢？

得到醫生的許可後，我就開始了健身計畫，並開始練習正念。我是讀了《搜尋你內心的關鍵字》（*Search Inside Yourself*）這本書才認識正念，作者陳一鳴允許「懶惰的冥想」（「躺平冥想」是我的最愛）顛覆了我的信念。我開始給自己放假，是真正的放假，放下工作，放下手機和電腦給自己「數位排毒」。我開始劃出自己的界線，並且開始練習執行這些界線。週末不再工作，不再有馬不停蹄的出差行程，不再因為害怕讓人失望所以對每個請求都說「好」。

* * *

然後，我在工作中有了意外的發現。我的工作有一部分是培訓新員工，而大約在這個時期，情緒智商（簡稱為情商，或ＥＱ或ＥＩ）的研究引起了企業界的廣泛關注。情商有幾種不同的模型和思想流派，但在大眾文化中脫穎而出，並深刻影響管理和領導思想的，是心理學家暨《紐約時報》科學作家丹尼爾．高曼（Daniel Goleman）**註3** 博士。高曼將情商定義為[1]「識別我們自己和他人感受的能力，激勵自己的能力，以及管理好自己的情緒和人際關係情緒的能力」。高曼認為，情商是領導絕對必要的技能，也是職場成功最大的預測因素。我很驚訝地發現，真的有數千個研究結論告訴我們，情商是普通領導者和傑出領導者之間的主要區別。我把情商的概述和一些建立情商的練習納入我們的入職培訓課程，新員工很喜歡。

我也很喜歡。高曼提出的情商五個向度：自我覺察、自我調節、自我激勵、同理心和社交技能，讓我認真思考自己的領導風格，以及缺乏自我覺察和糟糕的自我調節技能，如何加劇了我在工作中體驗到的壓力。我一直在自動駕駛的狀態下工作，看不到壓力失控的所有信號，直到生病了，我才意識到自己已經徹底燃燒殆盡。以前我認為工作倦怠是累到極點，或是壓力太大、厭倦到想要放棄的狀態。但其實工作倦怠涵蓋了多種多樣的身體、精神和情緒症狀，而且因人而異，差異可能極大。我沒有認出我的症狀，部分原因是缺乏覺察，部分原因是我的倦怠經歷不符合我腦中非常狹隘的描繪。後來我很快發現工作倦怠是一種獨特並且經過深入研究的職場現象，有自己的研究主體和主題專家。根據世界衛生組織（簡稱世衛或WHO），工作倦怠有以下三個特點[2]：

1 疲憊不堪和精力枯竭的感覺，

2 對工作感到憤世嫉俗或負面情緒，以及

3 職業效能下降（感覺自己效能低落或沒有發揮最佳水準）。

我的經驗符合以上每一項。我開始思索，如果我能以某種方式增強情商，能不能運用這些技巧去管理壓力？如果當時我有更多的自我覺察和更好的壓力管理技巧，能不能完全避免工作倦怠？

---

3 編註：有「EQ之父」的稱號，著有《EQ：決定一生幸福與成就的永恆力量》。

情商到底是什麼？

自丹尼爾・高曼於一九九五年普及了情商的概念以來，他和同事理查・波雅齊斯（Richard Boyatzis）博士和安妮・麥基（Annie McKee）博士拓展了情商的模型架構，包含四個領域：自我覺察、自我管理、社會覺察和關係管理，以及十二種相應的情商能力，這是一組能夠實現出色表現的習得能力。（見圖1.1。）

從最實際的層面來說，情商是一組能力，幫助我們了解情緒如何影響我們的思想和行為，以及了解我們的社會環境、如何在其中有效運作。情商在本質上是關於：

- 了解自己
- 管理自己
- 了解他人
- 管理關係

情商最吸引人的兩點是：

- 情商能力是可以學習的。我們的生活和工作經驗構成了早期的情商基礎，可以透過刻意練習來持續磨練、調整和發展這些技能。

- 情商能力越使用越進步。

本書中穿插許多練習、評估和反思問題，幫助你練習如何發展情商，並且應用情商去管理壓力，保護自己，遠離工作倦怠。

自我覺察	自我管理	社會覺察	關係管理
自我情緒覺察	自我情緒控制	同理心	影響力
	適應力		訓練或指導
	成就感	組織意識	衝突管理
	正向觀點		團隊精神
			鼓舞人心的領導力

圖 1.1 情緒智商領域與能力 [3]

我開始大量閱讀有關情緒智商、正向心理學和工作倦怠的文獻，很快我就意識到我真心想要研究清楚這些主題——用學術界的說法就是「格物致知」。

所以，我終於決定追隨自己的熱情，而不是別人的熱情。二〇一三年，我錄取了賓州大學的博士課程，在這個理想的環境中探索我的書呆子興趣，還能夠與情商專家安妮・麥基一起研究學習，我沉浸在各種關於情商、心理韌性、壓力和工作倦怠的文獻中。很多事情開始得到合理的解釋：早年生活缺乏穩定和安全感，導致我對這方面有過度的需求、為什麼我把壓力當成別在胸口的榮譽徽章、冒牌者症候群（imposter syndrome）如何讓我陷入工作過度和完美主義的陷阱、緩解壓力時我為什麼會選擇慰藉性的活動（瘋狂追劇和吃垃圾食物）而不是恢復活力的活動（與家人共度時光、遠足、旅行、充分休息）。

然後，在一種大夢初醒、靈智頓開的體悟中，我從學生轉變為研究者的時刻到來。我開始設計並執行自己的研究，期望在情商、壓力和倦怠這些主題中找出可預測的結果，輕輕鬆鬆寫出一篇強有力的論文。

與我的期待相反，偶然的發現改變了我的研究進程，最終改變了我的人生。

* * *

在我對三十五家大型醫院醫務長進行的一項關於倦怠和職業壓力的研究中，絕大多數人（六九％）表示他們的壓力等級為嚴重、非常嚴重或最嚴重。由於職場的壓力如此之大，我預計倦怠率會很高。但這些承受巨大壓力的領導者中，大多數人不僅**沒有**身心俱疲，**也沒有表現出往倦怠發展的跡象**。

這非常令人興奮，但一項小型研究的結果並不完全代表科學突破。因此我和團隊進行了更多研究，聚焦於承擔高壓力的領導者。在每一項研究中，我們看到了相同的模式：儘管有些參與者符合倦怠的診斷標準，但總有一群人承受著高到危險的壓力卻沒有倦怠，也沒有表現出即將倦怠的跡象。

這些人是怎麼回事？他們是否中了某種基因大樂透，天生就有消滅壓力的超能力？或者是因為教養的緣故，他們是由異常冷靜的父母撫養長大的嗎？這是後天習得的技能嗎？還是說，他們是「絕地武士」等級的冥想大師，即使身處長期充滿壓力的環境依舊泰然自若？

無論他們嗑了什麼，能不能分我一點？

* * *

儘管大多數媒體對工作倦怠的報導把重心放在世界各地的飆升率（這確實值得報導），但我對這群幾乎不為人知的領導者產生了強烈的好奇，他們似乎對工作倦怠免疫。如果我能找出他們與其他人的不同之處，找出這些人的共同點，可能會成為我們學習如何避免倦怠的關鍵。

這就是我打算要做的事。我進行了數百場深度訪談，這些領導者在工作中承受著危險的壓力等級（在十分的壓力量表中達到七分以上），但他們設法避免了倦怠。到底是什麼未知的因素防止他們精疲力竭？

收集完所有資料之後，結果發現這些人確實有不同之處，也有共同之處。未知的因素一直就在我面前，那就是情商。

不管是什麼職責或行業，不管資深資淺、教養背景或由誰撫養長大，具有倦怠免疫力的人共通的一件事，就是高情商。

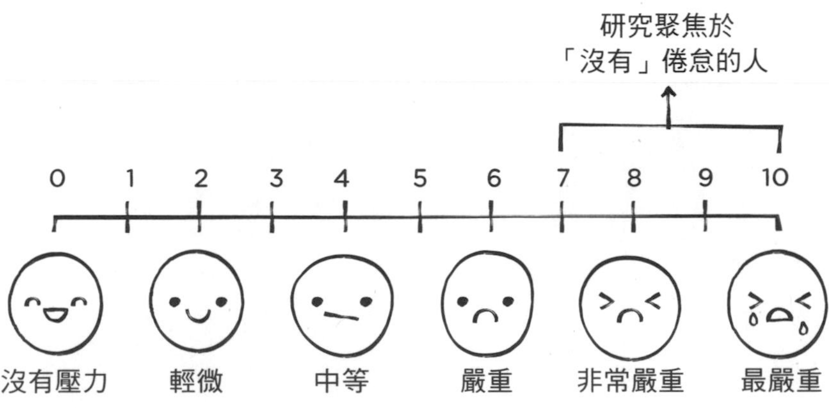

圖 1.2 壓力評估工具

他們之所以免疫，不是因為他們異常冷靜，也不是因為他們是冷漠疏離的領導者。很多人都處於高度緊張甚至焦慮的狀態，而且心思全放在工作上。但他們都有能力準確感知自己的情緒，以及員工和同事的情緒，並且有能力在衝突摩擦中處理所有情緒，不會屈服於無效的自我保護模式或不健康的行為。

換句話說，他們都依靠情商來調節自己的情緒，並在高壓力情境中對他人的情緒做出有效的反應。高壓力情境包括肩負整個社區的安危、失去重要客戶、需要立即做出重大決定、帶頭發起高風險的計畫或新事業……或者單純只是每天有太多事情要做，卻沒有足夠的時間和支援。整體而言，高度發展的情商賦予他們卓越的應對能力，幫助他們成功管理壓力，獲得倦怠免疫力。他們的經歷讓我明白了一個重要的事實：沒有人能免於壓力，但每個人都能獲得倦怠免疫力。

是的，每個人都能。因為情商並不是少數幸運兒與生俱來的天賦，而是一項可以培養的技能，就像其他技能。**每個人**都能建立和提升情商，使用情商策略成功管理工作中的壓力，得到倦怠免疫力。

這正是我在這本書裡面要教給大家的東西。

* * *

獲得倦怠免疫力最初也最重要的步驟之一，就是確定你的風險等級。你目前的工作壓力有多大？是否壓力山大、有倦怠的危險、在倦怠的邊緣，或已經身心俱疲？為了認識你在倦怠風險範圍內的位置，請完成第三五九頁的倦怠風險評估。你可以選擇直接寫在書上，也可以用智慧型手機掃描QR碼上網填寫（英文版），網站中還有其他工具和資源可以幫助你降低倦怠的風險，或減輕已經出現的倦怠對你造成的影響。

不論你落在什麼樣的風險範圍，我假設拿起這本書的你工作壓力很大，擔心自己過勞或陷入倦怠；或者，也許你和其他數百萬人一樣，也和二〇一一年的我一樣，早已精疲力竭。為了幫助各位讀者，我把我的研究結果濃縮成一套情商技能、原則與策略，在我研究具備倦怠免疫力的人時，這些方法一次又一次出現，正是我將在本書中與各位分享的內容。本書每一章將帶領你掌握以下技能，向你展示如何培養這些能力，並將其融入你個人獨特的工作環境：

1 覺察
2 調節
3 有意義的連結
4 心態
5 重新復原、重新連結、重新想像

覺察自身的情緒組成要素以及情緒如何驅動我們的思想和行為，是其他倦怠免疫技能的基礎。更清楚的覺察讓我們能夠知道，是什麼觸發了我們，以及為什麼、是什麼讓我們對壓力更敏感、從激發能量和專注的好壓力轉變為掏空擊垮我們的壞壓力，其關鍵轉折點是什麼、我們在壓力下的自我保護模式、當我們有壓力時對同事和文化的影響，以及我們可以控制什麼、不能控制什麼。

調節是有技巧地管理我們的情緒、想法和行為。尤其是當我們壓力山大、不知所措時，情緒就會占上風，思想加速失控。我們都知道處於焦躁狀態時會發生什麼事——常會做出無益甚至完全是有害的行動，最終給自己（和同事）帶來更大的壓力。學會自我調節，有助於防止我們放任自己的負面想法、無益的情緒，以及不經大腦的衝動行為，這些會提高倦怠的風險，讓我們忘記追求理想的自我。

有意義的連結幫助我們減輕壓力，防止工作過度，為我們提供健康的休養生息之道。研究顯示，任何類型的有意義的連結，包括個人或社群關係的連結、工作或使命感、目標、嗜好或出於熱情從事的計畫等，都會讓人感覺更幸福、壓力更少，身心更健康。我們將會檢視，與工作、人際關係和價值觀產生有意義的連結，如何降低壓力、預防倦怠。

心態是我們對工作、生活等一切的整體信念和態度。你的心態是充滿希望、樂觀，還是消極悲觀？你是否認為這個世界歡欣、美麗、安全、豐富、充滿意義，並且能夠變得更好？或者你確信一切會急轉直下、掉入地獄？研究證實，即使外在環境很差，那些抱持積極有希望的態度，並且相信自己能夠實現積極改變的人，心理韌性更強，壓力更小，擁有更好的個人和職業關係。在我自己的研究中，我觀察到，具有最強的倦怠天然免疫力的人，擁有最積極的觀點，相信壓力可以是一種助力，具有僕人式領導的心態，固定奉行自我疼惜（self-compassion）。後面將會介紹行之有效的方法，即使是最消極的人也可以培養出希望和積極性，即使在承受巨大壓力時亦然。

重新復原、重新連結、重新想像——我稱之為「三重處方」，可以作為獨立的倦怠免疫策略。定期釋放工作壓力可以降低倦怠的風險。當然，一旦進入倦怠狀態，需要適當的修復才能重新復原。固定花時間與自己的價值觀和願景重新連結的人，具備更強的倦怠免疫力，特別是在應對工作中的重大壓力源時，例如新的職責、公司文化改變或遇到挫折。最後，能夠重新想像新的前進道路，無論是在倦怠來襲之後，或是我希望各位都足夠幸運，能在壓力升級時就開始注意，重新想像能讓你跳出目前感受到的壓力，撫平倦怠的火焰。

在閱讀本書的過程中，你將看到壓力管理、心理韌性以及倦怠預防和恢復的最新研究；具有倦怠的天然免疫力以及像我這樣後來在生活中獲得免疫力的真人實事；以及各種練習和自我評估，讓你可以立即開始量身打造個人化的工作倦怠免疫力計畫。

開始深入討論之前，我想提出一些注意事項。最好的情境是在倦怠發生之前預防，然而，如果你已經處於倦怠的狀態，**並且**想要繼續工作，我將向你展示如何運用情商和倦怠免疫技能開闢一條復原之路，與工作建立更健康的關係。

但如果你身處有毒或戕害身心的工作環境，或者你的工作要求太高，以至於損害了你的心理或身體健康，你需要開始盤算出路。沒有必要在難以忍受的工作條件下硬撐，我自己是吃了苦頭才學到這一點，現在回想起來，我很感激那場健康危機，讓我重新審視了自己與工作的關係，並讓我走上了一條更符合我的價值觀和理想願景的職業道路。但我真心希望各位讀者不需要走到這一步。如果你正處於這種情況，希望你今天就尋求幫助，之後再依靠這本書給你力量，快快離開有害的環境，去追求新的、更健康的職業道路。

新冠疫情後，對職場心理健康和福祉的重視逐漸抬頭，這讓我感到鼓舞，儘管仍有太多跡象表明工作倦怠是一個體制問題，深深根植於許多組織文化中。現任史丹佛大學胡佛研究所人力資源總經理的卡門・艾利森（Carmen Allison）博士曾是我的學生，她研究了極端壓力和內在壓力對高階主管的影響。她觀察到，雖然壓力和事關重大的情境永遠是工作的一部分，但企業文化讚揚高壓任務，甚至堅持這是「預期會發生的一種過渡儀式」。員工們感到別無選擇，只能忍受這種被視為榮譽勳章的「火的考驗」。

令人痛心的是，這與我當顧問時的情況沒兩樣。儘管我們知道這條路無法持久，但同樣的模式仍舊存在。艾利森的研究參與者中，有一一%把工作壓力評為**超過**十分（滿分十分），許多人感到精神極度痛苦。她寫道：「龐大的壓力體驗不利於這些主管的健康和福祉、認知和注意力，並對組織造成破壞，對我們最寶貴的一部分人力資源造成不可逆轉的傷害。」最後，艾利森做出使人心寒的結論[4]：「困難任務的領導者在選擇和提供支持這兩方面都欠缺重視，考量到這一點，我得出的結論是，執行任務的領導者被視為隨時可以被取代。」

隨時可以被取代？這裡面有嚴重的錯誤。

另一方面，我目前正在指導本地一名高中生小愛，她在做的畢業專題是十二年級生的倦怠率和嚴重程度。她告訴我：五五%的同學同意或強烈同意他們感到不堪負荷且身心俱疲，就在同一天，一位朋友轉發來了一份報告，裡面的統計數據令人擔憂：儘管全球的工作倦怠率在二〇二二年略有改善，從七一%下降到六三%，但在前一年，Z世代註4員工出現倦怠的比例，達到驚人的八四%。這些數字很可怕，但真正嚇到我的是，四〇%的受訪者認為身心俱疲是**成功不可避免的一部分**[5]。

從經驗老到的專業人士到剛進入職場的新人，再到**青少年**，全都身心俱疲、精力耗盡、士氣低落，而且接近一半的人認為，身心俱疲是成功必須付出的代價。這裡面確實有嚴重的錯誤。

我無法宣稱自己知道所有答案，知道該如何改革體制和文化，使倦怠不復存在。但我確實知道我們需要集體努力，由那些有覺悟、有活力、準備好改變工作文化的人帶領，從卡門．艾利森口中「自求多福」（sink or swim）的文化，轉變為「提供支持，邁向成功」，讓每個人都擁有蓬勃發展所需的工作條件。倦怠使個人喪失高效、有影響力的機會，也喪失了在工作中感到滿足和快樂的機會。倦怠導致的缺勤、生產力損失和人員流動，使組織每年損失超過一千九百億美元（約新台幣五兆七千億元）。倦怠也剝奪了醫護人員、教師、創新者、管理者、企業家、公共安全人員、兒童保育提供者和政策制定者可以提供的貢獻和解決方案，他們因為感到精疲力盡、難以承受、得不到支持、缺乏生產力而陷入倦怠。

所以，讓我們一起預防倦怠的發生吧！無論你正擔負著你所熱愛並且希望保持的高壓力職責，還是因為開始感受到長期壓力和逐漸倦怠的跡象而憂心忡忡，都請記住，生命太短暫，不應該在疲憊、生病、缺乏成就的工作和倦怠中度過。我已經向世界各地成千上萬的人傳授了倦怠免疫力的原則，他們的故事每每讓我驚嘆，當他們學會提高情商技能，找到更有效的方法來應對職場壓力，人生可以變得多麼美妙。我很高興在這裡分享他們的故事，以及大量的實用工具和策略，可以用來保護你自己，免於倦怠。

這本書的完成要深深感謝所有那些了不起的人，他們幫助我理解了為什麼有些人不會陷入倦怠、不會身心俱疲，以及我們可以從他們身上學到什麼。本書獻給每一位親愛的讀者，祝願你能掌控自己的幸福，與工作建立更健康、更快樂的關係。

4 編註：Generation Z，簡稱 Gen Z，指一九九七年至二〇一二年出生的人，是第一代從小接觸網路和數位行動裝置的社會群體。

Chapter

2

「你」的個案研究：

是什麼讓你容易倦怠？

希望你曾經做過工作倦怠風險評估，如果沒有，請花一些時間翻到本書的後面（見第三五九頁），完成倦怠風險評估。了解你的倦怠風險程度，是自我覺察的第一步，有助於根據你的獨特經驗和需求繪製出前進的道路。

相信你們當中有些人已經知道自己身心俱疲，根本不需要什麼檢測來證實這一點。或者你可能像許多完成評估的人一樣，對自己的結果嚇了一跳，因為看到自己處於中度或高度的倦怠風險而擔憂。你的評估結果揭示了什麼訊息？

我輔導的一個客戶在發現自己面臨高風險之後，說了一句讓我永生難忘的話：「我有兩種生存模式。工作時，我是一台機器，只懂得埋頭苦幹。在家則是完全放空，感覺麻木，有時甚至不記得自己睡著了。」

我就直說了：這種生活方式一點也不可取。雖然短時間內有可能維持這種苦幹的模式，但這名領導者所承受的生活步調和強度不是長久之計。

然而，我真正想讓各位注意的是，其實她在兩種模式中**都是**放空麻木的。她日以繼夜處於一種麻痺的自動駕駛狀態，而這並不足為奇。用這種方式，她才能撐下去，工作太多，能夠為她充電和支持她的事情卻太少，例如與朋友在一起的時間、運動或嗜好。直到職業倦怠風險評估得出令她驚訝的結果，她才停下來關注自己，意識到工作壓力的影響。

她並不是唯一一個處於自動駕駛狀態的人。每天我都會從研究參與者、研究生和研討會參與者那裡聽到同樣的說法。（連我自己依舊偶爾也會進入這種狀態。）某一次公司座談會之後，一位參與者過來找我說話，他的眼裡含著淚水。那天稍早，他贏得了銷售獎，上台領獎時，三百名領導者爆出熱烈的掌聲。現在他站在同一個講台上，在我身邊為自己情緒激動道歉。

「不用介意。」我說，並邀請他坐下來談談。

「我只是想告訴你，」他說：「我接受了你的評估，結果把我嚇壞了。我今天得的那個獎，過去五年裡面，我得了四次。每個人都認為我狀況絕佳——幾個小時前，我也會這麼說。但這項評估說我的倦怠風險很高。」

「你覺得真的是這樣嗎？」我問他。

「就是因為這樣，所以對我的打擊才這麼大！」他說。「我想我早就知道自己快要崩潰，但是我不想承認。」

接著他對我講述，他多麼努力工作、為養家餬口做出多麼大的犧牲。「家人對我來說是最重要的，但如果我為了支持他們而燒盡自己，又有什麼好處呢？」他說。「我投入工作的這些時間，意味著我甚至沒時間和他們在一起。到底是為了什麼？」

我點頭表示認可。就像這個年輕人一樣，我常聽到有人告訴我，他們感覺到不對勁，卻沒有停下來深思，沒有從更深的層次去認識正在發生的事情。有數不盡的原因，讓我們避免把注意力集中在自身，以下是我聽到和觀察到的一些最常見的原因：

- 擔心如果放慢腳步或停下來休息就會錯失機會。
- 害怕需要尋求幫助，覺得這是失敗或軟弱的表現。
- 覺得專注於自己是一種放縱或某種可恥的行為。
- 擔心會發現需要做出改變，而且是需要付出很多努力的改變。
- 單純覺得工作之外沒有時間做任何事。

無論原因是什麼，我們當中的許多人寧願保持忙碌，不停地在不知不覺中升高倦怠的風險，也不願意停下來關注自己的經歷。一位座談會參與者曾經告訴我：「公司付我錢可不是讓我去尋根究柢，拿了薪水就要有產出。」

我懂。老實說，我**曾經就是這樣**想的。但我想對他（以及年輕的我）說的是，第一，這是一種非常狹隘的觀點，並非覺察的全貌。正如我們即將看到的，覺察不僅僅是內省，不是光思考不做事，甚至不僅僅是關於自我。第二，任何人若是想要成為最快樂、最有效能的自己，**並且**長期維持這種狀態取得成功，都必須培養覺察的技能。事實上，是不能不培養。

研究證實了這一點。大量研究顯示，自我覺察的人更有自信、更有創造力，能夠做出更好的決策、建立更牢固的關係、更有效地溝通、獲得更多升遷，甚至開創更賺錢的公司[1]。同時，對**他人**的覺察（社會覺察）對於良好的領導、團隊合作和整體效能至關重要。那些具有同理心或能夠同理他人感受的人，能夠更好地指導他人、凝聚向心力和做出決策，並且能夠更有效地溝通和合作[2]。

反過來說，欠缺覺察會干擾個人和組織的成長。欠缺自我覺察的員工無法正確評估自己的優勢和劣勢，難以調節自己的情緒，不太會去考慮他人的觀點，在這種人手下工作也沒有樂趣可言。研究顯示，與欠缺覺察的人一起工作可能導致壓力上升、動力下降、辭職的可能性增加，甚至對績效產生負面影響，與這樣的同事合作，會使團隊成功的機會減少一半[3]。

想要了解自己到底是什麼樣的人（而不是別人希望我們成為什麼樣的人，或我們認為自己應該成為什麼樣的人）、什麼類型的工作環境最適合自己的性情和能力、我們想要產生的影響，以及支持我們做出選擇和行動的價值觀，就必須要有覺察。想要增加心理韌性、獲得倦怠免疫力，也必須要靠覺察。

從最簡單的層面來說，**自我覺察**是有能力正確識別並理解自身的情緒、想法和行為，以及其背後的根本原因。有自我覺察時，我們對自己的感受、想法和行為，會有清晰客觀的看法，也能正確評估對別人如何看待我們、對我們產生的感受。自我覺察對於心理健康至關重要。

社會覺察則是有能力正確辨識並理解我們的情緒、想法和行為對他人的影響。其中包含同理心，也就是了解其他人的感受，以便正確預測和理解我們的情緒及行為將如何影響周遭的人。**社會覺察**對於公司組織的健康非常重要。

請注意，在自我覺察和社會覺察中，正確是一大關鍵——事實證明這比你想像的困難得多。組織心理學家塔莎．歐里希（Tasha Eurich）經過將近五千名參與者的五年研究後，做出這樣的結論[4]：九五％的人自認具備自我覺察能力，但實際上只有一〇到一五％的人真正具備自我覺察能力。歐里希的發現與我對輔導客戶進行的情商評估一致。首先我會讓我輔導的客戶完成對情商能力的自我評估，然後要求他們找幾個一起工作的人（上司、同事、直屬部下，通常還有隊友、外部顧客和客戶）對他們完成相同的評估。綜合分析這些評估之後，最新的發現是，只有一九％的人對自己的情商能力做出正確的評估[5]。

我們自認為的自我覺察與實際擁有的自我覺察之間，確實存在著巨大的差距，但是認真想想可能喪失自我覺察能力的許多情況，即使只是暫時喪失，就會開始覺得出現這種差距是有原因的。你是否曾經無緣無故心情不好？是否曾經漫不經心從事某些活動（例如不停滑手機觀看負面消息、猛吃零食或做白日夢）然後「回過神來」滿頭問號，時間怎麼就這樣過去了？你是否曾經被自己對工作中某件事的反應嚇到，或是對不知為何就脫口說出的話感到後悔？或者再想想這些情況：你是否曾經與某個人共事或在某個人手底下工作，他們的能力或表現並不符合他們自認為的誇大形象？或是表現頂尖的人一直低估自己或低估自己的貢獻？你是否曾經被績效評估殺了個措手不及，因為主管對你的評價遠遠低於或高於你的預期？你是否曾經激怒或傷害了某人，因為你所說的話或所做的事被對方以一種你完全沒想到的方式解讀？

這些都是缺乏覺察的情況。當然，情節輕重有所不同，但在所有情況中，缺乏覺察意味著我們錯失了重要的訊息，也就是我們是什麼樣的人、我們真正的優缺點以及給人留下什麼印象。這可能代表我們與自身的經驗脫節，察覺不到我們的情緒、想法和行為對自己及他人的影響。在工作倦怠方面，長期欠缺覺察，可能導致我們忽略線索，沒有察覺到工作相關壓力正在滲入倦怠的領域。

現在你應該做完了倦怠風險評估，對自己的倦怠風險有了基本認識，本章的其餘部分將加深你的認識，了解你的內在天性以及可能提高你倦怠風險的外在因素。第一個任務就是收集資料。我們將一起找出，工作相關的壓力如何影響你，有哪些重要人物或事件，在早期影響你學會如何處理壓力，以及屬於你的獨特天賦特質，這些特質使你成為現在的你，其中某些特質可能會使你對特定的壓力源特別敏感。就在先天（天賦特質）與後天（環境影響）的交會處，你將找到一組專屬於你的密碼，揭露哪些因素特別容易使**你**倦怠，哪些因素又能增加你應付壓力、建立心理韌性的能力，最終避免身心俱疲。

要獲得倦怠免疫力，最有效的方法，就是確切知道是什麼讓「你」容易倦怠——不是你的老闆，也不是競爭對手，更不是那個看似不知疲倦的同事——然後採取措施保護「你」，遠離倦怠這個職業殺手，這個殺手又被稱為「人人有機會中獎的國際危機」[6]。

倦怠關鍵詞

根據世界衛生組織的定義，工作倦怠的特徵是感到**疲憊不堪**、**精力枯竭**、對工作持**憤世嫉俗**或**負面態度**，以及**職業效能下降**。然而人們以多種不同方式描述倦怠的經歷，而我們選擇的詞彙是一扇窗，得以窺見我們的經歷。請花點時間回想一下你說的話，談論工作時是否出現以下任何關鍵字詞？這可能是一個信號，表示你正處於倦怠狀態或有這樣的危險。

生氣
焦慮
苦
臨界點
不能再這樣下去了
厭世
被打敗
洩氣
士氣低落
脫節
灰心
提不起勁
疏離
情緒枯竭或被掏空
累
疲勞
受夠了
沮喪
無助
絕望
我想退出或放棄

我永遠無法度過這一關
不可能
冷漠
沒有效能
煩
無精打采
沒力氣
麻木
超載
不知所措
悲觀
無意義
不滿
聽天由命
急轉直下
卡住
痛苦
沒有成就感
生產力低下
被困住
退縮

倦怠正在向你招手嗎？

一提到倦怠，我們往往想到倦怠最極端的形式：走到臨界點的極度不快樂員工，精疲力竭，甚至可能正站在崩潰的邊緣。雖然這樣的描述正是許多人的經歷，但工作倦怠狡詐的地方在於可能悄悄上身，慢慢以微小的步伐占據主導地位。想一想古老的溫水煮青蛙比喻：冷水鍋裡的青蛙在溫度緩慢逐漸升高的情況下，不會注意到水已經變得太熱。同樣地，我們的工作壓力可能逐漸增加，以至於我們沒有注意到自己正走向倦怠，直到發生一些事情才讓我們驚醒。

有時候，就像我輔導的那個客戶一樣，光是應付兵荒馬亂的日常生活，就已經占據了我們全部的意識，根本沒有腦容量去關注自己的內在發生什麼事。有時正如我們之前看到的，我們會避免自我覺察，可能是有意識或無意識的（是的，你可能沒有意識到自己沒有意識到！）。不要忘了，即使是真正熱愛自己的工作，並在工作中熱情追求卓越的人，也可能發生倦怠。

我最近看到這種現象，是在一群幼稚園到高中的督學身上，我們在賓州大學共事。當疫情徹底顛覆他們的日常生活和教育工作時，他們超級專注於解決問題，思考如何應對劇烈的變化，要讓教師、工作人員和家庭滿意，同時還要優先考慮學生的福祉並且維持嚴格的學習標準。要做的事情太多，以至於他們沒有時間想到自己，為了跟上劇增的工作量和一系列全新的需求，許多人到最後是把自己的情緒關進小房間。

現在學校重新開放，教學回歸正常，他們才有力氣關心自己的經歷，反思他們做出的犧牲，其中許多人名副其實「醒過來」，體認到他們已身心俱疲，陷入倦怠，感覺就像是從潛意識倦怠轉變為有意識倦怠。

重點是，如果我們沒有意識到工作相關壓力所造成的負面影響，就很容易陷入倦怠，無論是痛苦的工作還是在追求夢想的工作，**都會**造成負面影響。然而若能調整自己去自我覺察，就可以開始注意到一些跡象，甚至是非常細微的跡象，顯示出工作壓力正在逐步升高，倦怠正在向你招手。

研究告訴我們，造成問題的工作壓力主要出現在生活的五大領域，接下來讓我們看看每一個領域有哪些跡象，透露出壓力正在進入危險的區域。請一面往下看，一面檢查你的生活中是否出現任何「求救訊號」，特別是以前沒有過的經歷或行為，或者嚴重程度或頻率正在升高的情況。

身體健康：開始出現頭痛、消化問題（消化不良、噁心、胃痛）、肌肉緊張、胸悶或氣短、失眠、疲勞、飲食習慣改變（吃太多或太少）、落髮、血壓升高、心跳加快、過度出

壓力如何影響我們？

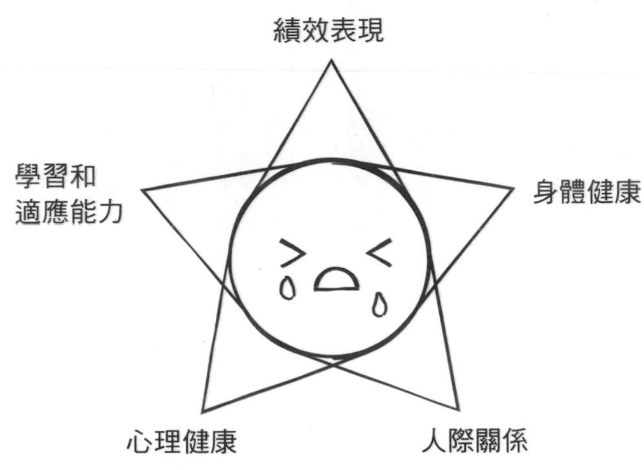

圖 2.1 壓力影響我們的五大領域

汗、磨牙、性慾減退、經常感冒和感染。

心理健康：感到過度擔心、悲觀、憤世嫉俗、對曾經感興趣的事情缺乏興趣、自卑、缺乏控制、不知所措、焦慮、悲傷、灰心喪志或士氣低落；壓力夢；開始仰賴不健康的應對機制（逃避、物質濫用、過度消費、過度使用社群媒體等）來減輕壓力或「麻痺自己」。

人際關係：發現自己對同事和親密的人更加煩躁；經歷更多的衝突；更無

法容忍別人的錯誤、缺點或學習曲線；更愛爭論，不太願意參與團隊合作，不太願意聽取別人的意見；躲避人群；不再像以前那樣享受與他人相處的時光。

學習和適應能力：發現自己無法像以前那樣集中注意力；不太願意走出舒適圈；變得健忘；學習新技能或技術的速度變慢；更抗拒改變，更具防禦性；更不願意採取新的措施和方案；堅持自己的慣例或流程。

績效表現：錯過截止期限、變得雜亂無章、做出不佳的決定、逃避責任、更頻繁請病假，犯下依你的個性不會犯的錯；感到缺乏動力或脫節；努力工作但結果卻沒有顯現出來；生產力變低；比以前需要更多的監督；幻想甚至計劃離職。

看完這串落落長的壓力負面影響，我想說的第一件事情是，**你在工作中感受到的壓力不是你的錯**。我就是活生生的例證，只要學會健康的應對機制以及提高心理韌性的方法，就能扭轉乾坤。不過，長期的工作壓力會不斷折磨你，這代表著你的工作環境出了問題。為了真正解決工作相關壓力並防止倦怠，必須解決源頭造成壓力的職場因素。

不是你有問題，是你的工作有問題

工作倦怠專家普遍同意，倦怠主要是由職場出現的心理危險因子所引起的。換句話說，不是你有問題，是你的工作有問題。（我一直想把這句話印在T恤上，在寫這本書時終於付諸實行。）

倦怠專家克麗絲汀娜．馬斯勒（Christina Maslach）博士及麥可．萊特（Michael P. Leiter）博士寫道：「個別員工的倦怠更多的是反映他們的工作條件，而不是他們本身。與大眾的觀點相反，需要改變的不是個人，而是組織。[7]」在另一段敘述中，馬斯勒把倦怠比作煤礦裡的金絲雀，大家都知道礦工會把金絲雀放入礦坑試毒，如果金絲雀從礦坑出來時呼吸困難或出現功能障礙，我們不會責怪金絲雀缺乏恢復能力或無法抵抗有毒氣體，而是會去了解礦坑出了什麼問題[8]。

談到倦怠時，有害心理健康的職場條件持續存在，才使工作變得有毒。最容易倦怠的人在工作中承受的壓力長期落在高度「痛苦區」（十分制的七分以上）。最近有人告訴我：「當我感到徹底身心俱疲，不是因為那天發生了不好的事情，而是當事情變得越來越嚴重時，我沒有停下來採取任何行動。」這很符合馬斯勒的敘述：「倦怠是對工作中慢性情境壓力源的長期反應。[9]」

一言以蔽之，在你試著找出什麼因素讓你更容易倦怠時，首先要看的是你工作的公司組織。

什麼地方失調了？

馬斯勒和萊特斷言，當人們與其公司組織在以下一個至多個領域存在「長期不匹配」時，就會發生倦怠[10]：（1）工作量，（2）掌控性，（3）報酬，（4）價值觀，（5）公平，（6）社群。是什麼造成不匹配？很簡單，當公司組織的情況不符合個人需求和期望時。

接下來讓我們更詳細地一一察看這六個關鍵領域，以及每個領域的長期不匹配如何影響工作。然後我將引導你進行一項練習，幫助你更清楚認識你的工作環境，了解工作中發生的哪些事可能增加你的倦怠風險。

工作量：雖然工作量增加確實與倦怠相關（工作量大導致壓力更大、更疲憊），但並不單純只是工作越多壓力越大。當個人的能力與工作要求不匹配時，就會出現問題[11]。每個人能夠投入工作的程度不同，有不同的疲憊閾值（threshold），也有不同的休息和恢復需求。所以我們必須知道自己需要什麼，才能茁壯成長，以及我們的身體、情緒和精神極限在哪裡。

我永遠記得有一次在我主持的週末靜修營中，一家跨州製藥公司的三十位財務主管從全國各地飛來，每個人在抵達之前都先填寫了一份個人調查表，讓我對他們的職責和主要關注領域有個概念。一如既往，我收到了各式各樣的回應，但是其中兩份表單因為太過極端，立刻吸引了我的注意。第一份的大致內容是：「這是我做過最好的工作。每天醒來，我都因為公司的使命和我們正在做的工作而感到充滿活力。」另一份則是在吶喊求助：「我的工作量快把我壓垮了，如果再不改變，我撐不下去。」

後來我有機會坐下來跟這兩個人談，令我大吃一驚的是，他們不僅在同一個辦公室工作，而且在同一個部門向同一個上司報告，擔負的工作量幾乎相同。從這個活生生的例子可以看到，在同一個工作環境中承擔相同職責的人，對工作量的主觀體驗可能截然不同，對倦怠的耐受力也截然不同。

掌控性：對於工作，你擁有的自主權是否符合你的價值觀、個人需求，以及你對何時和如何完成工作的願望？你在工作中實際獲得的控制權，如果不符合最佳表現所需，毫無懸念，必然會產生更多壓力，增加倦怠的風險。

回想大學時代在商場攤位打工時，我結識了不少商場員工。除了奧客之外，他們的第一大抱怨是缺乏對日程安排的控制。許多零售和服務業的員工要到幾天前才會知道自己的班表，而且班表隨時可能調整改變。研究顯示，在任何職業中缺乏掌控性和倦怠之間有明顯的關聯，但零售業和其他第一線工作者的倦怠率正在攀升。根據最新的全球第一線工作體驗狀況研究，五八%的第一線工作人員因倦怠而計劃辭職，六八%的零售業員工表示，倦怠是比薪酬（五〇%）更有力的辭職動機。

這項研究也詢問了員工什麼可以讓他們留任，最常見的答案是有彈性的時間安排[12]。

報酬：重點只有一條[13]：「報酬不足，無論是財務、組織還是社會報酬，都會增加員工倦怠的可能性。」感覺你付出的努力和時間沒有得到相對的回報，或者感覺你的努力沒有得到認可或讚賞，對情緒會造成很大的打擊，容易導致憤世嫉俗、感覺效率低落和情緒耗竭，而這三項都是倦怠的表現。

最近美國衛福部次長辦公室發布了職場心理健康與福祉綱要，訂出員工在工作中茁壯成長、身心健康以及為職場做出積極貢獻所需的五個基本要素。（這五個要素與馬斯勒和萊特的六個關鍵領域有很多相似之處。）我想強調其中關於報酬的三個方面，在綱要中被列在「工作中的價值感」這項要素之下。

第一，無論從事什麼職業，我們都想知道自己是有價值的，知道我們所做的工作是有意義的。知道自己是有價值的、受到重視的，可以減輕壓力，若是感覺自己不重要或不受重視，則會增加憂鬱症的風險，導致憤世嫉俗和退縮的感覺[14]。第二，幸福感與收入之間有直接相關性。普華永道（Pricewaterhousecoopers，簡稱PwC，台灣加盟所為資誠聯合會計師事務所）最近的一項調查顯示，四九%有經濟壓力的工作者表示，過去一年裡對金錢的擔憂，對他們的心理健康產生了嚴重或重大影響[15]。第三，感覺「被看見、被尊重、被需要、被重視」，對幸福感有特別大的正面影響。根據最近的研究，「無論職位高低，當人們感覺受到上司和同事的讚賞、認可和接納時，自我價值感和意義就會增強，管控壓力的能力也會增強」[16]。

顯然，任何形式的報酬不足，都會對心理健康和福祉產生直接的負面影響，也是使我們容易倦怠的關鍵因素。反過來說，足夠的報酬會產生完全相反的效果，感覺被重視甚至會減輕壓力，增強我們應對額外壓力的能力。

價值觀：個人價值觀與組織所展現的價值觀不相容時，就會容易倦怠。馬斯勒和萊特寫道[17]：「長期的價值觀不匹配帶來的壓力會耗盡個人精力，降低參與度，危害職業效能或成就。」

但問題不僅僅是你的價值觀與組織的價值觀互相對立，有時候組織宣言中的價值觀，與其行為實際反映的價值觀，或其文化中鼓勵的價值觀之間存在著差異。有些組織成天把價值觀掛在嘴邊吹捧，像是正直、尊重、包容、當責、創新、協作等，但我們往往看到企業文化並不支持自身的價值觀，或者獎勵的行為並不符合自己宣揚的價值觀。

我見過價值觀最不匹配的一個例子是在醫療照護機構，嘴上說病人安全最重要，醫生當然同意這一點，這也是他們最重視的價值觀，然而某些院所整個薪酬結構都取決於醫生的生產力，而生產力的衡量標準則是每天看診的病人數量。這給醫生帶來很大的壓力，他們覺得需要花更多時間在患者身上，才能達到最高水準的患者安全，但同時也試圖最大限度提高報酬，組織也鼓勵他們盡可能提高生產力和收入。這既是價值觀的不匹配，也是潛在的工作量不匹配，使得醫護人員特別容易倦怠。

另一個非常常見的例子涉及合作。合作通常位列許多組織聲明的核心價值首位，但如果激勵結構獎勵的是員工各行其是的孤立行為，高度重視合作的人就難免承受極大壓力。我的一個客戶就有這種情況，他們最近收購了一家小型科技新創公司，兩家公司在整合之前都把合作列為核心價值，經過一些文化融合之後，雙方領導人同意在價值清單上保留這一條。但在我參加的每一場會議中，我幾乎都觀察到各行其是、競爭性、保護地盤的行為。猜猜看，其中一些領導人在私下談話中跟我說了什麼？諸如：「這太令人沮喪了。我們一直說，除非大家合作否則無法完成整合，但沒有人真正合作。我們都只想保衛自己的領地。」還有「很抱歉，說我們重視合作完全是胡說八道。我們不能嘴巴上說重視，然後轉過身就去獎勵那些單打獨鬥的人，這樣怎麼能成功整合。」

像這樣持續不斷的不匹配，會不斷消磨你的精神和情感，誰能不感到沮喪、憤世嫉俗、無能為力、洩氣和厭倦？在這樣的環境中工作會讓你很容易倦怠。

公平：你的組織是否有公平的政策和實際作為，保證大家能公平獲得機會、認可、資源和獎勵？組織的決策是為了實現組織目標，而不是為特權人士提供個人優勢嗎？當人們出於任何原因在任何領域沒有受到公平對待時，就更容易陷入倦怠。不尊重的對待會讓人感到受挫與屈辱，而這無疑會增加對工作的憤世嫉俗和負面情緒。馬斯勒和萊特也指出，不公平的決定會使個人與社群疏遠，破壞健康組織所需的相互信任感[18]。

有強力的證據表明，邊緣群體的成員，無論是民族、種族、性別、能力或性取向的邊緣族群，都更有可能經歷倦怠。雖然背後的原因很複雜，並且可能因群體認同和個人經驗而異，但邊緣群體在職場可能遇到的不公平情況是一大因素。蓋洛普（Gallup）最近對七千五百名全職員工進行的一項調查顯示，與工作倦怠最高度相關的因素，正是工作中的不公平待遇。經常遭受偏見、偏袒或不公平薪酬等不公平待遇的員工，倦怠的可能性升高至兩倍以上[19]。

社群：這個領域涵蓋了我們在工作中的所有關係：同事、主管、直接下屬、利害關係人。在此要點出的關鍵是：支持性的關係對於防止倦怠，具有強大的緩衝作用。事實上，馬斯勒和萊特告訴我們：「充滿活力、關懷、體貼的社群與倦怠互不相容」[20]。

相反地，缺乏社會支持和社交連結會讓我們感到孤立，讓工作感覺變得更艱鉅，因而耗盡我們的精力，使我們更容易倦怠。不幸的是，這種經驗來自多種方面，從感覺與同事疏遠或不受賞識，一起工作的同事難以相處或散發負能量，再到徹底的排斥或歧視。人類天生是社會性生物，對於連結和互動的需求與食物、住所和安全的需求同樣重要，因此社交連結的欠缺和艱澀的人際互動使人如此痛苦，並如此戲劇性地損害我們的幸福感和工作效率，也就不足為奇了。

《以包容為目的》（*Inclusion on Purpose*）一書的作者露琪卡・圖希安（Ruchika Tulshyan）生動描述了她早期職業生涯中社群支持度為零的痛苦經歷，以及對她造成的毀滅性影響。當時她是組織中唯一的有色人種，這本身就是一種孤立的經歷，同時她也遭受到排斥、公然霸凌以及不公平的升遷和聘僱條件。下面是她的敘述（警告：請先做好心理準備再閱讀），請注意其中出現的「倦怠關鍵詞」：

電梯即將抵達我辦公室的樓層時，我的心跳得更快。我早上很難離開床鋪，儘管這輩子我都習慣早起。我不再想跟朋友來往，儘管我是一個外向的人。大多數時候我都累得要命，哪裡也去不了……

由於沒有其他有色人種女性可以求助，我感覺自己活在一個平行宇宙。到今天我知道有一個詞可以形容我的經歷：種族煤氣燈效應。但那時，我真的是每一天都在質疑自己。到最後，這重擔變得難以承受，我可以看到自己鑽進一個憤世嫉俗、痛苦的殼中。我透過特寫鏡頭看到了我的白人同儕活在不同的規則中：不分男女，白人儘管表現不佳仍然獲得晉升、男性領導者只僱用長得漂亮的白人女性。會議、社交聚會和圈內笑話都沒有我的份，而且我從未見過任何跟我長得相像的人。

這些全都造成了負面的影響，不僅是霸凌行為，還有日常的排斥行為。到最後我辭職了，儘管家人和朋友都勸我不應該放棄這麼賺錢的工作機會，但我的精神和理智已經殘破不堪[21]。

圖希安的痛苦經歷精準描繪出：在被排斥和不受歡迎的環境中工作，會造成多大的傷害和孤立，在這種環境中會感到沒有歸屬感，也沒有足夠的社會支持。另外值得注意的是，圖希安如何內化她受到的待遇，認為在某種程度上是她的錯，甚至為此感到內疚和羞恥。**但請記住：不是你有問題，是你的工作有問題。**不是圖希安本身有任何不足之處，而是她的工作場所充滿了心理危險因子。

幸運的是，圖希安的故事有美好的結局。她離開了有毒的工作環境，後來建立了成功的職業生涯，成為作家、企業家和包容性大師。

練習：匹配度檢查

閱讀下面的陳述，一一確認你同意或不同意？你的答案揭示了關於你目前工作環境的哪些狀態？這些情況對你的倦怠免疫力有什麼影響？

1 我覺得老闆和同事尊重我工作和非工作時間之間的界線。

2 我從主管和隊友那裡得到足夠的支持，可以按照我想要的水準完成工作。

3 我覺得我所做的事情很有意義並且有發揮影響力。

4 我覺得我做的工作得到了公平的報酬。

5 我的工作成就得到適當的認可。

6 對於影響到我的決策，我對自己參與決策的程度感到滿意。

7 我可以信賴跟我一起工作的人會在我需要時提供幫助。

8 在我這個職位上的人可以在薪資、認可和晉升機會方面得到公平待遇。

9 我的組織文化崇尚多元、公平、包容和溝通無障礙。

10 我在工作中感到安全，包括身體和心理的安全。

11 我覺得自己的貢獻受到重視。

12 關於在何時何地完成工作，我對自己擁有的彈性和自主權感到滿意。

13 我工作的組織提供足夠的進修和培訓機會。

14 我不僅有足夠的有薪假，而且被鼓勵把這些假用掉。

15 我的組織提供並且鼓勵使用支持我身心健康的福利。

16 大多數情況下，我的同事是可靠且容易相處的。

17 我覺得我可以放心說出不好的地方，或是分享我對如何改善組織的想法。

18 我從主管那裡得到的回饋很有幫助，並且是以尊重的方式提供回饋。

現在進一步思考你的答案：

1 你是否注意到自己對某個特定問題感到緊張或焦慮？
2 你是否注意到自己對某個特定問題有正面的感覺？
3 你有什麼新發現？
4 你的回答有什麼地方讓你感到驚訝？
5 你的直覺告訴你該如何處理這些資訊？

如果你沒有馬上想到可以採取什麼行動，那也沒關係！第一步是提高覺察，加深認識你的需求以及你從公司組織獲得的回報之間的匹配程度，而你剛剛已經做到了這一點。

地獄（可能）是別人

你是不是有時候會感覺工作像地獄一樣？讓我們花點時間探討一個可能創造、也可能破壞良好工作體驗的因素——別人！

如果你曾經不幸與有毒的同事共事，或是為有毒的老闆工作，就會知道這對個人和工作造成的損失有多大。「有毒」這個詞，現在有很多人在說，有數不清的指南教人如何辨識有毒員工，甚至對不同的類型進行分類。（工作中顯然存在著許多惡行。）但我認為，只要碰到有毒的同事，我們一定都能認出來。這些人不僅僅是**難搞**，正如哈佛商學院對有毒員工的一項開創性研究所指出的，他們的行為「對組織（包括其財產和人員）有害」。作者提到在最極端的情況下，有毒員工可能使組織損失數十億美元，甚至對目前或過去的員工造成致命傷害。就算是「相對溫和的有毒行為，也可能讓組織損失慘重，包括顧客流失、員工士氣下降、人員流動率增高，以及在外部利害關係人眼中喪失正當性[22]」。

有毒員工與工作倦怠之間有緊密的關聯，這一點也不奇怪。我說的不是有毒員工的倦怠！別搞錯了，容易倦怠的人是有毒員工的**同事**。加州大學洛杉磯分校安德森管理學院

（UCLA Anderson School of Management）的迪倫・米諾（Dylan Minor），同時也是前述哈佛商學院研究報告的作者之一，他在《哈佛商業評論》的一篇文章中闡述了原因：有毒員工不僅會造成傷害，還會把有害行為傳染給其他人。同事、團隊、甚至整個組織都可能因此受害[23]。

麥肯錫健康促進研究院（McKinsey Health Institute）對有毒職場環境和工作倦怠進行了研究，集結十五國將近一萬五千名員工和一千名人力資源決策者的資料，結果發現，有毒的職場行為是導致員工負面結果的單一最大驅動因素，負面結果包括倦怠和離職意圖。在工作中遇到大量有毒行為的員工出現倦怠症狀（例如疲憊不堪、調節情緒和認知歷程的能力下降，以及缺乏敬業度）的可能性提高至八倍，而倦怠的員工在三到六個月內辭職的可能性是六倍[24]。

為什麼有毒員工會對同事的福祉和倦怠風險構成這麼大的威脅？答案很簡單：他們讓工作變得痛苦。當同事或老闆對你無禮、羞辱、不公平、不道德、霸凌或騷擾時，誰不會害怕工作或想要辭職呢？與這類人接觸越多，遭受心理傷害和倦怠的可能性就越大。

不僅如此，還有更難以察覺的另一個層面，在米諾的評論中提示了我們：有毒員工將

負面情緒和有害行為散播給其他人。米諾指出，這就是單純難搞和真正有毒的員工之間最主要的區別——有毒員工的有害行為會在整個工作環境中擴散，導致多人甚至可能是整個組織陷入癱瘓。事實上，米諾和他的共同作者發現，接觸有毒員工會增加你自己變成有毒員工的可能性[25]。

發生這種情況的部分原因是，人們會自動傾向於模仿周遭人們的情緒，以及由這些情緒產生的行為。我確信大家都有過這樣的經歷：本來是美好的一天，直到一個壓力很大、焦慮的同事跑來找你發洩，搞得你也感到壓力和焦慮，或者某個愛抱怨的同事老是批評這不好那不好，讓你感到心累，變得更悲觀。但幸運的是，這是雙向的：愉快、樂觀的心情同樣是「可以分享的」。無論是正面還是負面的情緒，都可以在人與人之間傳遞，並且有可能徹底改變你的情緒、觀點和行為。

這種現象的術語是**情緒傳染**。就像流感一樣，情緒和情緒導致的行為可以在人與人之間傳播，而且發生在幾毫秒內，我們常常根本沒有意識到。大腦的一個特殊部分稱為邊緣系統（limbic system）能夠感知他人的情緒狀態，除了言語以外，這些狀態也能透過肢體語言、臉部表情、語氣、手勢和整體「氛圍」等非口語方式傳播。

在工作中，情緒傳染可能大幅影響員工的情緒、觀點、生產力、歸屬感和整體績效，尤其是**領導者**的情緒帶來的影響更加明顯。社會心理學研究顯示，在權力不平等的關係中，例如主管和員工之間，情緒格外具有傳染力。除了人與人之間經常發生的無意識模仿之外，員工更有可能積極嘗試使自己的反應、心情和情緒與主管保持一致，不管主管的情緒是正面或負面、有益或有害。丹麥最近的一項研究發現，管理者不僅會把壓力傳遞給員工，壓力傳染的效應還會持續一整年[26]。

倦怠也會出現這種效應嗎？那還用說！就像有毒行為會生出有毒行為一樣，倦怠也會生出倦怠。

想想看：如果你身處的工作環境被高壓力、憤世嫉俗、疏離感和士氣低落「汙染」，你很可能吸收並表現出同樣的負面情緒，會讓你很容易陷入倦怠，特別是你的性格如果天生更傾向負面（例如悲觀大於樂觀），或者如果你對壓力沒有健康的應對策略，就更會如此。這種情況也更常見於需要頻繁接觸到負面情緒的工作，例如需要解決問題和接收負面回饋的客服人員，或是頻繁接觸生病或抑鬱的人，例如醫護人員。偶爾或短暫接觸他人負面情緒的情況如果持續發生，是很不愉快也很考驗意志力的一件事。由於情緒會傳染，所以**長期**暴露在負面情緒中會導致倦怠[27]。

研究人員發現「倦怠傳染效應」可能發生在單一員工和另一個員工之間，也可能透過群體傳播更快扎根。倦怠員工的負面情緒、生產力下降和幸福感下降，會樹立一個負面榜樣，影響其他人的感受和想法。而且由於倦怠員工往往表現不佳，其他人可能必須替他們收拾爛攤子，最終導致自己陷入倦怠。另一方面，群體傳播通常發生在影響整個團隊或組織的某種重大事件之後：裁員、預算削減、新的主管、引入新文化的收購案等重大事件，都可能激發集體恐懼、困惑或憤怒。如果組織不處理這些棘手的感覺，就可能化膿潰爛，總有一天導致頻繁互動的員工產生倦怠[28]。

現在讓我們花點時間評估你的工作環境。你會怎麼形容你工作場所的情緒狀態？整體情緒和調性是什麼樣的？員工看起來和聽起來是否喜歡在這裡工作？整體氣氛是樂觀向上，還是感覺緊張、低落或難以承受？遇到困難，大家會團結起來互相支持嗎？還是屈服於焦慮、舉手投降？

無論職場的情緒氛圍，或是員工對壓力的集體情緒反應如何，請記住，沒有人是一座孤島。情緒傳染是非常真實、非常強大的。與你一起工作的人如果經常陷入負面情緒，或是無法以健康有效的方式應對壓力，是一個很大的危險信號。小心！你正處於高風險環境中，務必要在情緒傳染的負面影響發展為倦怠之前，採取措施保護自己。

不管你想要避免的是同事的負面情緒或全面倦怠，這裡有一些方法可以保護你躲過這些傳染力很強的職業病。

1 **把自己的健康放在第一位**。自己的健康自己顧，這一點全年三百六十五天絕不容妥協。**尤其**是在充斥負面情緒的環境中，更要確保你的基本需求得到滿足——良好的睡眠、健康的食物和飲水、充足的運動、適當的停機時間；還有一定要從事能幫你充電的活動，無論是瑜伽、嗜好、治療或輔導、與所愛的人共度時光、旅行或心靈修行，現在就踏上你的自我修復之路吧！

2 **確定並堅持你的界線**。拿出革命的精神！劃出界線保衛你的時間、精力、生產力和整體福祉。減少接觸辦公室能量吸血鬼，直言不諱讓他們知道他們的消極態度影響到你，讓你感到不舒服。在你的行事曆上保留「請勿打擾」的時間，協商每週有幾天在家工作……對你的獨特情況有意義的任何事情都值得去做。

3 **主動出擊**。記住，情緒傳染有兩個面向：正面和負面的情緒一樣有感染力，事實上，有些研究人員認為正面的情緒**更有**感染力。你想要在職場看到什麼樣的情緒和態度（樂觀、感恩、開放、認真盡責、有毅力等），就自己先展現出這些情緒和態度，然後靠情緒傳染帶動整個氣氛。

4 **覺察你的情緒，並且在必要時改變**。如果你發現自己的負面情緒會拖垮同事的情緒，花一分鐘時間回想你感到非常正面、非常快樂的情況。沒辦法馬上想出來？那就發揮想像力編一個情境！為了讓效果更好，記得微笑。研究一致表明，你的情緒會隨著你的臉部表情而改變。

5 **使用肢體語言傳達正面的情緒**。情緒傳染說穿了就是模仿。如果你皺著眉頭交叉雙臂抱胸站在那裡，周圍的人很可能會解讀為憤怒或防禦（即使你只是覺得冷）。微笑、鬆開雙臂、坐姿挺直但放鬆，或在對方說話時點頭鼓勵，都能釋放出積極、輕鬆和溫暖的情緒。跟別人說話時，記得看著他們的眼睛。

6 **努力創造正向的文化**。透過你的行動、言語、姿勢、語氣、宣揚的價值觀和文化，打造一個有心理安全感的環境，鼓勵並經常表達正面的情緒。明確宣示絕不容忍破壞性的負面情緒（憤怒、蔑視）和有毒行為（霸凌、八卦、沒禮貌、煤氣燈操縱、騷擾）[29]。

你是什麼樣的人？

你對自己了解多深？我知道這是一個大哉問，但就當幫我個忙，想想看你是否**真的**清楚知道「你」是什麼樣的人？你是否清楚知道哪些東西能夠激勵你、哪些價值觀驅使你做出特定的選擇並以特定方式行事？

如同我們先前所看到的，我們的自我覺察往往不如我們想的那麼準確。幸運的是，有許多工具可以幫助我們更了解自己，有機會的話，我非常建議你利用這些工具。我很愛推薦人們透過有效的評估深入認識自己，我有一些客戶就是透過評估「開了天眼」，覺察到自己的傾向以及這些傾向對他們的影響。一些比較知名的評估工具包括：HIGH5測驗（以前稱為StrengthsFinder）、DiSC人際取向人格分析、九型人格（Enneagram）、明尼蘇達多相人格量表（MMPI），以及我個人最喜歡的五大人格測驗（Big Five Personality Test）和MBTI十六型人格測驗。許多性格測驗、分析工具和自我評估都可以在網上免費取得，並且越來越常用於人力資源領域作為招聘和培訓工具，或者被用於持續專業發展課程中。

不過，為了幫助各位快速進入提高自我覺察的狀態，首先讓我簡單介紹氣質（temperament）和人格（personality）這兩個概念，這兩個詞大部分時候可以互換，但在心理學上卻有著重要的區別。氣質是與生俱來而且一輩子維持相對穩定的一組特質。另一方面，人格會隨著時間逐漸發展，因生活經驗而改變[30]。在我們檢視使你更容易倦怠的先天特質和環境影響時，請記住這兩者的區別。

下面將使用傳統的九大氣質向度和五大人格特質，我不會一一定義每個特質，而是讓你直接上手，「從做中學」，了解你的氣質和人格。我要強調的是，這不是科學評估，而是一個簡單的工具，讓你快速熟悉「你是什麼樣的人」。目標不僅僅是提高你的自我覺察能力，還要學習找出你需要什麼條件才能在職場蓬勃發展，以及你的氣質和人格會使哪些情況和事件自動造成沉重壓力。

練習：你是什麼樣的人？

回答下面的問題時請記住，沒有錯誤的答案，只需要盡量思考你的核心自我各方面與你目前的職責和工作環境，想一想兩者之間的交互作用及影響。根據你的回答，你覺得自己與現在的工作環境和正在做的事情相匹配嗎？

氣質

活動量：你在工作中喜歡多少身體活動？你喜歡動來動去忙個不停，還是偏好身體活動較少的工作？

適應度：對於環境的轉換和變化，你的接受程度有多高？你通常是隨遇而安，還是對變化感到痛苦、抗拒變化？

趨避性：新的人或新事物進入你的環境時，你的舒適程度如何？你是否被新朋友所吸引（趨性），還是會退縮甚至避開不熟悉的人（避性）？

注意力分散度：你的注意力和專注力受外在刺激干擾的程度如何？你是否容易分心，還是常常全心全意專注於一件事？

反應強度：你可以把這項特質想像為性格中的音量鍵。你對刺激的典型反應是熱情洋溢衝過頭，還是比較溫和寡言？

堅持度：遇到障礙或煩惱時，你會迅速轉向其他事情，還是會克服萬難堅持完成某項任務？

規律性：你的作息和節奏（例如睡覺、吃飯和工作時間）可預測性如何？你喜歡遵守時間表，還是偏向比較鬆散、不可預測的風格？

反應閾值（敏感度）：你是否容易受到觸覺、質地、亮度、音量、味道或氣味等感官輸入的過度刺激？還是你有很高的感官刺激閾值？

情緒本質：你的情緒以正面還是負面居多？你傾向於悲觀（杯子半空）還是樂觀（杯子半滿）？

人格

外向性：你是否喜歡社交互動，需要與人大量接觸才能感到有活力和興奮？你喜歡說話並且善於表達情感嗎？或者你在社交方面比較保守，需要大量獨處和安靜的時間來充電，並成為最好的自己？

親和性：你對其他人是否有濃厚的興趣，期待幫助他人、促進他們的福祉？你通常樂於合作並且信任他人？或者你發現自己對其他人不那麼感興趣，信奉「自掃門前雪」？你是否競爭心很強並且不太信任他人？

開放性：你是否對世界和其他人充滿好奇，渴望接觸新事物，興趣廣泛？還是你更喜歡事情保持相對不變？

盡責性：你是否有條理、注重細節、喜歡有固定的時間表？你會立即完成任務並提前規劃嗎？或者你不喜歡安排時間和步驟，發現自己傾向於拖延或錯過最後期限？

神經質：你是否覺得自己的情緒會劇烈起伏，容易擔心並感到壓力山大？事情不如你意時，你是否容易心煩意亂而且難以恢復？或者你大部分時間都感覺情緒穩定、放鬆，整體而言恢復力很強？

無論你的每個答案落在光譜的什麼位置，萬變不離其宗的道理只有一條：**工作環境如果不符合你的氣質或人格，你會更容易倦怠**。你的工作環境與你是什麼樣的人、與你成長和發揮最佳表現所需的條件不相符的程度，跟你的倦怠風險成正比。（用馬斯勒和萊特的說法就是，你的偏好和環境之間不匹配的地方越多，倦怠的風險就越大。）因此，如果我的工作與我氣質的九個面向有七個不相符，我會感到壓力暴增，跟只有一兩處不相符比較起來，我的倦怠風險要高很多。這就是為什麼有必要了解你的核心是什麼樣的人，以及你需要處於什麼樣的工作環境。

讓我舉一個明顯的例子來說明這一點。如果我是一個喜歡安靜、安定、穩定、規律和低刺激環境的人，卻偏偏要跑去做這些工作，像是在客人川流不息的餐廳當服務生、做當沖交易或飛航管制員，那麼我會超快陷入倦怠。同樣的，如果我需要持續接觸新事物、刺激、大量的噪音、活動以及日常生活中的變化，那就不適合需要長時間安靜和集中注意力的工作，像是許多研究、創意或行政工作。

當然，現在大多數人都足夠了解自己，能夠避免這樣明顯的不匹配。但有時候環境難免不如人意，事與願違。有不少外向的人告訴我，疫情期間在家工作感到孤立，是壓力的主要來源，讓他們感到比以往任何時候更加疲憊和倦怠。另一方面，當許多人在二〇二一年重返辦公室時，我的內向客戶表示了極大的焦慮，害怕必須回到辦公室工作時有很多人、很多干擾。或者有時候是因為管理階層或所有權的改變引發文化轉變，進而造成不匹配。事實上，我們的偏好不符合工作環境現實的原因有很多，而且在許多情況下是我們無法控制的。我們只需要知道一件事：越是偏離**你的**核心特質，就越容易倦怠。

過去可以改寫

許多年前，早在我生小孩之前，我和幾個朋友在餐廳吃午飯。大家聊得很開心，直到鄰桌的一個女人開始大喊大叫。她帶著兩個年幼的孩子，一個是看起來三、四歲的男孩，另一個是坐在汽車安全座椅上的嬰兒。「天哪，邁可，不要！」她一面尖叫，一面撲過去把小男孩的椅子向自己拉近。「不要碰！」

我們抬起頭，看到一個困惑（而且明顯嚇呆了）的餐廳工作人員正向邁可遞出一支蠟筆，而邁可現在已經哭得撕心裂肺了。工作人員結結巴巴地說，他只是想幫忙，他路過時看到麥可的蠟筆掉了。媽媽臉紅了，試著道歉，但她忙得不可開交，一邊是卯起來哭的邁可，另一邊是午睡被吵醒的嬰兒。

儘管兩個孩子最後都平靜下來，但邁可一直沒有完全放鬆。他不肯再碰任何一支蠟筆，一面吃飯一面警戒地掃視室內。要離開餐廳的時候，媽媽在我們的桌邊停下來，為打擾我們用餐道歉。她說：「我不知道他在這裡工作。我還以為是某個陌生人在跟蹤我的孩子。這個世道啊，誰知道呢！」

我記得我為那個工作人員和邁可感到難過，他們倆都被這個女人的過度反應嚇得半死，我對這個媽媽很有意見。如果這麼小的事就讓她驚慌失措，想像一下和她生活在一起會是什麼樣子，更別說是**當她的小孩了**。

當然，等我自己有了孩子、第一次體驗到父母不惜一切代價保護孩子的本能，我的看法改變了。我仍然認為那位媽媽反應過度，但是當然啦，不知道她是不是經歷了什麼才導致這樣的反應。（更不用說這件事發生在大力宣導「陌生人很危險」的鼎盛時期。）

在我攻讀博士學位的時候，讀到我們如何從很小的時候就在社會化的過程中學習應對壓力，我想到了餐廳裡的那一幕。一項又一項的研究表明，童年時經歷的早期薰陶，會成為我們成年後的行為方式藍圖。這些早期的形成性經歷，以及經驗豐富的成年人如何透過這些經歷支持或不支持我們，塑造了我們的信念、偏見和行為模式，特別是應對壓力的行為模式，對我們學習如何評估情境（有壓力或沒有壓力？有威脅還是沒有威脅？是無法越過的障礙還是等待克服的挑戰？）以及學習如何應對，產生了巨大的影響。

我要澄清的一點是，父母在陌生人接近時就那麼一次反應過度，並不意味著孩子會留下終生的疤痕，從此永遠不想與陌生人來往。但如果「我媽每次在**她**感覺到危險時，就會衝出來救我」的劇本持續下去並成為一種模式，那麼這個孩子的威脅容忍度可能比較低（也就是說，會更快把有壓力的情境視為威脅，或認為可能造成傷害或損失，而不是視之為挑戰）。而且因為孩子會在事情變得困難時依賴父母或其他人跳進來救場，所以學不會自己應對挑戰和壓力情境。

我永遠無法知道邁可或他的弟弟（或妹妹）後來怎麼樣，但各位可以參考一下我曾經共事過的兩個成年人的故事。

「我的成長過程被堅強的黑人女性包圍，」警察行政領導學院（PELI）研討會的一位參與者告訴我。「我媽和祖母撫養我長大，還有兩個阿姨一直在身邊。她們像釘子一樣堅韌不拔。任何事情出了錯，無論事情多大或多小，她們不會浪費時間抱怨或擔心，直接解決問題就對了。如果問題太大，一個人沒辦法處理，她們會互相依靠。我很感激我成長的每一天都有強大的支持系統罩著我！我用這個經驗時刻提醒自己，我不必凡事靠自己。遇到關係重大的事情，我的決定將影響整個社群時，我會召集領導團隊徵求他們的意見，再做出最終決定。」

與這位領導者的經歷成對比的，是我訪談過的一位醫生的經歷。她說：「我必須非常、非常努力去學會挫折復原力，控制我的焦慮。我還小的時候，因為我爸工作的緣故，我們經常搬家，而我媽不太適應變化，一直處於焦慮的漩渦中。有些日子，她根本走不出臥室。經過多年的治療和大量的冥想，我才意識到我吸收了她的焦慮和逃避……我很聰明能幹，但就是什麼都不想嘗試。最後我終於學會了小時候沒學會的一堆應對技巧。畢業的時候我是班上年紀最大的，但我一直想成為一名醫生，而且我終於做到了！」

根據作家暨諮商心理師琳達．格拉翰（Linda Graham）的說法，我們的大腦從一開始發展就開始學習和編碼各種應對策略，其機制有兩種：條件制約和神經功能重塑。條件制約是把經驗和反應編碼成持久的神經模式，換句話說，就是當我們從經驗中學習時，建立了神經迴路的連結[31]。制約反應可以是正面的，導向理想的行為，比方說你訓練大腦建立每次下樓都喝一杯水的連結；也可以是負面的，導向有問題的行為。如果每一次全家散步遇到狗，父母都抓狂大喊「走開！」，孩子就會被制約害怕所有的狗，儘管絕大多數的四足朋友不會構成威脅。

話雖如此，制約反應不會永久鎖定，這要歸功於神經可塑性。在我們的一生中，大腦一直保有彈性，能夠改變原始的編碼、學習新模式、長出新的神經元、在神經元之間創造新連結——這些都是為了回應新的經驗[32]。這就是我訪談過的那位醫生所發生的事，她透過治療和冥想學會了更健康的應對策略。格拉翰指出，我們甚至可以學會選擇**特定的**經驗，刻意重新連結我們的大腦，建立更好的應對和更強的心理韌性，也就是快速有效調整以應對壓力和困難的能力[33]。

假設一個孩子由於早期的制約對狗產生了過度的恐懼，並將這種恐懼帶入成年，他們可以選擇特定的經驗「重新連結」大腦，創造新的神經連結。有個方法是一步一步刻意把自己跟狗放在一起，這是一種有效的老派暴露療法，可以從在遠處觀察狗開始，然後逐漸發展到與狗待在同一間屋子（但在不同的房間）、站在狗附近（例如隔著鄰居的柵欄）、與狗和狗主人待在同一個房間，最後發展到撫摸狗等等。關鍵是，這是影響神經迴路的真實經驗，也是行為如何影響思想和感受一個很好的例子。格拉翰寫道：「雖然大腦最初的連結是基於早期的經驗，但是後來的經驗，尤其是健康的相關經驗，可以撤銷或覆蓋早期學到的東西，幫助我們以不同的方式應對任何事，而且更有心理韌性。[34]」

上面提到的任何事，包括創傷、災難和可怕的挫折。

早期社會化如何影響我們的長期發展和福祉最引人注目的例子之一，就是所謂的童年負面經驗（adverse child experiences，簡稱ACE）的影響。ACE是十八歲前發生的潛在創傷事件，例如：

- 遭受暴力、虐待或忽視
- 目睹家庭或社區暴力
- 家人或照顧者試圖自殺或自殺身亡
- 家人或照顧者有物質濫用或心理健康問題
- 由於父母缺席而導致家庭不穩定

研究人員估計，大約有六一%的成年人至少經歷過一次ACE，近六分之一的人經歷過四次以上ACE。孩子經歷的ACE越多，以後在生活中遭受不良影響的風險就越大。慢性病（例如心臟病、癌症和糖尿病）、憂鬱、焦慮、自殺傾向、物質濫用、學業成績較差、人際關係困難、經濟困難和早逝等風險的增加，都與ACE有關，其負面影響甚至可能延續到後代[35]。

為什麼ＡＣＥ的影響如此有害、廣泛又持久？研究人員認為這是由於「毒性壓力」對發育中的孩子造成影響。毒性壓力又稱為慢性壓力，是指壓力反應系統長期或過度活躍。大腦感知到威脅時，杏仁核（大腦中負責處理和調節情緒的區域）立刻向下視丘發送求救訊號，下視丘調動交感神經系統，觸發「戰或逃」反應。這一切發生在幾毫秒內，有時甚至在我們有意識察覺到威脅之前。（所以在登山小徑上，你還沒認出眼前的「棍子」其實是條蛇，就能反射性跳開。）壓力反應一旦啟動就會影響整個身體，心跳和呼吸加快、血壓升高、腎上腺素噴發——但只持續幾分鐘。這使身體和大腦保持高度警惕，消化減緩或暫時停止，大肌肉收縮，為身體快速行動做好準備，生殖系統暫停運作以保存代謝資源[36]。腎上腺素燒完之後，身體開始分泌皮質醇。一天之內頻繁觸發壓力反應，會耗盡身體儲存的腎上腺素，導致皮質醇濃度長期偏高，這種生理狀態就是「慢性壓力」，引發的相關症狀包括睡不安穩、冠狀動脈疾病、體重增加或肥胖、疲勞、頭痛、常生病、胰島素阻抗、癌症等。

壓力反應是一個了不起的機制，面對迫在眉睫的威脅時，可以拯救我們的生命。但這原本應該只持續很短的時間，足夠應付威脅就好。現在想像一下，若是壓力反應的開關卡在「開」的位置，我們的身體和情緒不管做什麼，一直維持超高速運轉的狀態，會發生什麼事？事實上，很多人把這種情況比喻為汽車引擎連續數天或數週不斷加速，這必然會對車子造成耗損，而且發生的損害比汽車正常使用時更快也更嚴重[37]。

類似的損害也會發生在我們身上，如果我們的壓力反應系統變得極其敏感，動不動就爆炸，每一次大腦偵測到威脅就發出全身戰鬥或逃跑反應，即使棍子真的只是一根棍子，你的生命也沒有急迫的危險。大腦才不管那麼多，如果某件事被認定是威脅，就會自動啟動壓力反應保護你。對於那些經歷過ACE或任何時候經歷過創傷的人，或者成長過程中看到的榜樣習慣性對感知到的威脅做出過度反應，長大後「杏仁核過度活躍」的情況並不罕見。（在下一章，我們將更詳細認識壓力反應系統，以及有哪些方法可以調節過度活躍的杏仁核或過度敏感的壓力反應系統。）

考慮到這些因素，就很容易理解為什麼慢性壓力會對我們的健康造成如此大的危害，產生如此全面的深遠影響，包括影響我們的工作表現以及倦怠風險，這也是我們接下來要探討的部分。現在想想看，當孩子的身體、神經、社交和情緒功能仍在發展的階段，此時還沒有機會發展出有效的應對技能，在這麼早期的階段就經歷長期高度的壓力，會有什麼後果。研究表明ACE甚至可能改變兒童大腦的結構：大腦體積和腦電活動減少，導致日後的認知障礙和學習困難[38]。

彼得．洛珀（Peter Loper）醫生告訴我：「ACE是以多種不同方式破壞教養。」洛珀是一名教授、高階主管教練（executive coach）和醫生，也是人類健康發展的專家。他解釋說，經歷過ACE，或成長過程中沒有受到適當教養的孩子，不太能夠預防和管理有時被稱為「杏仁核劫持」的情況。這個術語是情商專家丹尼爾．高曼發明的，指的是立即而強烈、與壓力源不成比例的情緒反應。杏仁核被劫持時，我們會淹沒在強烈的情緒中，無法對感知到的威脅做出理性、有效的反應。

洛珀解釋，當孩子的成長過程欠缺有心理韌性的榜樣時，就學不會尋求與他人親近，來幫助他們應對壓力情境。他們沒有機會以安全、有經驗的成年人為榜樣，仿效他們的行為。於是，只能用試誤法去應對壓力，然後把這套自己摸索出的模式帶入成年。

好啦，如果這些模式沒有效果，甚至是有害的（如果一個人有ACE的歷史，而且成長過程中沒有健康、有心理韌性的榜樣可以仿效，那麼發展出有害的模式也沒什麼好奇怪的），想想看當這個成年人進入勞動市場時會發生什麼事。可想而知，ＡＣＥ的影響再次出現，可能對我們的職業發展、成功和工作關係產生不利影響。已經有大量研究檢驗了ＡＣＥ對職業成果的影響，包括就業能力、工作績效、員工留任率，以及倦怠的可能性。

以下只是最近的一小部分發現：

- 在一項將近兩萬八千名成年人的研究中，與沒有ＡＣＥ的參與者相比，有三個以上ＡＣＥ的參與者更有可能高中沒畢業、失業、家庭收入低於聯邦貧困線（Federal Poverty Level）[39]。
- 在一項將ＡＣＥ作為醫師職業倦怠潛在「脆弱因子」的研究中，ＡＣＥ分數較高的人更有可能出現倦怠。ＡＣＥ達四個以上的醫生發生倦怠的風險，提高了二・五倍[40]。
- 一項針對護校學生的研究發現，經歷過ＡＣＥ的人發生倦怠和憂鬱的比率都更高[41]。
- 在一項針對心理健康諮商師的研究中，研究人員再次發現，較高的ＡＣＥ分數與較高的倦怠發生率有關。但這項研究也探討了**正面**童年經驗（PCE）對倦怠的影響。果然，擁有更多ＰＣＥ的人比較不會倦怠[42]。

上面最後一項研究提出了一系列極其重要的觀點——如果你現在真的很需要聽到一些好消息，這就是了。有ACE歷史並**不**保證你之後的人生會面臨負面結果。事實上，也有研究針對經歷過ACE但適應良好的成功人士。童年時期經歷創傷或高壓事件的人如何克服早期的逆境？因素很多，但也許最有力的因素可以歸結為**社會支持**。最近的一項研究做出精闢的總結：「ACE的影響可能部分或完全受到以下因素的緩解：讓孩子感到安全的成年人的存在，由充滿愛心、穩定的成年人提供適足的社會支持，或生活在一個能夠提供支持的安全社區。」為什麼社會支持（無論是來自個人還是社區）如此強大？因為社會支持可以**建立心理韌性，緩和負面經驗帶來的壓力，並且與終生的正面成果**相關[43]。

這真是太神奇了。就算只有一個人，一個讓孩子感到安全的人的存在，就能產生持續一生的保護作用。對我來說，那個人就是我的繼母，凱西。我十二歲搬去跟父親和繼母同住時，凱西堅持做一件我以前從未做過的事情——每天晚上，全家人坐在一起吃晚餐。她會問我學校的狀況，建議我怎麼交到新朋友，而且樂於協助我做作業。她讓我感到非常安全和被愛。

如果沒有凱西的愛心支持和指導，我的人生會是什麼樣子？或是少了我爸這個穩定可靠的存在？我連想都不敢想！我能肯定的是，我的生活從不安全不穩定變得安全、得到支持和穩定，在這種身心安全的環境中，我可以放下防衛心，開始學習更健康的生活方式。

猜猜看後來發生了什麼事？感謝神經可塑性，**神經連結在成年之後還是可以重塑**。神經可塑性讓我們得以抱持最好的希望：我們甚至有可能改變根深蒂固的思維和行為方式，即使這些想法和行為感覺像是內建在我們的系統中。

這對許多人來說是個好消息，特別是如果在成長過程中沒有形成健康的模式去處理壓力和逆境，或是養成了一些壞習慣和「適應不良性調適策略」（maladaptive coping mechanism）。舉例來說，許多員工被制約「挺過苦痛完成任務」，壓抑自己對充足睡眠、休息時間和健康職場界線的需求，包括無怨無尤加班、使命必達、來者不拒、對同事不可接受的行為視而不見。為了應對工作壓力而養成不健康習慣的例子不勝枚舉，只要問問我在賓州大學的教授亞歷珊卓·米歇爾（Alexandra Michel）博士就好，她研究了數百名投資銀行家，結果發現其中許多人為了應付這個產業的高壓和瘋狂競爭，竟然服用來源可疑的非醫師處方藥物，試圖提高認知能力，擊退疲勞，防止各種「身體故障」[44]。不過，就算不看這麼極端的例子，為了應付工作壓力而仰賴酒精和其他物質、逃避、暴飲暴食、厭食，以及其他有害的應對機制，在我們身邊的例子還會少嗎？

我們有能力在人生的任何時刻重塑神經連結、增強心理韌性，這意味著我們永遠不必勉強接受不適合自己的行為模式。這意味著我們可以像我訪談過的那位醫生一樣，學會建立更健康的新模式，符合個人和職業的需求。用琳達．格拉翰的話來說就是：未知、壓力甚至創傷（無論是早年或後來的經歷）使我們亂了分寸時，我們可以學會從挫折中恢復過來，重振旗鼓並適應[45]。

學習新模式的最佳方法之一，就是向正確的人學習，所以我們需要富有心理韌性的榜樣。洛珀說：「當我們成年後，尋求與其他成人親近，是繼續促進我們發展的有效方式。擁有一個『有經驗的他人』，像是我們尊敬的導師、上司或同事，或者其他榜樣，可以幫助我們學習如何應對壓力情境。[46]」事實證明，在工作中擁有一位導師可以減輕壓力**以及**防止倦怠，對於高度神經質的人[47]來說尤其如此，神經質是一種與ＡＣＥ密切相關的人格特質[48]。有很多方法可以打破早期逆境的循環，減輕其對成年期的影響，而這些方法恰好與我們學習管理壓力和提高倦怠免疫力的許多方法相同。

所以，你能在工作中找到你的「凱西」嗎？你能找出心理韌性的榜樣嗎？在你的同事中，有誰即使在高壓情境中也能保持穩定、可靠、冷靜？遇到困難，感覺即將發生杏仁核劫持的時候，你可以向誰尋求支持？哪些人展現出樂觀開放，甚至是（我就直說了）愛的態度？

「樹木在土壤和陽光中生長，」洛珀告訴我，「人類在愛的滋養中發展。」如果你沒有機會在愛的滋養中成長，不要灰心：你永遠可以愛自己。我絕對舉雙手支持你找優秀的治療師或高階主管教練合作，但別忘了，心理韌性的榜樣可以有很多種形式，你應該找到正確的人，與他們建立關係。

低效能

工作倦怠的第三個方面是**職業效能下降**，源頭是一種稱為「自我效能」的概念，也就是我們對自我能力的信念，特別是我們對自己是否有信心能夠應對有壓力的挑戰或要求。「我做得到，我有辦法搞定。」這就是自我效能。職業效能則是我們對工作相關能力的信念，特別是指我們對自己是否有信心能夠承擔有壓力的挑戰或要求。「我很擅長工作，我有能力成長，我還能變得更好。」這就是職業效能。自我效能和職業效能緊密相關，甚至有些研究者將後者稱為職業自我效能。

不管你如何劃分，自我效能讓人著迷的地方在於：不同的領域可能有不同的自我效能。比方說某個人對自己在家鄉到處跑的能力有很高的自我效能，但在國外城市找路時的自我效能可能非常低[49]。當情況發生變化時，即使仍在同一個環境中，自我效能也可能發生變化。例如我認識的一位小學老師，由於她所在地區的中學教師短缺，所以她同意接手帶七、八年級的學生。作為一名經驗豐富的小學老師，她的職業效能高、壓力低，但在新的角色中，她的職業效能直線下降，工作相關壓力往上爬。（顯然八到十八歲的孩子就是有讓人抓狂的魔力，我本人可以用血淚證明這一點。）

職業效能低落時，我們會這樣想：**我在幹嘛？我完蛋了！我永遠做不好這件事**——我們很容易倦怠，這與我們如何看待工作相關壓力以及如何應對有關。以學習一項新技能為例，就算你超級有動力要提升自己的水準，依然會有一定程度的壓力。你處於不熟悉的領域（會帶來不確定性），需要時間和努力才能變得擅長新事物，而且你還要兼顧其他工作職責——這些都會帶來壓力。但差異在於：大致而言相信自己能力的人（換句話說，他們具有很高的自我效能）傾向把困難的任務視為挑戰而不是威脅。當然，他們會感到壓力，但那是有激勵作用的「良性壓力」，是好的壓力，而不是可能導致壓垮、逃避，或者如果持續下去可能導致倦怠的「痛苦壓力」。

職業效能的降低也存在惡性循環。如果你深信自己做不到某件事，或永遠無法掌握某項技能，那麼你很有可能還沒付出努力就放棄，而不努力就不可能完成任務、學會新技能或真正做好某件事，得不到想要的結果，你就更加懷疑自己的能力；這會進一步削弱你的意願，不願意接受挑戰、不願意拓展你的技能和影響力……於是你陷入了懷疑和表現不佳的漩渦，這是一個經典的自我實現預言。

另一方面，職業效能高的人能夠更好地應對工作相關壓力，倦怠的風險低很多。在我進行的多項研究中，有一個結果是一致的：在十分制中把自己的壓力評為七分以上、但同時職業效能也很高的人，倦怠的可能性顯著較低。這些人的高職業效能，在壓力評估過程中發揮了調停的作用，用白話來說，就是高職業效能讓他們對工作中遇到的壓力源有更積極的看法，把壓力源視為挑戰，而不是威脅。

請容忍我這個書呆子跟大家科普一下這是如何運作的。壓力評估分為兩個階段。遇到壓力源時，**初級評估**（primary appraisal）會自動發生（並且通常是無意識的），你的大腦會立即判斷壓力源是否：（1）無關緊要，換句話說「這根本不會影響我」；（2）良性正向：「這不會影響我，或可能對我有好的影響」；或（3）有壓力：「哦，不，這對我沒有好處。」如果你的大腦斷定是第三種情境，接著會繼續判斷這個壓力源是否會造成傷害或損失、構成威脅或是帶來挑戰。傷害或損失與已經發生的損害有關：「我剛意外失去工作，現在我什麼都沒有了。」威脅是未來造成傷害或損失的可能性：「這將奪走我珍惜的東西，我最好快點保護自己。」但是，挑戰可以提供機會，透過面對並克服壓力事件讓你獲得掌控感和能力：「這會很艱難，但是一旦我克服了，我會變好十倍。」具有較高的職業效能時，你更有可能把壓力源評估為值得歡迎的挑戰，倦怠程度也比較低。

次級評估（secondary appraisal）也會自動發生，而且通常是潛意識的，可能與初級評估過程同時發生。次級評估是你弄清楚如何處理壓力事件的過程，依據你認為你擁有的個人資源去決定如何應對眼前的需求，而你感知到的個人資源，就是你的自我效能。

自我效能高的人會這樣想：「我擁有克服這個壓力源所需的技能。」自我效能低的人會這樣想：「我認為我做不到。」

實際放在工作中會是什麼樣子？以下是我編出來的人物速寫。傑克有很高的職業效能，喜歡接受挑戰加以征服，全心投入解決問題，熱愛享有技能培訓和專業發展的機會。他非常投入，精力充沛，態度積極並且不斷進步。傑克可以說是倦怠員工的相反，是吧？另一方面，比爾的職業效能低落，面對壓力源時本能地感到防禦心和壓力。他沒有把壓力源視為（評估為）挑戰，而是視為威脅。為了保護自己，他在工作中保持低調，避免引起任何人的注意。為了逃避壓力以及壓力帶來的不適，比爾對工作心不在焉。他對工作態度消極，成長停滯。如果繼續這樣下去，他倦怠的可能性很高。

自我效能高的人，就像傑克，可以緩衝痛苦的經驗，保護我們免於倦怠。另一方面，自我效能薄弱會導致我們在痛苦經歷中變得脆弱，正如我們在比爾身上看到的那樣，這降低了我們的倦怠免疫力。

以上這些引出了價值非凡的問題：如何提高自我效能，從而幫助我們對倦怠免疫？在這裡提供六個技巧：

1 耐心練習（多多益善）。研究表明，自我效能最強大的驅動力是所謂的「成就經驗」，也就是經過練習，成功學會新技能或克服新挑戰，得到成功和自信的經驗。成就經驗帶給我們直接的個人經驗，接受挑戰然後成功，不僅能提升我們的信心，也提供了過去成功的直接證據，增強我們對未來能夠成功的信念。給聰明人的小叮嚀：對自己要有耐心。沒有人第一次嘗試就能成為大師，給自己充足的時間和大量的寬容，去嘗試、失敗、從失敗中變得越來越好，到最後精通一項新技能。

2 **向有韌性的榜樣或導師學習。**有韌性的榜樣和經驗豐富的導師有一個優勢，由於過去成功應對壓力的經驗，他們更能把壓力事件視為挑戰而不是威脅。過去的經驗使他們成長、學習並增強了信心。你不僅可以向他們學習，還可以享受他們提供的社會支持，從中受益。

3 **用一些言語勸說來激勵自己。**言語勸說是一個社會認知心理學術語，指的是來自你信任和尊重的人的鼓勵和正增強。導師和高階主管教練是執行言語勸說的理想人物，但工作中的任何人只要能幫助你識別自己的優勢和天賦，都可以擔任這個角色。從可信賴的來源獲得客觀的評估，可以為增加你的自信和自我效能帶來奇蹟。

4 **寫成就日誌。**尤其是當我們感覺被壓力壓扁了的時候，當然還有陷入倦怠時，都很容易忘記我們**已經**取得了很大的成就，而且很可能在過去的表現中擁有大量的成就經驗。成就日誌是你職業效能的永久紀錄。

5 設定具有挑戰性的可實現目標。增強信心的一個可靠方法，就是實現你設定的目標，尤其是比你的能力更高一點的目標。你可以找到很多關於如何設定目標的指南，包括流行的SMART目標系統（明確、可衡量、可實現、有關聯性、有時間限制）。

6 從新的角度去詮釋障礙。障礙、挑戰、挫折、瓶頸、困難、路障……這些都是工作中自然且完全正常的部分。如果你用失敗、不知所措、恐慌或其他沒有效益的心態面對挫折障礙，低落的自我效能就不可能提升，還會削弱我們成功應對困境的能力。就算你覺得這樣做違反你的本性，但請試著「套上」高職業效能的心態，用任何對你有效的言語自我鼓勵：「我行的。」「我不緊張；我很興奮！」「沒有人比我更適合做這件事。」在給**自己**打氣的過程中，你會以全新的角度去看障礙。

當事情一發不可收拾

在你繼續往下閱讀之前，我想喊一下暫停，承認一件事：有時候我們的覺察、韌性或情商有多高並不重要——人生有時候就是會有超出我們承受能力的事情迎面砸過來。生病、失去摯愛的人、結束一段關係、重大變動，甚至正面的事件也可能造成很大的干擾，消耗我們原本用來應付工作壓力的能量。發生這種情況時，我們很容易倦怠。

娜塔莉是一名資深軟體工程師，她在公司工作了八年。儘管必須掌握不斷發展的技術帶給她很大壓力，但她的工作表現出色，而且她很喜歡同事。然後到了二〇二一年，所有事情似乎同時發生：她結婚了，買了房子（在充滿挑戰的房地產市場尋尋覓覓十個月之後），搬家，第一次當阿姨，而且還錦上添花、晉升為主任工程師。她對工作的整個態度，以不可置信的速度快速轉變。她發現自己不知所措，害怕工作，大多數時候只想躺在床上。更糟的是，她感到困惑和焦慮，因為她「應該要」覺得高興。畢竟這些全都是正面的人生大事，多年來，她也一直希望得到晉升。

事實上，我們處理事情的精力有**一定的**總量，包括工作的事、家裡的事以及所有事情如何交互影響。娜塔莉生活中發生的所有事情，即使是受歡迎的正面事件，因為太多太雜所以無法同時兼顧，而且使她無法像以前那樣有效處理正常的工作壓力。

當所有事一下子全擠在一起時，首先要做的是，對自己網開一面。你的頻寬有限，能做的就是這麼多。第二，照顧好自己，這一點絕不容妥協。這一點太重要了，所以要說三遍。什麼東西能為你充電？以娜塔莉為例，她休假兩週在新家安頓下來，然後安排跟隨一位導師，以便更順利過渡到主任工程師的職位。第三，主動尋求協助。你的職責可以與他人分擔嗎？你能不能商談延長期限，或至少暫時減少需要交付的成果？有沒有什麼人或服務可以幫你處理與工作無關的事，讓你的生活更輕鬆？通常人們很樂意提供協助，只是不知道該怎麼做。不要害怕，明確說出你需要什麼幫助——現在你需要幫助就儘管說，以後再換成你幫助其他人。

覺察和關心

毫無疑問，工作有時會帶來極大的壓力和心理危險。管理工作相關的壓力會消耗大量的注意力和精力，以至於我們忘了注意生活各方面受到什麼影響。我們可以嘗試忽略、逃跑、繞道而行或者假裝它不存在，但如果你在高壓環境中工作又不採取管理措施，倦怠總是會來敲門的。

因為，重點來了：即使我們擁有非凡的否認能力（你好！握個手吧！），倦怠遲早會引發無法忽視的求救訊號，以我來說，就是把我送進急診室、突破天際的高血壓。不過我敢用我的退休基金打賭，在每個倦怠案例中，包括我自己的案例，我們的身心一直在發出很多比較微弱的訊號，只是我們沒有覺察而錯過了。

在我的倦怠復原旅途中，踏出影響最大的一步就是增強我的覺察：什麼使我更容易倦怠、什麼觸發了我的壓力、為什麼？為了與工作建立健康的關係，我想要什麼？需要什麼？但最重要的是，我更清楚意識到需要改變的地方——**我**有哪些地方需要改變——而這一切歸結為一套新的習慣，一直以來，我因為太忙而沒去考慮，到現在不得不重視的習慣，就是我必須去**覺察**和**關心**。更關心和關愛自己，更關心我的壓力對其他人造成的影響。關心如何與工作建立健康的關係，使我能夠做出有意義的貢獻，同時實踐我的價值觀，實現我對理想自我的願景。

我期望各位在讀完本章後也能如此。我期望你已學會一些自我覺察的方法，期望你現在準備好開始照顧自己。把照顧自己的健康放在第一位，採取行動，支持你的情緒和身心健康，尋找或創造支持你最佳表現的工作環境。如此一來，你的倦怠風險將降到最低，而且會更快樂、更有生產力。

Chapter

3

善用壓力：

掌控壓力的甜蜜點

柯林來找我接受高階主管教練輔導時，他的公司剛度過年終最兵荒馬亂的時刻，而且經理突然離職使得情況更加慘烈。柯林告訴我：「每個人都壓力爆表，搞得場面很難堪。」會議中屢屢上演互發脾氣、權力鬥爭和唇槍舌戰，最後演變成謾罵和公然汙衊。高層沒有插手，選擇延後處理這些「個人問題」，直到每個人都達成年終目標。因此，除了工作量增加之外，柯林還得在壓力很大的同事之間試圖維護和平。可是他的努力不但沒有成果，到最後他也被捲入了破壞性行為的行列。柯林平常很隨和，但他承認自己曾多次「昏了頭」與同事起衝突，到了季度末他感到壓力很大、羞愧、沒士氣，以至於畏懼上班。

現在，隨著工作量恢復正常，柯林把目前的工作氛圍描述為「集體失憶症」。他說：「每個人都迫不及待想忘記我們剛剛經歷過的事情，沒有人願意回過頭去反思我們之前如何對待彼此。」每個人都這樣，除了柯林以外。我們第一次見面時，他對我說：「我不想逃避這一切，我想要解決這個問題，這樣每個人都可以恢復正常，我想要盡快改變這種文化，確保永遠不再發生這種情況。」

我明白柯林的想法。他被困在失控、功能失調的工作環境中忍耐了好幾個月，在那個環境中的每個人，說得委婉點呢，是處於集體失調的狀態。現在他想要治癒過去幾個月遭受的微創傷，擺脫正在經歷的中度倦怠，修復許多受損的關係，並改變公司文化，而且他希望這一切立即發生！他的精神可嘉，我欽佩他願意照顧自己的心理和情緒健康，願意解決工作中的問題，而不是視而不見。

但是，當然啦，這些都需要時間，而且很多事情超出了他的控制範圍。儘管我們都希望揮揮魔杖就能瞬間撫平職場關係中的裂痕，或者馬上創造出互相支持、有益心理健康的文化，但這些努力需要時間，而且需要一起工作的許多人同心協力。

因此，柯林和我所做的第一件事，就是聚焦於他實際可以控制的事情，重新調整他的期望。他的期望從「我今天要解決所有問題」轉變為「我今天將盡自己的一份力量去幫助解決這個問題」。他說，光是這種心態的轉變，就使他的壓力分數從八降低到四，這讓他行有餘力專注於可以控制的事。

首先，他把焦點放在自己和團隊成員的優勢。這使他的心態從悲觀轉變為樂觀，也能提醒自己，大家最近因為壓力引發的不良行為，並不代表每個人的全部。另外，他開始練習每天找出三件團隊成員所做的好事，在每天工作結束時發電子郵件給團隊成員，主旨是「我今天看到的好事」。這種做法大受歡迎，其他人紛紛跟進，產生的積極情緒和同志情誼對於修復關係大有幫助，改善了原本因為集體壓力和焦慮而受到重創的人際關係。最後，柯林改變了以往的開會模式，不再以「立刻進入正題」的方式開啟團隊會議，而是丟出反思性的問題做開頭，例如：「這個星期大家學到了什麼覺得很有意思的東西？」或「我們這個團隊怎麼運作最有效？有什麼可以改進的地方？」邀請大家討論和回饋。這種以團隊為中心的做法鼓舞了士氣，而對於柯林個人來說，採取一些具體行動讓他得以減輕壓力，也減少了他在工作中受害的感覺，這些都有助於推動他從倦怠中復原。

事實上，專家一致認為（我的研究也反覆證實），保護自己免於倦怠最有效的方法之一，就是專注於你可以控制的事情。為什麼這種方法這麼有效？好吧，想想相反的情況：我們知道職業倦怠的關鍵因素之一，是在工作中缺乏控制，如果老是想著我們**不能**控制的事情，會讓我們感到無助和絕望，會侵蝕我們行動的意願，吃掉我們的能量以及相信事情可以變得更好的信念，還會放大壓力。我們可能會這樣想：「何必呢？反正做什麼都沒用」或者「不然還能怎樣，我應付不來就代表我根本不屬於這裡」。簡單一句話：聚焦於你無法控制的事情本身就會帶來壓力，而且會讓人失去力量，自我挫敗。

怎麼樣，聽起來是不是很熟悉？沒錯，一直想著你不能控制的事情，會產生與倦怠相同的一些症狀，包括沮喪、變得消極、憤世嫉俗、欠缺行動和效能，而且會加速倦怠的發展。

但你不必購買這張單程票！積極主動把注意力轉向你能控制的事情，這是培養心理健康和韌性的第一步，而你需要心理健康和韌性來保護自己免於倦怠。讓我們很快看一眼，哪些東西是我們實際可以控制的，哪些東西又是不可控制的。

我能控制：

- 我的界線
- 我的目標
- 我的價值觀
- 我的信念
- 我選擇交往的朋友
- 我把精力花在什麼地方
- 我如何應對挑戰和改變

- 我要多誠實
- 我選擇變得多麼脆弱，以及選擇與誰在一起
- 我的行動，包括：
  * 開口求助
  * 我如何照顧自己（我的飲食、身心健康、睡眠習慣和衛生、我選擇的應對機制）
  * 我如何對待別人
  * 我對事件和其他人的反應
  * 我如何管理和應對自己的情緒
- 我的想法，包括：
  * 我如何對自己說話
  * 我的態度和看法

現在深吸一口氣，試著以開放的態度瀏覽下一份清單，帶著幽默感更好。

我不能控制：

- 過去
- （大部分的）未來
- 我身邊發生的事情，特別值得一提的是：
  * 意外或不受歡迎的事件（旅行延誤、裁員、辭職、供應短缺、停電、生病、損失等等）
- 我努力的全部成果以及這些成果如何被看待
- 別人的感受、想法、行為和反應，包括其他人的：
  * 意見
  * 對我的意見
  * 心情和情緒
  * 過去
  * 未來
  * 恐懼

* 弱點
* 優點
* 界線
* 目標
* 價值觀
* 信念
* 態度和心態
* 有多少精力以及把精力投注在哪裡
* 應對挑戰和變化的能力
* 誠實的程度
* 願意尋求或接受協助
* 脆弱的程度
* 照顧自己的方法，或缺乏自我照顧

• 其他人

看到這兒，我想你應該已經明白重點是什麼。在很大程度上，我們真正能控制的東西在我們個人內部。我依然堅持我的觀點，工作倦怠是組織的問題更勝於個人問題（而且我將繼續自豪地展示那件「不是你有問題，是你的工作有問題」T恤），而盯牢你自己一個人就能控制的事情，能夠帶給你動力、力量、療癒和壓力的緩解。當我們感覺無法改變工作環境時，或者就像柯林一樣，當我們沒辦法快速實現改變時，這會是一條救命繩索。倦怠會讓我們誤以為自己無法控制，也沒有選擇。然而，若是向內尋求，就會發現我們每個人都能控制自己對生活中可能遇到的任何事情的反應。

在本章和下一章中，我們將研究調節技巧如何幫助我們減輕壓力，重新獲得控制感，即使外部環境失調且充滿壓力也不受影響。我們首先會深入檢視壓力的生理學和心理學，看看壓力如何影響我們的思維、行為以及身心健康，包括好壞兩方面。我們將學習如何運用調節技巧使自己保持在壓力的「甜蜜點」，充滿活力和動力，同時又能避免被壓力打垮，疲憊不堪。調節技巧讓我們能夠依靠自己的技能和資源，以更鎮定有效的方式應對壓力時刻，並且在經歷壓力後更快讓自己的情緒、頭腦和身體平靜下來。最後我們將學習如何建立倦怠免疫力，防止急性的工作壓力變成使人衰弱的慢性病。

認識壓力反應並加以管理

如果倦怠是工作場所長期壓力源的產物，那麼我們需要充分了解，當工作壓力來襲時，我們的頭腦和身體會發生什麼事。新的研究讓我們更清楚認識被壓力控制時，我們會有哪些情緒、精神和生理反應，以及如何把這些內建的壓力反應化為己用，帶來益處。所以請跟著我一起來場幕後揭密之旅，這一次我們將使用比第二章更精細的鏡頭去窺看壓力反應的機制，了解神經化學如何運作，尤其是一些關鍵的荷爾蒙和神經傳導物質，這對於我們學習如何馴服和調節自己的壓力反應大有助益，也能幫助我們學會盡快走出高壓失調的狀態。

你應該還記得前面提過的，杏仁核會在每次感知到威脅時觸發壓力反應系統，無論是真正的危險（一隻飢餓的灰熊）或只是**感覺**真的很危險（上台發表演講）。大腦處理資訊時，依循生存本能進化得出了「小心總比遺憾好」的策略，在偵測到威脅的幾毫秒內，杏仁核向下視丘發送求救訊號。下視丘是大腦的指揮中心，透過向腎上腺發送訊號啟動交感神經系統，啟動方式是向血液中注入兩種荷爾蒙：腎上腺素和正腎上腺素。在這兩種荷爾蒙的共同作用下，你的心跳加速，呼吸道打開，血液輸送至重要器官和大肌肉群，讓你的身體做好快速行動的準備。同時血糖也會升高，把葡萄糖送到大腦，提高你的警覺性，促進快速思考。簡而言之，這兩種荷爾蒙負責「戰或逃反應」（fight-or-flight response），這種反應在應對短期威脅時非常有效。

然而，若威脅持續存在，交感神經系統就會保持啟動狀態，然後下視丘分泌促腎上腺皮質激素釋放激素（英文簡稱為ＣＲＨ），傳送至腦下垂體後發出訊號，觸發分泌促腎上腺皮質激素（英文簡稱為ＡＣＴＨ），再傳遞到腎上腺觸發分泌皮質醇，也就是我們所說的壓力荷爾蒙。隨著一開始激增的腎上腺素消退，皮質醇接棒繼續提高血糖以提供快速能量，並在短期內抑制發炎，從而具有增強免疫力的作用。

這整套系統如何關閉？那就要靠副交感神經系統了。當大腦感知到威脅不再存在——在戰或逃的情境中，就是你要嘛制服了威脅，要嘛逃脫了威脅——副交感神經系統就該踩剎車了。皮質醇濃度下降，副交感神經系統抑制整套壓力反應[1]，幾分鐘之內，你的身體就會恢復正常運作，可以開開心心去酒吧慶祝從灰熊爪下死裡逃生，更適合現代的情境是，慶祝你成功躲過一輪裁員。

必須記住的是，戰或逃反應的起源深植於人類的演化史，當時遇到掠食者和其他人身安全急迫威脅的情況並不罕見，命懸一線時，可不能浪費幾秒鐘的時間去判斷要對抗威脅或逃跑。這種閃電般快速的反應在人類生存史上拯救的生命數量，實在無法估量。

但正如我們所看到的，這套方法也有缺點。我們的大腦並不總是判斷正確。有時我們的壓力反應系統一觸即發，有時很難關閉。有時候過去的經歷（像是ACE或其他創傷，或是撫養你長大的照顧者對壓力反應過度）可能導致錯誤的訊息處理，使我們看出去無處不是威脅，而實際上現代世界基本上是安全的。

現今我們也更有可能面臨長期的壓力源。只要看看柯林的例子，就能得到一串壓力源：工作量太大，但沒有足夠的時間和足夠的支持去完成工作、與同事持續發生衝突、組織功能失調，例子多到舉不完。這些都是持續存在的壓力源，在這種情況下，交感神經系統別無選擇，只能持續工作以應對持續存在的威脅。

問題的關鍵點就在這裡：只要大腦繼續感知到威脅，皮質醇就會繼續在你的全身流動，使身體維持在加速和高度警覺的狀態。皮質醇濃度長期偏高又與一長串問題有關，包括焦慮、憂鬱、頭痛、高血壓、胃腸道問題、失眠、體重增加、全身性發炎、心血管疾病和認知功能障礙的風險升高。

不過，戰或逃並不是唯一的壓力反應。你可能聽過第三種反應，也就是「凍結反應」（freeze response）。（事實上，現在普遍把整套壓力反應稱為「戰鬥—逃跑—凍結反應」。）但是凍結反應有點不同，發生於戰鬥或逃跑都不起作用時。若是沒時間或沒機會對威脅做出反應，例如你即將被迎面駛來的汽車撞到，我們的大腦會以唯一剩下的方式做出反應，那就是試圖讓我們對不可避免的痛苦麻木，也就是典型的「嚇呆」情境，就像被車頭燈照到的鹿會呆住一樣，面對無法抵擋或無法避免的嚴重壓力，或某些人所說的創傷性壓力時，就是這種反應。在這種情況下，副交感神經系統有效地關閉了身體，而不是由交感神經系統加速身體運轉為行動做好準備。心跳和呼吸迅速下降，你可能會感到寒冷或麻木，極端情況下甚至可能昏倒[2]。

凍結反應是我們內建的生存本能的一部分，確實有其優勢，使體內充滿腦內啡，這是一種「感覺良好」的荷爾蒙，讓人產生平靜的感覺，減弱我們對疼痛的感知，因此可以提供緩衝，減輕超級恐怖的事件帶來的衝擊。可是，凍結反應若在不恰當的時機觸發，缺點也很明顯。凍結反應又稱為反應靜止、強直靜止或注意力靜止，儘管經歷這種情況的人完全警醒並且有意識，但在極端情況下，他們無法移動或以任何方式做出反應。換句話說，壓力大到使他們暫時癱瘓。比較常見的是較為溫和的凍結反應：我們的大腦一片空白，感到麻木或解離（有時被形容為「恍神」或「靈魂出竅」），突然變得極度疲累，或者感覺連一根手指也抬不起來。

此外，凍結反應也和戰或逃反應一樣，可能出現訊息處理錯誤或反應過度的情況。我們可能會在實際上並沒有威脅到生命的情況中凍結，導致該做的事沒做（這還是最輕微的後果！），也無法處理引發如此強烈反應的壓力源。舉例來說，許多人遇到尷尬為難的情境會僵住或茫然，有ACE或其他創傷史則更會如此，大腦秉持「小心總比遺憾好」的方針，學會變得過度警惕，用盡一切方法去應對偵測到的每一個威脅。

這三種壓力反應的總結是：壓力反應系統若是過於頻繁地不斷啟動，或是超過效期無法關閉，實際上會導致**更多**的壓力，長遠而言可能嚴重損害我們的身心健康。

在壓力**和**倦怠的領域，持續的壓力會把你壓垮。

應對壓力更好的方法

多年來，科學家認為戰鬥、逃跑或凍結是我們應對壓力的唯一選擇，但實際上還有另外兩種回應，提供了一條完全不同的路徑。兩者都超越了純粹的生存，讓我們能夠獲得壓力帶來的某些**益處**，這是其他方式無法獲得的。這兩種反應就是「挑戰反應」（challenge response）和「照料與結盟反應」（tend-and-befriend response），我們將會看到，這兩種反應在建立倦怠免疫力方面也扮演著關鍵的角色，且聽我仔細道來。

當你感到需要執行或實現某些目標時，就會啟動對壓力的「挑戰反應」。你是不是很好奇為什麼不會觸發凍結反應，或者至少觸發戰或逃反應？那你就問對問題了。關鍵的區別在於**你如何看待壓力源**：你認為可能具有挑戰性和困難，但不會危及生命。挑戰反應會引發一些與「戰或逃」相同的生理反應，例如心跳加快、腎上腺素噴發，但你會感到專注、興奮與自信，而不是恐懼、憤怒或不知所措[3]。

根據心理學家暨壓力專家凱莉．麥高尼格（Kelly McGonigal）的解釋，因為你預期不會受到身體傷害，所以你的首要目標不是避免威脅，而是追求你想要的東西。在這種情況下，身體的反應更像是對體能鍛鍊的反應，而不是對威脅的反應：你的血管保持放鬆而不是收縮，你的心跳更強勁，泵出更多的血液，而且你實際上獲得了比戰或逃反應**更多**的能量。挑戰反應確實會觸發皮質醇的釋放，但腎上腺會分泌更高比例的DHEA，這是一種抵消皮質醇負面影響的前驅激素[4]，就是這麼一個巧妙的小小改變，DHEA還可以增強大腦從壓力經歷中學習建立心理韌性的能力。麥高尼格指出，挑戰反應的整體結果是能量和專注力增加，自信心和動力增強。她說，用簡單一句話總結，挑戰反應就是「給了我們迎難而上的動力，以及取得成功的精神和體力資源。[5]」當你必須做口頭報告、參加考試、趕工完成專案、找老闆談加薪或在壓力下工作時，挑戰反應正是你想要的。

因此，除非有生命危險，否則對壓力最好的反應就是挑戰反應。這就引出了一個問題：上哪裡可以買到一些這種反應？我很高興告訴各位，挑戰反應完全免費，來源就在你自己的腦海裡。

或者更具體地說，存在於你的心態。我們將在第六章深入探討心態和觀點，現在先給大家一個快速的概念：研究（包括麥高尼格的研究）顯示，決定你如何應對壓力最重要的因素，就是**你認為自己有多少能力去處理它**。不要忽視這句話的重要性。你對壓力能否做出最佳反應完全在你的控制之中，僅僅取決於你選擇如何看待你管理壓力的能力。只要稍加練習，即使你從小到大都有杏仁核過度活躍的毛病，還是可以學會從威脅反應轉變為挑戰反應。其運作原理如下。

面臨壓力源的那一秒，大腦就會自動開始評估情況，以及你所擁有可以用來應對壓力的資源。（這是我們在上一章討論過的初級評估和次級評估過程。）大腦在你沒有意識到的層面開始收集資訊：**這件事有多困難？我是否擁有面對困難並且度過難關所需的力量、技能、勇氣和幫助？**麥高尼格的結論簡單明瞭：「如果你認為情況的需求超出你擁有的資源，就會做出威脅反應。但如果你相信自己有成功的資源，就會做出挑戰反應。」這是一個典型的例子，說明了我們的思想如何決定我們的現實。

要開始從威脅反應轉變為挑戰反應，也就是開始相信你有成功的資源，第一步就是試著把壓力反應視為一種資源。剛開始可能會感覺很奇怪，甚至覺得這是不可能的事，但只要你堅持下去一小步一小步往前走，就會到達目的地。所以，現在就開始「穿上」這樣的信念吧，相信你遇到的壓力是有益的，能夠增強你的能力，而不是有害的。心態並非刻在石頭上永遠不可變動，改變只在你的一念之間。

下次當你的壓力反應被觸發時——你的心跳加速、出汗、開始擔心和懷疑自己——不要試圖抑制或逃避，這樣其實會適得其反，加劇你的壓力。你要反過來承認並且接受壓力反應，同時告訴自己結果會是好的。**我現在壓力很大，但是沒關係；我以前經歷過壓力，而且總是能夠克服**。或者乾脆豁出去告訴自己拚了：**我現在壓力很大，但這又不是我第一次上場表演，我可要大展身手啦**。只要接受，不要抗拒或試圖壓制，就可以把威脅反應轉變為挑戰反應[6]。你自己的心態和想法就是這麼容易改變你的大腦和身體裡面發生的事情，幫助你對壓力做出更健康的反應。

下面還有一些可以嘗試的方法，幫助你快速轉變心態：

- 承認你個人的優勢。
- 想想你曾經如何準備好應對特定挑戰。
- 回想你克服類似挑戰的經驗。
- 想像你所愛的人給你支持。
- 祈禱，或知道其他人正在為你祈禱[7]。
- 找一句鼓舞自己的口頭禪，像是「我行的」、「我做得到」，我個人最愛的一句話則是

「這不是我第一次上場發威」（其實我在發表大型主題演講時，會在套裝底下穿一件寫著「這不是我第一次上場發威」的T恤）。

另一種值得探討的有益壓力反應更強調我們的外在**行為**，而不是內在的心態。當我們尋求與他人親近、連結以減輕壓力，幫助我們克服充滿挑戰的困境時，就會出現「照料與結盟反應」。

這個名稱來自二〇〇〇年的一篇研究論文，該論文指出女性對壓力的反應以照料（保護和養育孩子）和結盟（維持和加強社交連結）為主，而不是戰鬥或逃跑。整個概念是這樣的，久遠之前，在人類的進化史上就分為兩種不同的角色去照顧後代：男性外出獵食為全家人帶回食物，女性留下來照顧孩子。在這種體系中天擇的結果，就是留下戰鬥或逃跑能力強的男性，女性則透過形成有凝聚力的社會群體共同應對挑戰和威脅，從而使自己**和**後代的生存機會更大[8]。無論這種反應何時或如何出現，我們都知道親社會行為（對社會有益的正面行為，例如幫助他人、志願服務、合作和分享）不分性別，也發生在許多動物身上。（所以我喜歡把這種反應稱為「給予帶來救濟」壓力反應。）

如同其他壓力反應，照料與結盟反應釋放的荷爾蒙和神經傳導物質是發揮減壓效果的關鍵。你已經認識了其中的一種，也就是可以使人平靜並充當天然止痛劑的腦內啡。現在該來認識其他三種「感覺良好」的荷爾蒙，或者有些人稱之為快樂荷爾蒙：催產素、多巴胺和血清素。

麥高尼格指出，照料與結盟反應會增加我們大腦中三個系統的活動：社會照顧系統、獎勵系統、協調系統。「社會照顧系統」受到催產素的調節，催產素由於在促進連結和親密關係方面發揮作用，所以俗稱「愛的激素」。當這個系統起作用，催產素在血液中流動時，你會感到更多的同理心、連結和信任，更強烈想要與他人建立連結或變得親近。這套系統還能抑制大腦的恐懼中樞，增加你的勇氣[9]。除了社會照顧之外，催產素還會在分娩、哺乳、運動、性行為以及其他形式的身體接觸（例如擁抱和按摩）過程中釋放，是我們最強大的自然調節劑之一，能夠撫慰困難的情緒，促進平靜，幫助我們的大腦在經歷壓力後恢復正常狀態。

第二套系統，也就是「獎勵系統」會釋放多巴胺，這是一種使人感覺良好的神經傳導物質。獎勵系統的活化會使動力增加，同時抑制恐懼。當你的壓力反應包括多巴胺激增時，你會對自己有能力做有意義的事情感到樂觀。多巴胺還可以讓大腦做好身體活動的準備，確保你不會在壓力下凍結[10]。多巴胺有助於調節情緒、學習和記憶，能夠促進幸福感、專注力、愉悅感和警覺性。當你的大腦期待獎勵時，就會釋放多巴胺，所以任何你認為愉快的事物都可能觸發它。

第三套系統，「協調系統」是由神經傳導物質血清素驅動。這個系統啟動時，會增強你的感知、直覺和自我控制，讓你更容易了解需要做什麼去應對你面臨的挑戰，有助於確保你的行動產生最大的效果[11]。血清素還具有調節情緒、睡眠、食慾、學習能力和記憶力的作用，被譽為情緒增強劑和減壓劑，透過運動、曬太陽和冥想這些自然的方式，就能提高血清素的濃度。

總的來說，麥高尼格總結道，由於這些強大的荷爾蒙和神經傳導物質，照料與結盟反應「讓你變得愛好交際、勇敢和聰明。它給了我們需要的勇氣和希望，推動我們採取行動，而且是有意識採取巧妙的行動。」最打動我的一句話是：「**任何時候你選擇幫助別人，就會啟動這種狀態**。照顧其他人會從生物學上激發我們的勇氣，創造希望。[12]」

多麼神奇啊，我們自己就有能力觸發這種有益的保護狀態。簡而言之，選擇照料與結盟反應會增加你的勇氣，激勵你表達對其他人的關心，強化你的社會關係。我認為這有助於解釋在我的研究中具有倦怠免疫力的研究參與者的行為，他們告訴我，他們有僕人式領導**註1**的心態。他們描述自己非常積極有動力地幫助別人，這反過來又給了他們應對壓力的勇氣。在某種程度上，這似乎有助於他們培養出一種堅強的心智。

我自己也有過這樣的經歷。曾經有許多日子我累到爆炸，一看行事曆還有三個學生和兩個客戶的電話要打，想到要聆聽別人談論他們的問題我就害怕，擔心自己沒有精力支持他們。這讓我感到非常羞愧，於是又增加了我的壓力。

但是當電話接通，我們開始互相連結，我立刻忘記了自己的壓力和不知所措的感覺。我幾乎立即感受到更多的同理心、連結和信任。我也對自己的能力感到更加樂觀和自信，相信我能為學生和客戶提供有意義的幫助，我的自我效能隨之增強。最有意思的是：結果這些電話得到了最大的成效，結束時學生和客戶感覺受到支持，更清楚他們想要什麼、需要做什麼。這是一種非常有意義的連結，我即時受到腦內啡、催產素、多巴胺和血清素的積極身心影響而被鼓舞，我的客戶和學生也因此受益。

要選擇做出照料與結盟反應，最佳方法是不要把目光侷限於你的個人待辦事項清單，把目光放遠去幫助別人：

- 看到你指導的弟子或同事陷入困境時，主動找他們談話。
- 全神貫注聆聽別人說話。
- 就算不同意別人的觀點，還是姑且相信對方的善意。
- 把握每一個機會向他人表達感激之情。
- 慷慨提供正面的回饋。

有能力引發正面的荷爾蒙反應來調節我們的壓力反應，會成為十分強大的資源，而且完全由我們控制。我們有內在的能力選擇更好、更有效的壓力應對方式，幫助自己平靜下來，更清晰、更有目的地思考，做出更好的決策和行動。

現在你已經了解這四種快樂荷爾蒙的所有優點，應該很清楚為什麼我們會想要多來些

1 編註：羅伯・基夫納・格林里夫（Robert Kiefner Greenleaf）所提出的領導理念。傳統領導中的領導者主要關注公司或組織的蓬勃發展，僕人式領導則分享權力，將員工的需求放在首位，並幫助員工盡可能發展和表現。

快樂荷爾蒙，少些壓力荷爾蒙皮質醇。但是先別急！我們絕對**不想**完全拋棄皮質醇，因為在適當的情況下，適量的皮質醇可以幫助我們保持警覺，集中注意力，準備好應對我們面臨的挑戰。我們的目標是在剛剛好的情境承受剛剛好的壓力。

壓力的甜蜜點

我們已經看到，關於壓力沒有什麼簡單的定論，像是「所有壓力都是不好的，因此避免壓力是好的」。無壓力的生活不僅是不可能，而且是不可取的。

為了獲得最理想的身心健康狀態以及最佳表現，我們真正想要的是在壓力的甜蜜點內運作，而壓力的甜蜜點指的是：承受的壓力剛好足以讓我們感到挑戰、有動力，但又不會多到讓我們感到被壓垮和無能為力。

「毒物興奮效應」（hormesis）是一個毒理學的術語，描述對環境因素的劑量反應：高劑量時可能致命，低劑量時卻能產生保護作用。目前生物學、醫學和心理學領域都使用毒物興奮效應來描述壓力的影響，其機制是相同的：高「劑量」的壓力是有毒的，低到中劑量（而且通常是間歇出現）的壓力是有益的。具備毒物興奮效應的壓力源常見例子，包括

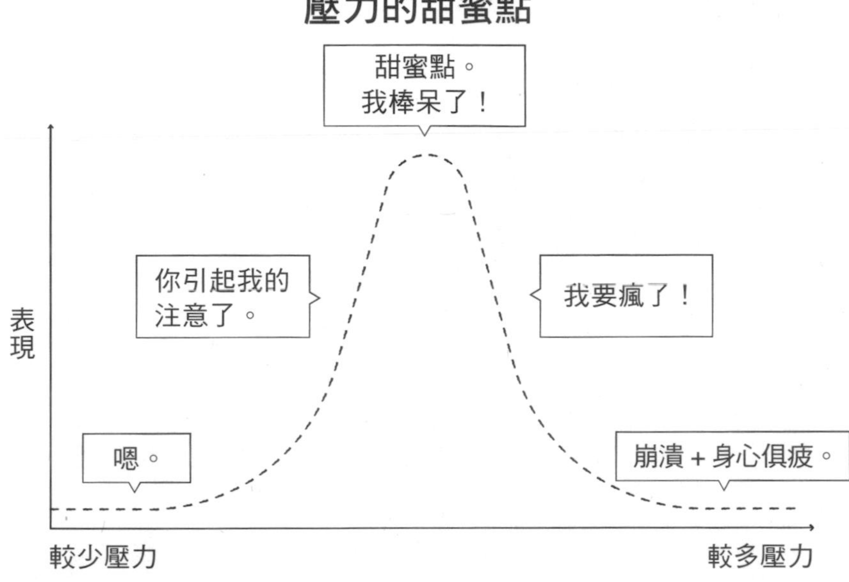

圖 3.1 壓力的甜蜜點

間歇性斷食、運動、具有挑戰性（但並非不可能）的認知活動，以及冷或熱暴露[13]。整個概念是短暫暴露於低至中度的壓力源，會讓我們處於壓力的甜蜜點：我們體驗到的壓力剛好足以啟動各種健康的適應性反應，從細胞層次開始（具備毒物興奮效應的壓力已被證明有助於修復細胞損傷、減緩細胞老化、減少發炎、改善血糖調節、幫助毒素排除）一路到改善整體健康狀況，增強未來對壓力的抵抗能力。喬治亞大學最近的一項研究發現，低至中度的壓力實際上可以增強工作記憶和心智表現。其中效果最強的是那些擁有自我效能、社交網絡、友誼以及生活目標感等「心理社會資產」的人，因為這些優勢對壓力源發揮了緩衝作用，並與更有效的應對技巧相關，也與經歷壓力後更積極的結果相關[14]。這些心理社會資產同時也是預防倦怠的資產，這並非巧合！

我發現最有幫助的思考方式之一——也許更重要的是如何達到壓力的甜蜜點——就是透過「身心容納之窗」（window of tolerance）的概念。這個術語是由神經心理學和正念專家丹・席格（Dan Siegel）醫師多年前創造的，並由作家暨諮商心理師琳達・格拉翰進一步闡明。根據格拉翰的說法，身心容納之窗是「當我們沒有受到驚嚇、壓力、過度疲勞或過度刺激時生理功能的基準線狀態」。她說，在這種狀態下運作時「我們腳踏實地，集中精力，既不會對其他人或生活事件反應過度，也不會無法採取行動[15]」。這是一個理想的「剛剛好」狀態，介於壓力過大和壓力不夠之間，介於過度激動和過度停擺之間。我們處於完美調節的狀態：平靜且放鬆，同時保持投入和警覺[16]。

是什麼導致我們滑出——或者在某些情況下，被擊出——身心容納之窗？你已經知道答案了：壓力。但事情是這樣的，當我們的壓力反應受到調節且健康時，也就是反應的方

交感神經 負責踩油門	恐懼受到調節或不存在時： 感興趣、好奇心、探索、玩耍、生產力、熱情	恐懼未調節時： 戰鬥—逃跑—凍結反應、過度加速運轉、激動不安、焦慮、恐慌
身心容納之窗	平衡的生理基準線： 鎮定放鬆、投入且警覺	
副交感神經 負責踩煞車	恐懼受到調節或不存在時： 放鬆、遐想、白日夢、打盹、做愛後入睡	恐懼未調節時： 屈服—崩潰反應、昏厥、解離、麻木

圖3.2 身心容納之窗[17]，取材自婚姻與家庭治療師（MTF）琳達．格拉翰的著作《挫折復原力》（*Bouncing Back*）

式符合感知到的威脅時，我們能夠很快返回身心容納之窗。然而格拉翰舉出了兩個讓我們難以返回的大「故障」，都與失調、無效的壓力反應有關。

首先，我們的前額葉運行速度相對較慢，不像杏仁核天生可以在幾毫秒內偵測到威脅。這意味著當我們感受到威脅時，會在瞬間自動做出反應，然後才有機會進行更慢、更受到調節的深入思考。如果你曾經氣到砸鍋摔盆、一怒之下拂袖離開會議，或是在感受到威脅時情緒崩潰，你一定懂我在說什麼。很多時候，我們在童年就被制約以這種方式做出反應，格拉翰說：「如果我們最早的經歷沒有成功制約我們用有效的方式去調節生存反應，那麼前額葉可能尚未完全發展出自我調節的能力。[18]」

其次，我們亦敵亦友的老夥伴皮質醇不受控制激增時，會使前額葉的功能暫時停擺。考慮到前額葉的部分職責是調節降低皮質醇的機制，這讓我們陷入了真正的困境。格拉翰說：「當我們的前額葉功能因壓力反應而脫軌時，即使是暫時的，我們可能會長期陷入警覺、激動、敵意、憤怒、恐慌或害怕的狀態，或者陷入麻木，昏睡、抑鬱的時間久到超過對我們有益的限度。[19]」

那麼，當生活把我們擊倒在地，我們該如何回到身心容納之窗、壓力的甜蜜點呢？怎麼做才能盡可能長時間留在那裡？在你閱讀下面的建議清單之前，我想強調格拉翰強調的另一件事：身心容納之窗是我們「自然的平衡基準線狀態[20]」。這是一種與生俱來的天賦，換句話說，是我們內心的一處福地，在理想世界中，我們可以一直以此地為家，進行一切運作。當然，現實世界距離理想很遙遠，但是只要知道，無論如何，身心容納之窗總是在那裡等待著我們的回歸，就能感到深深的安慰。

下面有一些「急救特效藥」，在你發現自己被踢出身心容納之窗時，可以馬上使用。

1 **透過觸摸觸發催產素**。催產素提供最快速的方法調節身體的壓力反應，恢復鎮定平衡的狀態。要觸發催產素，請尋求安全的觸摸：擁抱、牽手、按揉頭部、身體按摩、抱著寵物，甚至自己按摩太陽穴或把手放在心臟上。要得到超快速充電的效果，可以輕輕按摩脖子和頭骨底部的交界處，這是迷走神經的位置，充滿催產素受體[21]。

2 **嘗試照料與結盟反應**。找一個你愛的人取暖討拍。如果能面對面接觸最好，但在緊要關頭打個電話或發訊息也行。感受到支持和連結，會釋放總共四種感覺良好的荷爾蒙，幫助別人也會。

3 **大大喘一口氣安撫自己**。這是一種強大的呼吸技巧，用鼻子連續吸氣兩次，然後用嘴巴長長吐氣。根據神經生物學家安德魯．胡伯曼（Andrew Huberman）博士的說法，吸氣兩次會「彈開」肺部所有小氣囊（肺泡），最大限度增加氧氣吸入量，長吐氣則會排出壓力反應累積的二氧化碳[22]。

4 **運動**。運動可以預防和緩解壓力，兩者之間的關聯已經牢固確立。找一種你喜歡的運動，或者至少是你可以忍受的運動，而且運動程度要達到使心跳加快。團體運動課程還有一個額外的好處，就是建立社交連結。戶外運動則兼具下一項急救措施的額外好處。

5 花時間走進大自然。有大量證據證實，在戶外綠色空間度過時光可以減輕壓力，促進自我調節，提高專注力，並且是幸福感和整體福祉的重要預測因素。只要短短十分鐘就有減壓效果[23]。

6 好好哭一場。哭對成人和嬰兒同樣有好處。哭泣會釋放催產素和腦內啡，是自我安撫、調節情緒和減壓的有效手段[24]。

是什麼觸發了你的工作壓力？

重點很簡單，只有一句話：經常觸發壓力反應的工作環境，會讓你更容易倦怠。每個人有不同的壓力閾值和不同的壓力來源，因此關鍵是準確地找出引發你工作壓力的特定事件。

「觸發因素」是一個大家耳熟能詳的詞彙，我個人最喜歡諮商心理師兼作家大衛・里秋（David Richo）簡單明瞭的定義：「觸發因素是任何能夠立即引發情緒反應的字詞、人、事或經歷」。他說，觸發因素會激起我們完全無法控制的自動反應[25]。大家還記得阿班嗎？他是我第一份工作中的同事，對我進行了煤氣燈操縱，我只要在收件匣看到他的名字，或是聽到他的聲音從走道那頭傳過來，我的胃就會自動開始翻攪，心怦怦直跳。即使這麼多年過去了，到今天寫下他的事，依然讓我起雞皮疙瘩。這些身體表現都是我對恐懼的直接情緒反應。

當我們被觸發時，效能會大打折扣，因為我們的邏輯大腦（負責解決問題、決策和理性思考的區域）罷工，情緒占據主導地位，體內充滿了腎上腺素和皮質醇。在這種被觸發的失調狀態下，我們看不清楚情勢，也無法做出穩健的決定，而且這種模式將持續到觸發因素消失為止[26]。

聽起來很糟糕，對吧？現在考慮一下，如果你**每一天**在工作中都被觸發，情況會是怎樣。偶爾的壓力高峰，我們可以安然度過，沒有大問題——正如我們先前所見，整個壓力反應的目的，就是幫助我們應對眼前的短期威脅——但是當壓力變成長期慢性時，我們會變得非常容易倦怠。正因為如此，所以我們需要清楚意識到，是什麼觸發了我們的工作壓力以及原因。我們必須先找出並理解觸發因素，才能知道如何處理應對。

在我對醫務長進行的研究中，其中一位參與者原本是創傷外科醫師，因背部受傷不得不放下手術刀。搶救生命垂危的傷者時，他從容不迫，但是新的領導角色讓他第一次在職業生涯中經歷慢性壓力。他說：「我受的是創傷外科訓練，預後是立竿見影的。但是搞預算？我可不擅長，而且沒辦法立刻知道我做的決定有什麼後果，會讓我很緊張。」作為一名經驗豐富的創傷外科醫生，他積累了在急性壓力環境中保持專注高效所需的精神和情感力量。然而，身為行政領導時，他顯然變得更加敏感，**對他而言**，這是一個長期慢性的壓力環境。

另一個例子是警察行政領導學院一群警方高層的反應。我問他們：「什麼會讓你的壓力在幾秒鐘內從二或三分一下子跳到七分以上？」在我的想像中，答案應該是迫切的威脅危機處理，例如槍擊事件。結果才不是這樣！大多數經驗豐富、訓練有素的警官表示，在這類情境中，他們其實感到很鎮定。他們最大的觸發因素環繞著下面兩件事的其中之一：當新冠疫情需要一下子抽調數十名警察所產生的人員調度問題，或者必須處理媒體的錯誤資訊。

最重要的是，某個人根本不會放上壓力量表的事件，可能對另一個人而言是重大的觸發因素。這就是為什麼我們每一個人都有必要覺察自己獨特的觸發因素。

有時觸發因素是顯而易見的，可能非常鮮明而且不可否認，像是你的上司對你大呼小叫，或者有人在最後一刻改動了你的日程安排；又或者是你已經忍受這個觸發因素很長的時間。從我還是個小女孩的時候起，我最大的觸發因素就一直跟著我：目睹某人利用自己的權勢去攻擊或貶低別人，無論是直接攻擊還是背後捅刀，我內心的熊媽媽都會立刻現身，想要跳進去保護被攻擊的人。有些觸發因素比較隱晦，需要更專注才能識別；還有一些是我們完全不知道的因素。

最後一組我們不知道的觸發因素可能是最危險的，因為我們察覺不到這些因素如何影響我們的情緒、思考模式和行為。下面有一系列問題可以幫助你找出你在工作中的觸發因素。

練習：覺察你在工作場所的觸發因素

第一部分

1 當＿＿＿＿時，我的胃會痙攣。

2 我絕對不能容忍＿＿＿＿。

3 當我的上司／同事／直接下屬＿＿＿＿時，我想尖叫。

4 當＿＿＿＿時，我真的很生氣。

5 當＿＿＿＿時，我覺得注意力渙散，大腦好像「當機」了。

6 當＿＿＿＿時，我感到失控。

7 當＿＿＿＿時，我的焦慮急遽上升。

8 當＿＿＿＿時，我覺得真的很不公平。

9 當＿＿＿＿時，我的自信心急遽下降。

10 ＿＿＿＿讓我感到無能為力。

11 當我的同事／上司＿＿＿＿時，我覺得自己像個孩子。

第二部分

上面的問題是否讓你想到其他任何觸發因素？把你想到的觸發因素寫下來：

1 ________________

2 ________________

3 ________________

第三部分

有時我們可以從觸發的**結果**往回推，找出觸發的因素。回想一下過去幾週，有哪些情況引起你立即的情緒或身體反應，或是你的想法或精神狀態突然來個大轉彎，或行為突然改變。也許你突然感到悲傷、煩躁、沮喪、麻木或不知所措。或者你可能經歷了噁心、肌肉緊張、顫抖或疼痛。也許你整個人籠罩著負面情緒或退縮的衝動。也許你對某人大發脾氣，變得消極抵抗，或者哭泣。

以上這些無意識的反應都顯示你已被觸發。確定你被觸發的狀態之後就可以往回推，直到找出是什麼觸發了你，那就是你的觸發因素。

我如何學會調節壓力反應？

出現血壓問題後的頭兩年，我嘗試了各種正念策略來應對：散步冥想、折衣服冥想、傳統冥想、瑜伽冥想，還有我最愛的「躺平冥想」。我並不懷疑這些方法的力量，我學會調整頻道，收聽我的身體在壓力下發出的訊號：肩膀縮起來，雙眼之間隱隱作痛，有時會有一種昏沉沉或頭暈的感覺，從這些徵兆中，我學會辨識我的皮質醇和血壓何時在往上攀升。對我來說，這是至關重要的任務，我必須控制血壓，這件事重於一切。

但我也覺得我需要一種方法，來幫助我在被觸發時調節壓力反應，冷靜下來。儘管我的情況在好轉，但是我對職場事件的壓力反應仍然太頻繁，太容易從三分（可忍受）跳到七分以上（嚴重或非常嚴重），這些事件包括了：收到憤怒的客戶發來的電子郵件、在團隊會議上受到同事的言語攻擊、明明不是我的本意結果卻被指責，或者得知我被重新分配去一個差旅時間多出很多的城市工作，這些都能輕易觸發我，我知道我不能在餘生中每次一有壓力就狂吞贊安諾。

直到我在賓州大學讀博士時遇到了霍華德・史蒂文森（Howard Stevenson）博士，我才找到一種對我立即見效的方法。史蒂文森是一名臨床心理學家，也是解決種族壓力和創傷方面的專家，最初他開發這種方法是作為一種「重鑄技巧」，用來應對高壓的種族歧視情境。後來他在許多不同情境傳授這種技巧，並指導我們班運用這個方法，管理所有類型的急性壓力情境。這套方法簡稱為「計定鼓吸吐」，在我的情況中，每次都能有效調節我的壓力反應，讓我擺脫杏仁核劫持。「計定鼓吸吐」分別代表計算、定位、鼓舞、吸氣、吐氣，整套方法是這樣的：

- **計算**：在一到十分的壓力量表上，十分代表「最嚴重」的壓力，你會給自己幾分？如果高於八分，表示你正處於嚴重的威脅和失調狀態。你的大腦應該被視為「當機」。
- **定位**：找出你身體中感受到壓力的精確位置，越明確越好。
- **鼓舞**：想一想你在這個高壓時刻對自己說的話。負面的內心獨白只會讓壓力變得更糟，正面的自我鼓勵可以幫助你更快回到平靜的狀態。
- **吸氣**：慢慢吸氣，數到四。
- **吐氣**：慢慢吐氣，數到七。

史蒂文森說：「這整套方法的目標是快速減輕壓力，最好是在六十秒內。在受到威脅的時刻，人的大腦會緊急封鎖。你越放鬆，就越有機會進入大腦，取得你本來就知道的東西。當你沒那麼失措，你的決策機會就會變得更加清晰。[27]」這段敘述正是調節的整體目標。

隨著我的覺察技能提高，我注意到我需要不同的調節方法，根據壓力源的類型和壓力的嚴重程度，去控制我的壓力反應。對於低度的壓力，例如我發表的一篇研究生論文受到批評，深呼吸就足以回到二分或三分，然後我就能夠清晰地思考，提醒自己：有批評才有進步。

但是對於更高度的壓力，我需要運用「計定鼓吸吐」保持冷靜，維持專業風範，尤其是在不可能或不適合立即處理強烈情緒反應的場合。

在我學習「計定鼓吸吐」幾個月後，一個付諸實踐的機會掉進我懷裡。攻讀博士學位期間，我照舊從事顧問工作，有一次我要負責主持一個變革管理工作坊，因為這家健康照護機構即將經歷一場大規模、複雜且非常不受歡迎的重組。我的團隊沒有預告我有關與會者的任何個人細節，我只知道執行長和十幾位其他高層主管及決策者會出席。

我在會議室前方就座，面前是一張長橢圓形的大桌，兩側坐著高層人員，一端有一個空位。我斷定那是保留給執行長的座位，他可能會晚到或有別的事要忙，所以我直接開始。大約有二十分鐘的時間，一切非常順利，大家都很投入互動，談話活躍、積極、尊重，我可以大膽地說，儘管討論的主題很緊張，但我們談得很開心。

然後，門砰的一聲打開，一個滿頭大汗、臉上寫滿了厭煩的傢伙怒氣沖沖闖了進來，一屁股坐在空位上。房間內的能量瞬間改變，大家沉入座椅，對話枯竭，陷入尷尬的沉默，偶爾夾雜幾句場面話。怒目而視的執行長就那樣交叉雙臂坐在那裡。

我的壓力從二分上升到五或六分，我有意識地放低肩膀，放慢呼吸，想要控制我的壓力反應。我成功了，直到執行長開始大喊大叫。

「不好意思喔，我不知道為什麼我們要來這裡！」他吼道。「這麼多年，我們一直自己做得好好的，不需要什麼變革管理支援。」他開始指著圍坐在桌邊的不同人。「誰找她來的？」他說。「是你嗎？還是你？為什麼沒有徵求我的意見！」

我的壓力分數急劇上升，緊隨其後的是憤怒。（各位應該知道我對職場霸凌的感受。）但我能夠在腦中以超高速運行「計定鼓吸吐」。**計算：**壓力分數九。**定位：**胃：翻騰、想吐。**鼓舞：**我有意識地努力只對自己說正面的話：**更糟糕的情況你都遇過，你做得很棒。**當然，還有呼吸，深呼吸總是對我有效，所以我盡可能專心慢慢、深長地呼吸。

請記住，這整個過程是在我內心發生的，而且是在幾秒鐘之內，但已經足夠分散我的注意力，不再衝動地想要對那個沒禮貌的執行長吼回去，也足以使我的心態從恐慌轉變為挑戰，放慢了我的思考速度。在這種更冷靜、更穩定的狀態中，我意識到這一刻該做的是降低情緒強度，而不是煽風點火，讓事情變得更糟。

所以，儘管我氣到血液沸騰，我還是以同理心回應。我說：「我能理解這有多困難，尤其是處在你的位置。很多亂七八糟的事情，我知道很多人都依賴你。」接著我環顧房間，確定其他與會者知道他們也被包含在我的發言中，畢竟他們也是執行團隊的一份子。我在他們的臉上看到鬆了口氣、尷尬和歉意。

我想，這短暫的平靜足以讓執行長恢復一點平常心，因為他似乎突然意識到大家有多麼不自在。他為自己的爆發道歉，然後很突兀地宣布結束會議。他說：「讓我們重新組織一下，明天重新開始。」

第二天我才知道，前一天他遲到是因為剛參加完董事會會議，董事們對他劈頭痛罵。

他來到工作坊時已經情緒激動、壓力重重、充滿防衛心，他的無禮和破壞性行為，使會議失去了富有成效的機會。失調可能造成高昂的代價。

那次會議標記出我學會調節壓力反應的轉捩點。我從那位執行長身上看到了我不想成為的樣子。儘管我經歷了強烈的情緒，但我為自己保持沉著冷靜感到自豪。

今日我依然孜孜不倦嘗試保持在壓力的甜蜜點，這件事值得付出每一分時間和努力，不論是我或是工作中的每一個人都是如此。

Chapter

4

調節的力量與展望：

在壓力下維持效能

「最近我要不是在浴室裡面哭，就是在休息室裡默默發脾氣。我控制不了自己。」——
席琳，執業護士

「我在工作中整個人坐立難安。我唯一能放鬆的方式就是喝酒。」——畢麗，系統管理員

「我對自己的工作一直處於懼怕的狀態。」——吉爾，註冊會計師

「我以前很期待上班，但是後來我們被收購了，新老闆解僱了我們團隊一半的人。留下來的每個人都做到要死要活，而且活在恐懼之中，擔心自己是下一個被踢走的人。感覺真的很絕望。」——路易，系統管理員

這些引言來自我採訪時正處於倦怠狀態的人。他們的語言反映了能量耗盡和情緒耗竭的一些典型跡象，這些跡象在許多遭受倦怠之苦的人身上可以明顯看到。值得慶幸的是，

他們都已經康復或是在康復的路上，但是在他們的倦怠達到最嚴重時，沒有人相信自己會再次樂在工作。一切都超出了他們的控制範圍，超出了他們改善甚至改變的能力。如同路易所說的，真的很絕望。

考慮到這些員工在開始工作時都帶著極度正面的情緒：樂觀、投入、高效、對自己的工作感到自豪，這個悲劇顯得更加悲慘。然而，隨著他們的需求與組織提供的東西之間的不匹配越來越嚴重，他們的壓力變得長期且難以控制，倦怠侵蝕了他們的積極情緒，取而代之的是精疲力竭、不知所措和洩氣的感覺。

失去積極主動、快樂、高績效的員工以及其做出的貢獻，是職業倦怠最大的災情之一。事實上，在我上面提到的四名員工中，畢麗最後休了長假，而在醫院工作二十多年的席琳辭職，加入了一家遠距醫療新創公司。

在上一章，我們檢視了自我調節如何幫助我們管理壓力反應。現在我們要來看看，自我調節如何幫助我們管理工作中的情緒、想法和行動。我要先聲明，調節**不是**試圖壓制我們的感情、監管我們的思想或鎮壓我們的自然反應。也不是滅絕情緒、嚴格控制你的思想（祝你好運！），或維持一成不變的思想和行動。

情緒、思想和行為的調節「是」	情緒、思想和行為的調節「不是」
合作	對抗
承認情緒和想法	壓抑或否認情緒
覺察自己的行動與其後果	思想審查或對自己的想法感到羞愧
努力保持鎮定平衡的狀態	行為僵化死板
採取冷靜的行動	自我譴責或懲罰
站在自我疼惜的立場	監控他人的感受、想法或行動
符合自己價值觀的自我管理	

圖 4.1 調節意味著什麼與不意味著什麼

自我調節「是」一種即使壓力增加也能達到冷靜鎮定狀態的能力，然後在專注、頭腦清晰、平常心的狀態下工作。因此我要請求各位拋開「調節就是**限制**」的觀念，其實調節更接近自由，自由是因為你擺脫了破壞性的情緒、失控的想法和衝動的行為。自由是因為你了解自己的價值觀，以真實並且有意義的方式實現自己的價值觀。自由也是因為即使在高壓環境下，你依然能做最真實的自己，保持清晰的視野，發揮出你最大的能力。

本章將會讓大家看到未調節的情緒、想法和行為如何加劇你的工作壓力，損害你的工作表現，提高你的倦怠風險。但我也會向各位展示自我調節如何力挽狂瀾，與自我疼惜雙管齊下、發揮作用。總而言之，你將學習如何：

- 管理甚至利用你的情緒，而不是任由情緒擺布
- 讓你的想法為你的表現和生產力服務，而不是讓胡思亂想竊取你的注意力、動力和信心
- 辨識衝動反應行為，轉向更有意識的回應行為，以及
- 讓你的行為反映你真正的價值觀，以最有益於個人福祉、同事福祉和工作文化的方式行事。

這需要一些努力和一些練習，但我們**可以**學會調節我們的情緒、思想和行為，即使壓力升級，事情開始感覺失控。經過一段時間的實踐，自我調節會是建立倦怠免疫力最強大的工具之一，讓我們在工作中保持快樂健康。

在壓力下調節情緒

我們知道倦怠會耗盡我們的精神、情緒和身體能量，引誘我們陷入負面思維，損害我

們的效能和整體表現。但最危險的影響之一是倦怠造成的情緒耗竭。為什麼？因為我們的情緒與所做的一切密切相關，從我們的想法，我們的反應，我們如何看待身處的情境，人際關係的健康，到我們處理和解決問題的方式，甚至是我們看待自己的方式，情緒都起著巨大的作用，無論我們是否知道。（是的，即使是你那些超級淡然的同事也在不斷體驗和處理情緒，只是沒有像其他人那樣明確或頻繁**表現**出來。）這一切意味著我們能夠採取最有力的一個手段，就是學會調節我們的情緒，不僅可以使我們對倦怠免疫，還能在所有情境中達到最高福祉。

在情商的文獻中，情緒調節被稱為情緒自我控制，這兩個術語指的都是管理情緒的能力，即使在高壓情境下也能保持效能和控制。不過，我想要擴展其概念，添加三個關鍵組成要素。情緒調節也需要以下能力：（1）覺察我們情緒的多樣性和多重性，（2）了解情緒來自哪裡，（3）接受這些情緒，即使是困難的情緒。

讓我們從接受情緒開始談起，因為我想進一步釐清我的意思。接受並**不是**意味放任消極或困難的情緒狀態，不採取任何措施去克服或解決導致這些情緒的情況。舉例來說，停留在狂怒、窘迫、羞恥或失望的狀態不僅令人不愉快，沒有生產力，而且從長遠來看是有害的。不過，接受情緒**確實**意味著我們開始覺察，並且誠實地承認我們體驗到的全部情緒（上面的第一點）。換句話說，不去否認、壓抑、麻痺自己或逃避自己的情緒，即使是那些不舒服或困難的情緒。

真正接受情緒的存在，接受我們正在經歷這些情緒是有充分理由的（第二點）。你可以把情緒當成一種資料，提供有關我們內心世界的資訊。理解情緒的根源，亦即為什麼我們會對特定情況產生特定的情緒反應，有助於揭示我們是什麼樣的人、什麼對我們重要、我們的價值觀是什麼，很多時候還能發現我們的界線在哪裡，以及我們尚未癒合的傷痕藏在哪裡。

還記得我會變身憤怒的熊媽媽嗎？當我看到強大的人攻擊弱者時，熊媽媽就會開始咆哮。我的情緒調節過程的一部分，就是接受這種困難的情緒狀態，把它視為我的一部分，敏銳地覺察觸發的因素，當然還有在熊媽媽占據我的思想並對我的行動產生負面影響之前，提早覺察到它正在蓄積力量。（「盲目的憤怒」是真實存在的！）如果沒有情緒調節，這個觸發因素會讓我的腦袋裡淨是無用的念頭，或者也許我會不知所措，根本無法思考（對壓力的凍結反應）。身處這兩種失調狀態中的任何一種，都有可能被強烈的情緒壓垮，導致我做出無益的行為，這還是最好的情況，最壞的情況則是傷害我周圍的人。

別忘記，我的怒氣在兩秒內從零上升到六十是**有原因的**。這種強烈的情緒反應揭示了什麼訊息？在這個例子中，不需要花很多力氣思索，就可以追溯出我的憤怒根源，童年早期，我目睹了掌權者鄙視我的家人，那時候的掌權者並不是什麼有錢有勢的人，只是碰巧比我們擁有更多的普通老百姓。但這種被視為「低等公民」的經驗顯然一直揮之不去，很可能是因為發生在我發展的關鍵期，所以變成我最大的觸發因素之一。

若是沒有情緒調節作為護欄，如此有歷史淵源、有力量的觸發因素確實可能非常有破壞力。但是藉由情緒調節，我有機會利用憤怒產生的所有能量、驅動力和幹勁作為燃料，推動深思熟慮、有目標的行動，糾正不公正的現象。這是多麼強大的改變力量啊！這也說明了一部分的原因，雖然憤怒是一種非常困難的情緒狀態，但我不想否認它、壓抑它、麻痺自己或逃避它。我想要歡迎它，因為它是我真實經歷的一部分，我想要從它告訴我的故事中學習，並且透過情緒調節的超能力以健康的方式使用它。

情緒調節不僅適用於困難情緒，也適用於我們的所有感受。畢竟我們人類是感覺的動物，常常先感覺後思考，這對我們的行動有直接影響，更不用說我們周圍的人也會受到影響。情緒調節使我們能夠在鎮定平衡的狀態運作，在這種狀態下，我們的大腦處於最佳運作狀態，我們的感覺不會妨礙思考，我們會感到一切盡在掌握中，非常有效能。

我從研究中發現，具有倦怠免疫力的人能夠運用情商技能去調節和控制情緒，甚至在高壓情境中也是如此。以下是我從他們的經驗濃縮提煉出的三個強大策略，你可以學習用這些策略快速啟動情緒調節技能，延長你在壓力甜蜜點的時間。

情緒調節策略#1：具有倦怠免疫力的人把壓力源視為可以解決的問題

他們用「解決問題」的態度面對壓力源，意味著他們覺得自己對局勢至少有一定的掌控感。也許同樣重要的是，他們會與其他想要解決問題的人為伍。想想看，如果你的態度是「**嘿，這個情況很艱難，但我知道我可以解決問題一路走下去，而且我有很多人可以依靠**」，那麼你就不太可能發生杏仁核劫持，陷入情緒的亂流，在亂流中你必須先控制好情緒才能有效解決問題。

你可能會想：**你說的都對，但我就不是那樣啊，我的杏仁核每天至少被劫持兩次！**別急，堅持下去。只要你有在練習轉換壓力反應，從戰鬥、逃跑或凍結轉為「更友善」的壓力反應，任何練習都行，像是正念冥想、深呼吸、體能鍛鍊、寫日記、心理治療或教練輔導、親近大自然等，都會讓你更接近情緒調節的起點。這意味著你可以直接上手解決問題，不需要停下來傾注精力先把情緒控制好。

話雖如此，我要強調一下，先照顧你的情緒被心理學家稱為「以情緒為中心的應對」，這並不是應對壓力時比較次等的選擇。事實上，在處理我們無法控制的壓力源時，以情緒為中心可能比以問題為中心的應對方式更有效。假設你得知自己將被開除，這是一個完全超出你控制範圍的事件，你沒有任何辦法逆轉這個公司決策，而且很自然地，你會因為這可怕的情境而經歷很多強烈的情緒。這種時候正需要以情緒為中心的因應方式。在處理壓力源本身之前，你需要接受並調節自己強烈的情緒反應，畢竟沒有人能夠在情緒崩潰時解決問題。

訣竅是不要被困住。以情緒為中心的因應方式若是被當作逃避手段，就會出現問題。如果你把所有的時間和精力花在試圖管理或改變你對某種情況的感受，就會推遲甚至可能永遠不會抽出時間去解決觸發你的壓力源。此外，以情緒為中心的許多逃避方式，像是退縮、壓抑情緒、否認、放棄，或使用酒精、藥物或食物等物質，都會帶來一連串負面後果，進一步加劇你的壓力。

回到那些具有倦怠免疫力的人，我注意到這一群人與其他人的差異如下：（1）他們普遍的觀點，是把壓力源視為可以克服的挑戰，或可以解決的問題（也就是對壓力採取挑戰反應）。（2）當壓力源來襲時，他們更傾向以問題為中心的因應方式。（3）就算採取以情緒為中心的因應，他們往往花較少的時間在這種反應上，把更多的時間花在解決問題上。換句話說，他們更快進入以問題為中心的因應模式。

重點是：具有出色情緒調節能力的人在高壓情境完整體驗到強烈的情緒，但不會被情緒劫持。他們能安然度過強烈的情緒不被壓垮，這讓他們有能力找到辦法，去解決最初使他們備感壓力的問題。

情緒調節策略的練習＃1

- **承認並照顧你的情感需求。**當我們被觸發而感到不知所措時，無法清晰思考或採取有效行動。因此，請花點時間關心自己的感受，在自己和壓力源之間留出一點空間，採取措施回到自己的身心容納之窗。深呼吸、散步、打電話給朋友、想像自己處於鎮定平衡的狀態，這些都是高壓時刻中滿足情感需求的好方法。

- **請求幫忙**。當事情一發不可收拾，孤立幾乎總是會產生反效果。請大膽向外求援，協助你管理情緒和應對壓力源。（記住，問題解決者會與其他問題解決者為伍，更快找到解決方案。）
- **評估壓力源是否在你的控制範圍內，即使只有部分能夠控制也好**。尤其是在情緒高漲時，你可能會感覺沒有「能動性」**註1**，也不可能影響結果。但是把眼光放遠一點點，你可能會發現意想不到的解決方案。我有一個客戶的團隊明星成員突然不幹了，使他感到很慌亂。他慰留不成，一心認定她領導的專案將不得不作廢。但冷靜下來後他意識到，雖然這名員工的去留不在他的控制範圍內，但他可以把她的工作重新分配給其他團隊成員，同時盡快找人填補這個職位空缺。
- **承認什麼是你可以控制的，並給予全部的關注**。具有倦怠免疫力的人不會浪費時間沉溺於自己無法控制的事情；他們專注於「能」控制的事情，把精力和注意力放在能控制的事情。（關於你能控制和不能控制的事，請回頭參閱第一〇九到一一二頁的內容。）
- **接受你無法控制的事情**。這可能非常困難，但事實是有些事情就是不在我們的控制範圍內，而且永遠不會受我們控制。一旦你接受了這個現實，就可以往前看、去解決你能控制的問題。我的客戶無法控制明星員工的想法或行為，但他可以控制自己的反應，從而找到方法解決她離開造成的工作流程問題。（順帶一提，這大大減輕了他的壓力！）

- **調整消極或困難的情緒以獲得富有成效的積極結果。** 憤怒可以轉化為糾正不公正行為無與倫比的動力。焦慮可以轉化為完成任務的龐大能量。挫折感可以幫助識別哪些方法不管用，成為尋找解決方案的激勵力量。找到困難情緒的正面，然後從中獲益。

情緒調節策略#2：具有倦怠免疫力的人主動管理工作中的情感投入

倦怠的主要原因之一，是對工作投入過多的情感。無論你是對工作深感不滿，或是熱愛自己的工作並且樂意全力以赴，若是工作和個人生活之間缺乏界線，可能導致情緒耗竭和精力枯竭，這是倦怠的特徵。從一些跡象可以看出你可能在工作中投注過多的情感能量，包括對批評反應過度、工作超時、下班時間繼續工作、在工作以外的場合一直談工作

1 編註：agency，在哲學中，指行動者在給定環境中行動的能力。

的事、腦海被工作占據、總是想要討好別人、你的自尊與工作表現掛勾，或者工作是你成就感的主要來源。

我發現具有倦怠免疫力的人會想辦法限制對工作的情感投入。這個策略適用於對工作充滿熱情並且願意投入長時間和大量心力的人，也適用於出於各種原因對工作不滿意但覺得自己沒辦法離開的人，這兩個群體都需要採取特殊的預防措施來保護自己。關於這個主題，請參閱後面的練習「當你進步了，但你的公司沒進步」。

情緒調節策略的練習＃2

- **不要討好別人。**討好別人會永無休止、沒完沒了。
- **遇到能量吸血鬼或是對工作消極、持憤世嫉俗態度的同事，限制自己與他們在一起的時間跟互動。**有這種人在附近，本身就會消耗你的情感。試著多跟那些讓你感到活力充沛和積極的同事交往。
- **為工作劃出嚴格的界線。**空出勿擾時段，公告周知，然後嚴格遵守。
- **建立並維護你的情感界線。**下班後花點時間（例如利用通勤時間）把自己從當天的事件中抽離，把工作的情緒包袱留在工作場所。必須從事耗費情緒的任務時，請在事後留時間進行健康的活動，以恢復你的情緒能量。

- **堅守你的核心認同**。過度認同工作的人很難將自己與工作分開。你是誰？工作以外還有什麼帶給你快樂？記得騰出時間去做那些事。
- **盡量對事不對人**。請記住，你可能感覺別人在針對你，其實往往不是對你個人的攻擊，而是針對你的職責。
- **主動採取行動保持情緒平衡，接近能帶給你平靜感的人、地方和經驗**。每日冥想或祈禱練習、列出你感恩的對象、做瑜伽或其他身體活動、在整天的工作中穿插短暫的休息時間、休假斷開與工作的聯繫、與你信任的人談談，這些都是不錯的選擇。
- **用正面的情緒抵消負面的情緒體驗**。一位警察局長告訴我，她踩飛輪不僅是為了健康，而且飛輪教練加油打氣的口號為她注入正面的心理健康能量。另一位警察局長則是用令人振奮的電影和音樂來提振情緒。

練習：當你進步了，但你的公司沒進步

一旦你決定增進調節技能，你可能會發現自己正在改變、改善、不斷進步，但你的公司卻在原地踏步。我曾經聽過經驗豐富的敬業員工表達類似的挫折感，他們對抗倦怠時感到自己越來越脆弱。他們自我覺察的程度高，調節能力強，能夠清楚看到自己的需求與工作環境能提供的條件不匹配。上面兩種情況同樣面臨的問題，是感到無力改變工作環境，因此容易倦怠。

如果你確信你的環境永遠不會（或不願意）改變，那麼你現在應該進行一些深刻、誠實的自我反思。請思考以下問題：（1）你為工作犧牲了什麼？（2）你願意再繼續這樣犧牲多久？（3）你絕對不願意為了工作放棄或妥協什麼？（4）你是否應該離開？

這個反思過程對你有什麼啟示？你的工作對你的要求是否超出你願意付出的？你所在公司的使命、價值觀和文化是否引起你的強烈共鳴，讓你願意做出某些犧牲？你打算犧牲多久？你察覺到的不匹配是否可以容忍？能忍多久？你所做的犧牲值得嗎？你投入的時間、情感和努力值得嗎？

> 只有你能回答這些問題。不變的是請繼續致力於增進你的調節技能，這能使你獲得心靈的平靜，也更能對未來做出明智的決定。

情緒調節策略#3：具有倦怠免疫力的人實行適應性的情緒調節

適應性情緒調節是一個籠統的術語，指的是對壓力的主動反應，特徵是成長、靈活度、心理更健康、整體而言更幸福。實行適應性情緒調節可以讓你走向健康，具體例子包括解決問題、做計畫、接受、尋求幫助、正面的重新評估（把壓力事件重新定義為無害甚至有益）和自我疼惜。

相較之下，適應不良性調適策略可能在短期內提供緩解，但長期而言一定會增加壓力。適應不良性反應使你遠離健康，這些反應包括反覆思考、拖延、物質濫用、逃避、冒險行為和自我批評等。

有無數的研究、期刊文章和書籍專門討論適應性和適應不良的應對反應、情緒調節技巧，以及對壓力有益和無益的反應。在此我想把焦點縮小到我觀察到的適應性情緒調節方法，這些方法是我在具有倦怠免疫力的研究參與者和客戶身上看到的，似乎對避免倦怠特別有效。

情緒調節策略的練習＃3

- **在充滿壓力的經驗中以及達到臨界點時，保持對自己情緒的覺察。**每個人都有一組「告密信號」，顯示我們即將離開身心容納之窗進入痛苦區域。不斷上升的憤怒或焦慮、麻木或「恍神」的感覺、思緒飛馳、無法清晰思考，或一些身體感覺如心跳加快、噁心或頭暈，都是你正走向痛苦區域的信號。但是，具有倦怠免疫力的人能夠精準找出獨特或隱晦的指標，例如一位平面設計師就發現他的壓力接近臨界點時，創造力會受到影響。一位醫師助理則是意識到她會「無緣無故、毫無原因」湧上一陣罪惡感，實際上與她的壓力飆升有關。你的信號是什麼呢？
- **找出你要留在身心容納之窗所需的東西，並加以利用。**乍看之下這似乎是個顯而易見的觀點，但不要低估在高壓情境為自己發聲，需要多麼大量的自我覺察和鎮定沉著。有一位參與我研究的醫務長在壓力大到威脅他的工作效率時，會和夥伴去「接地氣」，在醫院院區邊散步邊聊天；當他的夥伴需要一點額外的情感支持時，他也會做同樣的事情。

另一個企業律師則是會看她放在辦公室的家人照片來分散注意力，讓自己遠離使壓力不斷上升的觸發因素，只需要看一小段時間就足以讓她冷靜下來，重新調整自己，然後以更平靜有效的方式應對壓力源。

- **給你的情緒貼上標籤。**研究顯示，光是用語言表達出我們的感受，就能減少情緒反應，部分是因為這有助於將我們與正在經歷的暫時性情緒分開。具有倦怠免疫力的人能夠輕鬆準確地標記自己的情緒。有一個我輔導的客戶會暫停手上的事，在內心說「這很煩人」或「我現在感到悲觀」來練習給情緒貼標籤，幫助她以更客觀、更少情緒反應的方式去看待情況，同時也是在提醒自己，這種感覺是暫時的，就像所有的感覺一樣會過去。為了擴充你的情感詞彙，你可以上網查詢情緒列表。我自己的最愛是布芮妮．布朗（Brené Brown）的「八十七種人類情感和經歷」（87 Human Emotions & Experiences）以及蘇珊．大衛（Susan David）的「情緒細分傘圖」（Emotional Granularity Umbrellas），在她們的網站上就能找到。
- **在危機期間調節並積極調整自己的情緒。**具有倦怠免疫力的人似乎天生就擅長此道，但其實人人都能學會這項技能。我聽過最了不起的反應來自一位醫務長，他告訴我：「不少衝進我辦公室的外科醫生滿心認為我又賤又笨，最好趕快去死。我會等他們發洩完畢，然後說：『好，現在可以說說看，你認為我們可以怎麼一起努力解決這個問題。』我對情況做出反應，而不是對攻擊做出反應。」多麼棒的情緒調節啊！我們這些凡夫俗子也別灰心：透過練習，在壓力下保持冷靜會變得更容易。在做出回應之前先停下來深呼吸，一定會對你有幫助，或是效法這位醫務長專注於情況而不是情緒的做法。根據具體情況，你還可以選擇暫時離開直到平靜下來、找你信賴的人徵求建議，或是寫下你的想法和行動計畫，然後再回到該情境中。

- **了解什麼會觸發你對壓力的情緒反應**。了解之後就可以提前做好準備，應對你知道會觸發你、讓你容易發生杏仁核劫持的情況。（你可以複習第一三八到一三九頁「覺察你在工作場所的觸發因素」練習中的答案。）一位副警察局長發現在她的所有職責中，懲戒不服從的警官是壓力最大的。在懲戒會議之前，她會確保自己有足夠的睡眠，避免攝取咖啡因，並花幾分鐘的時間在腦海中進行角色扮演對話。
- **了解你被某些情況觸發的根本原因**。還記得那個醫生助理意識到她莫名其妙的罪惡感，其實是一種壓力反應嗎？透過治療，她了解到這是她對童年經歷的創傷事件殘留的反應。現在她的觸發因素和反應有了合理的解釋，當罪惡感再次出現時，她不再驚慌或甚至壓力更大，而能夠以自我疼惜來回應自己。我輔導的一個客戶是一家非營利機構的執行董事，他發現每次必須跟董事會成員開會，就會毫無緣由被觸發。他會在情緒失調的狀態下出席會議，感覺充滿防禦心和戒心，預期會發生最壞的結果。透過一些自我反思的日記，他開始明白，他情緒過度反應的根本原因源自於先前的工作，多年來執行長派他去開董事會，但他所掌握的資訊卻非常有限（光是這一點就讓人壓力重重），而他在會議上常常必須承受董事會的炮火。一旦他意識到自己目前的感受與現在的工作環境無關，他就能以更輕鬆、更開放的態度參加董事會會議，這也使得他的人際關係更順暢，產能更高。

- **學會容納負面情緒，不衝動地做出反應。**這個題目很大，稍後我們會詳細討論如何調節你的行為，現在先來看個例子。一位醫務長收到了讓許多領域的高階主管都害怕的消息：董事會要削減預算。在他的案例中，削減預算不僅意味著縮編，還會危及患者的照護。可以理解他很生氣，但他意識到自己太激動了，在這種狀態下，他所說或所做的一切都不可能產生成效，事實上甚至可能具有破壞性。因此他沒有向所有董事會成員、捐助者和領導團隊成員立刻開砲發出抗議信，而是先照顧好自己。他說：「我很清楚我必須優先考慮我的情緒狀態。如果我在這麼激動火大的情況下做出回應，絕對不會發生好事。」於是他把這個情況擱置一整個週末，去做他喜歡的活動，像是健行、逛農夫市集、和伴侶一起看電影，直到他不再生氣才坐下來計劃正式的回應。

調節思想以保持清晰和平靜

情緒調節最強大的效果之一就是放慢**思考**。壓力達到七分以上時，我們的大腦幾乎處於「當機」狀態。研究者兼教授布芮妮·布朗把這種當機狀態定義為「極端的壓力、情緒和／或認知強度，以至於感覺無法正常運作」。布朗指出，大量研究顯示，情緒過於強烈時，我們無法正確處理情緒訊息，因而導致糟糕的決策[1]。當我們的壓力高到這種程度，頭髮都要著火時，很難保持心平氣和，更不用說去思考怎麼做才會有幫助。

正是在這種時刻，你應該要放慢思考。

放慢思考

如果你還沒讀過心理學家丹尼爾・康納曼（Daniel Kahneman）的《快思慢想》（*Thinking, Fast and Slow*），我強烈建議你去讀一讀。這本書能夠大賣並且到今天仍然是決策與解決問題方面最暢銷的書籍之一，是有原因的。書中的見解恰好補足了許多專家忽略的一個要素，這個要素對於預防倦怠至關重要。下面是快速和慢速思考的扼要介紹，幫助各位讀者入門。

康納曼最重要的觀察之一，是我們的大腦有兩個作業系統。快思，也就是康納曼所說的系統一，是無意識、自動化的，不用費力就會發生，幾乎或完全沒有自主控制的感覺。系統一的工作是評估情況並提供更新，處理資訊的速度非常快，快到我們甚至沒有意識到我們正在思考。另一方面，慢想或系統二則是有意識、深思熟慮、理性和邏輯的，需要花力氣、需要控制和刻意去思考。系統二的工作是探索資訊並做出決策，正如其名稱所暗示的，是在我們充分意識到的情況下緩慢發生。系統一的決策是直覺且立即的，系統二的決策是有條理的，需要花一些時間。

我們可能傾向認為自己是理性的系統二思考者，用邏輯和有意識的深思熟慮做出決策，但事實證明，我們的思維有壓倒性的九八%是系統一的快思。這意味著絕大多數時候我們的心理歷程是自動、沒有經過深思的，也就是非理性的！但不要驚慌，這其實是大腦在幫我們的忙。人類通常每一天要做三萬五千個以上的決定，其中大多數是無關緊要的選擇，例如早餐吃烤吐司還是雞蛋，下樓梯後要右轉還是左轉。系統一把大量的低風險決策置於自動駕駛狀態，這樣就不必浪費時間和精力在上面。我們必須為重大決策保留時間和精力進行系統二的慢想。系統一的快思屬於習慣和捷思法（heruristics）。習慣是從熟悉的任務產生自動例行程序，捷思法是大腦採取的心理捷徑，目的是加速決策過程，實現眼前的目標。

如果沒有系統一的快思，我們就無法生存，但快思有其問題：習慣可能適得其反或有害，捷思法有時可能全然錯誤。例如，想想偏見問題，我們非常容易只是見了某人一面，就在短短幾秒內做出快速判斷，這是極為常見的情況。作為基本生存機制的一部分，快速判斷是有用的：我們需要系統一的快思才能立刻偵測到生存威脅。但是，如果一見到來應徵工作的候選人，就馬上做出與實際情況大相逕庭的快速判斷會怎麼樣？或者是憑直覺做出的重大商業決策，結果是錯的？簡而言之，這是快思最大的危險，也是為什麼我們需要多練習慢想，尤其是事關重大需要做出相應的決定時。

這就是康納曼的研究與倦怠經驗銜接之處。猜猜看，是什麼使我們定格在快思？是什麼導致我們做出無意識的情緒化決定，而不是基於事實的有意識決定？答案是壓力。再猜猜看，當我們做出不良決定導致不良後果時會發生什麼？你答對了，壓力會更大。現在把這個惡性循環放到組織層面，很多壓力很大的員工不假思索、用快思做出了很多不良決定，壓力就會持續存在。情緒傳染和長期不斷的壓力這兩個因素加在一起，就產生了對心理有害的工作環境，形成工作倦怠的溫床。

現在讓我們把鏡頭拉近，看看陷在這種高壓環境的個別員工情況。他們的思維卡在快速模式，也就是系統一的快思，在這種模式下更有可能犯錯，也更有可能根據偏見或錯誤假設做出決策，或只能從自己的觀點去看事情，或是陷入當我們有壓力時很容易陷入的無數個思維陷阱（請參閱第一七七頁）。這類陷阱的一大例子是情緒化推理，這是一種負面的思考模式，讓你相信你的感受是現實的準確反映。情緒化推理說：「我有這種感覺，因此這一定是事實。」但實際上情況恰恰相反：當我們被觸發、情緒高漲、思想狂亂時，換句話說正處於失調狀態時，幾乎不可能看清楚情況，從而做出正確的決定或採取有成效的

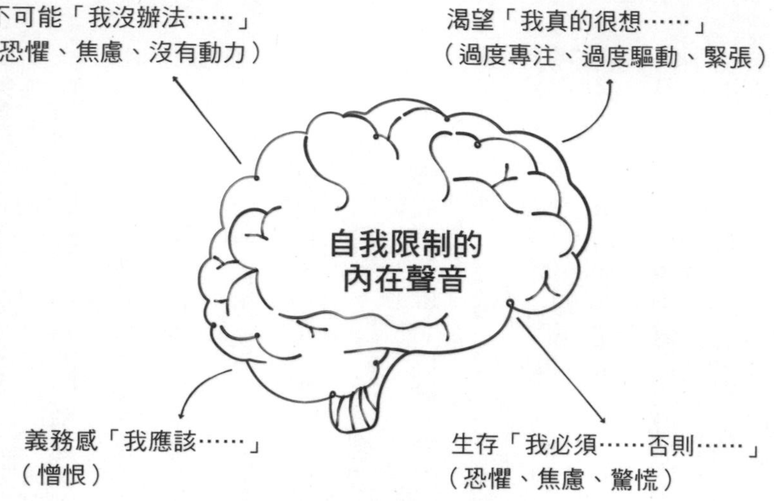

壓力使我們卡在快思

圖 4.2 快思的內在聲音

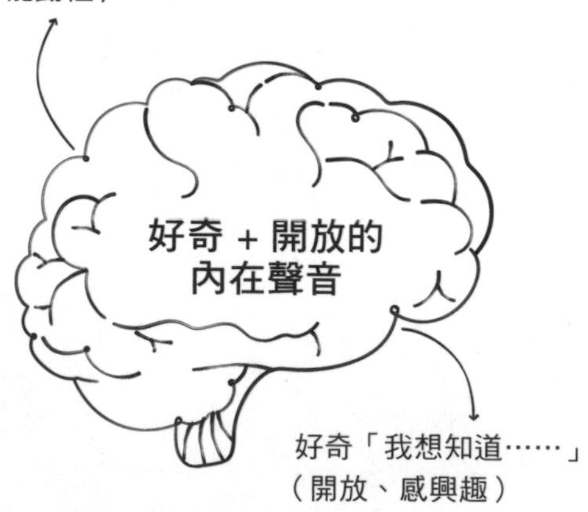

慢想開啟無限可能

圖 4.3 慢想的內在聲音

行動。

你是否曾經百分之百確信某個工作問題無法解決，或者你絕對不可能完成艱難的談判、完成具有挑戰性的專案？當下的情況或許讓你感覺不可能，你也可能完全相信不可能，但現實是，如果你得到幫助和支持，鮮少有問題和挑戰是無法解決的。這就是情緒化推理在起作用，當我們處於高壓卡在快思時，就會出現這種思維錯誤。

高壓力導致的快思常常從自我限制的角度發聲說：「我不能」、「這件事必須這樣」、「我別無選擇」，或者「我必須這樣做，否則……」。它使我們的視野變得狹隘無比，關閉我們的創造力、開放心態和同理心。另一方面，慢想的內在聲音是好奇、開放、充滿能動性的。它說：「我在這裡有一個選擇」，「我願意接受多種可能性」，以及「我想知道如果……會怎麼樣」。它靈活、適應力強、能夠學習和創新。能夠調節思緒進行慢想的人，在工作中更有效率，工作滿意度更高，並且更容易共事，不像那些思緒處於失調狀態的人，**其態度和行為也因此受到影響**。總之，他們對倦怠的抵抗力比較強。

在高壓情境中，不論是慢性或急性的壓力情境，我們該如何調節思緒，使我們的思維放慢並恢復一些清晰度？以下是一些有效的技巧。

1 **唸誦你的專屬咒語。**當你火燒眉毛急需緩解時，唸咒可以幫助你撫平身體和情緒對壓力的反應，讓你的思維變得清晰。在傳統的冥想練習中，咒語是幫助你集中注意力的重複單字或聲音。現在唸咒被用於各種場合，包括專業發展、治療、正向心理學、教練輔導和正念冥想練習。找一個單字、片語或句子來幫助你把注意力放在其他事情，而不是你眼前巨大、可怕的壓力源。為了達到更進一步的平靜效果，把你的咒語和呼吸連結，例如在吸氣時說（或想著）「內在的平靜」，在吐氣時說（或想著）「外在的平靜」。我喜歡準備多個不同的咒語，這樣就可以根據情境選一個最適合的咒語裝備自己。以下是我最喜歡的一些咒語：

- 一步一步來。
- 平靜是有感染力的。
- 吸入平靜，呼出緊張。
- 吸入信心，呼出憂慮。
- 我可以主宰我的壓力反應（或情緒、想法或行為）。
- 一切都會變好。

2 **換個地方，換個心情**。你會驚訝地發現，這對於中斷壓力反應非常有效，能夠把你的注意力轉移到觸發你的事情之外，如果能到戶外更好。要是真的走不開，我輔導的客戶莎拉獨創了一種方法，可以獲得相同的減壓效果。當莎拉被粗魯冒犯的電子郵件觸發，焦慮開始升級時，她會把手從鍵盤上移開，把椅子往後推，遠離辦公桌，然後深呼吸，直到心跳和呼吸平緩，情緒和思想平靜下來。這個方法不僅能讓她冷靜，還能防止她寄出日後會後悔的電子郵件。

3 **回想能喚起正向情緒的記憶**。研究顯示在經歷劇烈壓力時，光是回想快樂的記憶就可以對壓力產生緩衝作用，對情緒產生即時的正面影響。回想快樂的事不僅能降低皮質醇，還能增加大腦前額葉（負責情緒調節的區域）的連結[2]。如果你需要心理提示，請建立一個專門記錄你放鬆和快樂時刻的相簿，你的家人、度假或寵物的照片，都是可以放進相簿的絕佳選擇。

4 **笑**。無論是哈哈大笑還是偷偷竊笑，笑都具有立竿見影的紓壓效果。笑可以降低皮質醇、血壓、心跳和呼吸頻率，觸發分泌腦內啡（身體的「感覺良好」荷爾蒙）。所以，趕快去找任何能戳中你笑點的東西：抖音上的貓咪影片、你最喜歡的迷因梗圖帳號、你最喜歡的喜劇演員爆笑影片、搞笑電影，或者去找那個總是能讓你笑翻的同事。我有一段短影片，是我和妹妹喬迪在姪女婚禮上獻舞的影片，每次看總是能讓我開懷大笑，所以當我感到緊張，需要調整情緒時，曾經多次求助於這段影片。

5 嘗試呼吸練習。我剛開始學習如何靠呼吸減輕壓力和焦慮時，內心是充滿懷疑的。我想著，我的壓力豈是小小一個深呼吸就能抵消的！但是，哇，我錯了，當我發現用這麼簡單的方法就能遏止壓力，那種安心感簡直無法言喻。有許多呼吸練習可供選擇（用Google隨便搜一下就能找到很多），我最喜歡的呼吸練習之一是經典的四七八技巧：吸氣數到四，憋氣數到七，然後吐氣數到八。任何類型的正念橫膈膜（腹式）呼吸法都會立即帶來平靜，固定練習更具有改變人生的潛力。

6 分散注意力。心理學家葛雷琴・施梅爾澤（Gretchen Schmelzer）指出，當你的情緒受到刺激，或思緒陷入無限循環時，有時最好的辦法是讓你被過度刺激而且壓力過大的大腦休息一段時間，重新開機。盡量試著分心，把注意力從壓力源、強烈的情緒或思路迴圈移開，關注除此以外的任何事物。她說：「分散注意力可以有非常療癒的效果，就像是幫大腦纏上情感的繃帶。」她建議客戶列出一份有用的分心清單，以便下次壓力襲來、大腦陷入狂亂時隨時可用。換個活動、換個地點、放音樂、看影片、與人相處、著手處理一項計畫、唸書給你的孩子聽、散步，這些都是健康的選擇，可以打破不知所措和陷入困境的循環[3]。

避免並擺脫思維陷阱

快思使我們容易陷入思維陷阱，也稱為思考陷阱、思維錯誤、認知錯誤或認知扭曲，是指負面的思考模式，使我們對現實有不正確的感知。

有時我稱這些無效的錯誤思考模式為「自我誘發的壓力陷阱」，因為確實會產生並放大原本可以避免的壓力。如果不加以管理，這些陷阱會讓我們更容易倦怠。一個典型的例子是「應該」式造句，這種思維陷阱發生在我們告訴自己事情真的**應該**（或不應該）是某種樣子，沒有例外，也不考慮實際情況。例如：「我應該更像鮑勃」、「我早就應該知道」、「我不應該犯錯」、「他們現在應該能夠處理這件事」。

「應該句」對我們自己或他人施加了一套不太可能實現的期望，因為並非基於現實。舉例來說，真的有可能一點錯誤都不犯嗎？當然不可能，相信自己應該完美無缺會讓你產生很多自責、羞恥和內疚。思維陷阱導致我們用扭曲、非理性的方式看待周遭的一切，包括各種事件、人（及其動機）、我們自己。因此，依據思維陷阱生成的錯誤版本現實所做出的決定和行動，自然會導致負面後果，進一步加劇負面思維，並且會帶來更多壓力。

研究人員甚至記錄了負面思維和壓力之間有直接的神經生物學關聯。在一項針對重度憂鬱症患者（其特徵是負面想法、情緒低落和失去興趣）的研究中，研究人員發現他們的皮質醇濃度較高，催產素濃度較低。更重要的是，皮質醇濃度與研究參與者負面想法出現的頻率和強度之間，存在直接的正相關。簡而言之，研究參與者越常陷入思維陷阱、越相信這些陷阱，壓力就越大[4]。如果不加以控制，思維陷阱可能導致或加劇焦慮和憂鬱，讓我們感到無助，造成自我挫敗的行為。在工作中，思維陷阱可能讓我們感到低效和缺乏自信，損害我們解決問題、有效溝通和做出明智決策的能力。而且一如既往，陷入思維陷阱的時間越長，結果就越糟糕，無論是內在（更高和更長時間的壓力、憤世嫉俗、自我懷疑）還是外在（低效表現、無效率、目光狹窄、糟糕的決策）。

思維陷阱有很多很多，下面是我的客戶、學生和研究參與者最常出現的前五名，看看你是否在其中找到自己的影子。掙脫思維陷阱的第一步，就是覺察到你已經被困住了。

• **負面過濾陷阱**。我把這排在思維陷阱的第一名，因為它是一個強大的倦怠加速器。陷入負面過濾時，我們的目光完全鎖定（而且通常是過度地）只看情況的負面部分，因而看不到任何正面的地方。負面過濾變得更嚴重時，可能會誤導我們認為自己沒有任何正面的特質。我輔導的客戶克莉絲汀曾經在一次通話中明顯心煩意亂，她含著淚水講述了她獲得糟糕績效評估的事，那一整個星期剩下的時間，她反覆思考那一則嚴厲的評論當中的每一句話，最終決定她不適合這份工作，唯一的選擇就是辭職。在她的震驚、失望和恐慌中，她只能看到這則糟糕的評論，她在公司六年多的楷模表現紀錄全部被拋在腦後。

這是一個急性並且相當嚴重的負面過濾例子，由一個痛苦的事件觸發。現在想像一下，如果負面過濾滲透到你的思維中，你**習慣性**只看負面因素，因而看不到正面因素，會有什麼結果？（記住，持續的壓力會把你壓垮。）在工作中，負面過濾的表現可能是不斷反芻難以接受的回饋意見、盯著同事或員工的弱點、盯住**自己的**弱點不放、犯一個小錯誤就認定整個案子／演講／任務完蛋了、錯過截止期限或忽略某個細節就認定自己無能。負面過濾不僅讓我們對現實產生扭曲的看法，而且會加劇壓力，嚴重損害我們的表現。陷入這種思維陷阱往往會造成惡性循環，因為負面想法會引發更多負面想法，最終導致嚴重的憤世嫉俗和厭世，這正是倦怠的特徵。

為了脫離這個陷阱，請檢視你周圍的實際證據。如果你深陷消極情緒的漩渦，或者像克莉絲汀一樣情緒和思維失控、大腦「當機」，那麼你應該找客觀的旁觀者協助。一則差評是否**真的**能全盤推翻你之前所有優異的表現，證明你無能、應該辭職？成績不好**真的**代表你很笨、應該退學嗎？當然不是。

此外，回憶你周圍所有正面的事物，也有助於抵消負面的想法。再強調一次，審視證據會有所幫助。舉例來說，克莉絲汀可以審視六年來的正面評價。如果你沒有這種確鑿的證據，那就列出你感激的事，非常非常小的事也行。看看你的周遭，找出五件讓你感激的東西：你最喜歡的筆、桌上的植物、你穿的襪子、從窗戶照射進來的陽光、伸手可及的一杯水——這會迅速重整你的心情。研究顯示，感恩會增進正面情緒、樂觀和自尊，同時減少壓力、憂鬱和憤世嫉俗。

- **「不可能！」陷阱**。當這種思維陷阱困住你時，你會說服自己相信，無論遇到什麼都無法實現或無法解決。過度勞累和壓力過大時特別容易落入這個陷阱，讓我們堅信不可能有任何進展。你可能會情緒高漲，快思啟動，掉進「不可能！」陷阱的人對壓力的反應，是感到不知所措和失敗。當我們陷入其中時，無法客觀地看待情況，也無法確定合適的行動方案，或者有時根本無法確定任何行動方案，導致癱瘓和缺乏效能。

當事情看似不可能時，你能採取的最好方法之一，就是選擇用「照料與結盟反應」去應對壓力，與其他人取得聯繫。這種思維陷阱在我們孤立時最為猖狂。其他人不僅可以幫助我們更客觀、更現實地看待情況（工作中大多數的挑戰都是可以解決的），還能幫助我們取得進展、實現目標。請記住，即使是微小的步驟也能有效緩解失敗、憤世嫉俗和聽天由命的感覺。把你的任務分解成非常小的步驟，然後一步一步執行。當我們花時間克服最初自動產生的「無能為力感」，再加上向別人尋求幫助，就可以跳出這個陷阱，避免倦怠。

- **「不切實際的期望」陷阱**。追求極高的目標本身沒有問題，但是當你設定的期望太高，高到對自己並不公平時，就很容易落入這個陷阱。也許你告訴自己，你會在二十七歲前當上執行長，或者你會每兩年晉升一次絕不失敗。也許你誇口說會在三個月內寫出那本書，因為你最喜歡的作家做到了。也許你一直告訴自己，真正的成功意味著在四十歲之前退休。

當我們設定不切實際的期望時，可能導致對自己過於苛刻、過度工作、沒有足夠的時間休息和充電，並且在沒有實現這些根本無法實現的目標時，感到失望、沮喪和自我批評。長期追求不切實際的期望可能會導致憤世嫉俗、冷漠和低效——如果不管做什麼都似乎不起作用，為什麼還要繼續前進？

落入這個陷阱時，請嘗試設定更小、更容易達成的目標。有進步就是進步，實現任何目標都意味著你會感到壓力更小，更有信心，更有力氣繼續前進。沒有什麼比劃掉待辦事項清單上的項目更讓人感到愉快了！

我們對其他人的期望時也是同樣的道理。別人跟你一樣有自己的優勢、自己的難處。與其問「為什麼他們不能盡快完成？」或「為什麼他們昨天沒學會？」不如提醒自己，對你來說很容易的事情，可能對其他人並不容易。此外，別人也有自己的工作要處理，而且他們的優先順序可能與你不同。

要跳脫這個陷阱需要放棄一定程度的控制，並且意識到自身的限制。在審視你的期望時，問問自己，是否真的能夠掌控達成期望所需要的東西。在二十七歲前當上執行長，真的在你的能力範圍內嗎？你真的能夠期望團隊中每個人都能超越上一季的營收目標嗎？你真的能指望一面全職工作一面在三個月內寫出一本書嗎？知道我們的極限，意識到我們落入了不切實際的期望陷阱，並不意味著我們能力不足或是承認失敗，而是意味著我們正在運用強大的覺察技能，最終將帶來更多的輕鬆和幸福，以及更少的壓力和倦怠。

- **英雄陷阱**。這種思維陷阱會讓你相信，如果你（穿著你設計的超級英雄披風和緊身衣）不從天而降拯救世界，一切都會徹底完蛋。你可能會這樣想：「這件事沒人能做，所以我必須挺身而出」，或者這樣想：「要是不靠我，這件事永遠不可能完成」。有時候英雄陷阱會偽裝成責任心：「我必須拯救苦苦掙扎的同事」。讓我們面對現實吧，**這些**思維模式都源自控制欲。這條路在短期內可能讓人感到有回報：你很有成效，你在幫助別人，你感到被需要，你感覺一切盡在掌握中——但是，隨著你承擔越來越多的責任（和壓力！），就有可能走上倦怠的高速公路。

  落入這個陷阱時，最重要的是提醒自己，你真的**無法**一手包辦。你需要顧及自己的工作，如果你習慣衝去救別人的火，注定會讓你的精力分散到太過稀薄。試著問問自己，那個專案或任務，你是帶頭衝鋒的最佳人選嗎？或者那裡是否真的需要你去救場？

此外，你也**不應該**一手包辦。請記住，當你飛撲過來為某人解決問題時，你是在剝奪他們變得更熟練、得到更多知識的機會。如果你在授權方面有困難，請嘗試逐步放棄控制，最終達到完全授權的目標。舉個例子，你可以讓直屬下屬撰寫備忘錄的初稿，或者後退一步擔任指導，而不是自己捲起袖子下場。記住，大的目標需要團隊的努力，作為領導者的一部分工作就是授權給團隊。每一步都親力親為或微觀管理，很快就會導致精疲力竭、憤世嫉俗和倦怠，而且會削弱**他人**的掌控感，增加他們倦怠的風險。

• **災難化陷阱**。陷入這種思維陷阱時，我們相信最壞的情況將會發生，即便幾乎沒有任何證據。老闆要求一對一談話意味著你將被炒魷魚，市場下跌意味著你的退休金將泡湯，你在投影片中漏打的那個項目符號意味著每個人都認為你很差勁，你永遠不可能升職。

災難化思維可能迅速失控，讓你擔心越來越荒謬的情節。我曾經說服自己，兒子遲到十五分鐘而且沒有打電話來解釋，一定是在高速公路上發生十五輛車子的連環相撞事故喪生了。我的腦袋從哪裡跳出了十五輛車和慘烈的車禍？來自焦慮地獄的病態深處，就是那裡！

這就是災難化思維的本質。我**唯一**知道的事實是，一向負責任的兒子遲到了，而且沒有任何解釋。然後我就直接跳到最壞的可能原因，其中當然沒有一絲真相。過了一會兒，他慢悠悠地走了進來，很困惑為什麼我看起來眼神狂亂、臉色通紅。結果其實只是塞車加上他把手機忘在朋友家了。

終止災難化思維的最佳方法之一，就是盡你所能讓自己走出腦海中的困境，腳踏實地活在當下。你可以參考葛雷琴．施梅爾澤的分散注意力技巧（第一七六頁）。我也認識一些人在落入這種思維陷阱時會真的大聲喊出：「停！」做任何事都行，只要能讓你的注意力離開不斷打轉的想法，專注於此時此地。站起來四處走走，打電話給朋友，注意周圍環境中你看到的五件事、你聽到的五件事、你聞到的五件事等等。這些讓你回到現實的活動至少能暫時制止災難化的想法。

然後，等到你的思路變得清晰一點、壓力變小一點，你可以嘗試更客觀地看待情況。例如老闆已經多次要求一對一會議，你有被炒魷魚嗎？沒有！你還在這裡，準備迎接新的一天。

不要被內心的小惡魔給騙了

在我們繼續往下討論之前，關於思維還有一個主題，是我一定要提的。那就是每一個人幾乎都有過的經驗：你自己的想法會與你作對，我指的是腦中喋喋不休的負面自言自語。

我們每個人似乎都有一個內在的批評者，老是愛提我們的缺點，提醒我們十年前說過的那些尷尬的話，把我們的短處拿去跟別人比較，或是指出一些傷人和打擊信心的事。如果你相信這些想法，就會快速感到情緒耗竭、無力、氣餒，屢試不爽。

我們內心的負面聲音有許多不同的名字：內在的批評者、批判性的自我、破壞者、超我，或者是我有時候會說的，內心的小惡魔。不管怎麼稱呼，它都是一種自我毀滅的力量，讓我們懷疑自己或身邊的人，使我們的注意力集中在負面（通常是刻薄的）想法和自我批判，鼓勵自我挫敗的行為。「你很蠢」、「你永遠不會有歸屬感」、「你很無能」和「沒有人會愛你／接受你／僱用你／欣賞你／認可你」這些都是長年霸榜的金句。內在的批評者專精於準確戳中我們的痛處，說起來確實悲哀，因為大多數時候，它在我們耳邊反覆叨唸的東西甚至不是真的！

我內心的小惡魔專長是冒牌者症候群。它喜歡告訴我，我不配獲得成功，或者我不屬於各種地方，像是大學、研究所，或者最近它常說的是，我不配在常春藤盟校教書，或是加入僅限受邀者參加的演講者協會。有一天，在我描述了我內心的批評者如何（再次）竊取了我的自信後，我的高階主管教練問了我一個簡單有力的問題，讓我得到真正的突破，她說：「這對妳有什麼影響呢，坎蒂？」那時我已經做了相當多的治療和專業發展，她的問題是點醒我的臨門一腳，讓我覺察到這些負面的自言自語弊大於利。現在當我內心的小惡魔試圖再次闖進來鬧時，我可以更容易用一些直白的老生常談去反駁它的謊言：我的教育和專業表現成績本身就能說明一切，多謝指教，我完全配得上我辛苦掙來的機會。

我還有另一句重要的忠告：不要試圖以毒攻毒。批評內心的批評者，或像它對你說話一樣苛刻地對它說話，這是陷入負面螺旋最快的方法之一，也是拉高壓力最快的方法之一。想想看：如果你的腦海中循環播放著「你是個白痴，你永遠做不到」，你已經感到壓力山大，感覺自己很糟糕……然後你還不斷在自我批評疊加上更多的自我批評。研究心理學家暨自我疼惜專家克莉絲汀・娜芙（Kristin Neff）博士表示，這會使我們「既是攻擊者，又是被攻擊者」，因而生出我們最想避免的東西——慢性壓力[5]。

相信我，你沒辦法用批評、騷擾或羞辱你內在的批評者讓它閉嘴，真正最有效的方法，是耐心和充分的自我疼惜。我知道這有多困難，但請考慮一下另一種可能。多年來，當我意識到自己屈服於內在批評者的謊言時，我對自己感到更糟糕。我會想：「天哪，我又上當了」，或是「哎，我浪費了那麼多時間為這發愁！」我把這稱為「內在批評者的二次會」：我並沒有停下來慶祝我已經覺察內在批評者的心理詭計，而是一直掛念我又一次被愚弄的事實……這其實是給我內心的批評者發一份專屬的ＶＩＰ邀請函，邀請它立刻回來共舞。這是一個自我譴責、內疚和浪費時間的惡性循環。

但是，你猜猜看什麼能夠停止這個循環？真正的自我疼惜。自我疼惜的力量強大到現在依然讓我驚奇。娜芙發現，自我疼惜的人不太會感到壓力重重、憂鬱和焦慮，更有可能感覺快樂、有韌性和樂觀。疼惜自己真的能降低皮質醇、增加心率變異度（heart rate variability），這是心血管健康和抗壓性更高的指標[6]。這些正面效果正是我們培養倦怠免疫力所需要的，這並非巧合！

這裡有五種簡單的方法，讓你今天就能開始練習自我疼惜。

1 **使用釋放性陳述**。當你發現自己陷入負面思考，比如「我今天真的搞砸了，這證明了我的無能」，試著用積極、關懷的反向思考釋放自己的感覺：「沒關係，我對這件事感到不安，任何人都會這樣。」[7]

2 **使用目標導向的肯定語**。嘗試用更具體、有目標的話來肯定自己，激勵你做出改變（這樣的說法可能更具有可信度），而不是籠統的正面肯定。例如把「我愛自己本來的樣子」換成「我正在練習自我接納」，把「我是一個善良有愛心的人」換成「我會像對待最親密的朋友一樣，用愛和善意對待自己。」[8]

3 **嘗試克莉絲汀．娜芙的自我疼惜放風時間**。在娜芙的網站上可以找到完整的說明（以及許多自我疼惜的練習），這裡提供一個簡短的版本。首先找出帶給你壓力的情況，花點時間感受壓力對你身體的影響，然後對自己說：「這是一個痛苦的時刻」。（你可以隨意改編這句話，例如可以簡單地說「這是壓力」，或「這很困難」。）接著承認每個人都會經歷困難：「痛苦是人生的一部分」，或「每個人都在掙扎」。最後向自己表達疼惜：「願我善待自己」或「願我堅強」[9]。

4 **修練慈心冥想（metta meditation，又稱梅塔冥想）**。這是一種古老的修行，幫助我們認識共通的人性，向包括我們自己在內的一切眾生發送慈愛。你可以在網路上找到許多慈心冥想的指引，以及可以使用的許多不同短句，在此提供一個非常簡單的練習版本：深呼吸數次集中注意力，然後說（或想）：「願我快樂。願我健康。願我平安。願我內心平靜自在。」然後重複說這些話，送給一個你愛的人、一個你認識的人或不認識的人、一個你討厭的人，最後送給所有人或一切眾生。單純只為自己修練慈心也完全沒有問題。

5 **對你的自言自語進行朋友測試**。想一想，如果把你的負面想法對你愛的人說，會有什麼影響？你會獲得全新的觀點。比方說，你會對閨蜜說：「你真是個白痴，大家都這麼想」嗎？或是對你的伴侶、你的孩子這樣說？絕不可能！許多人把最殘酷的批判和想法保留給自己。如果你的自言自語沒有通過朋友測試，你就沒有理由讓自己受到它的影響。

調節行為，就是倦怠免疫超能力

在某種程度上，我們在學習的所有調節技能都是朝向這個目標前進：在高壓力時刻調節你的行為。我們的情緒、思想和行動密不可分地交織在一起，對彼此的影響是全方位的（也就是說，行為會影響思想，正如同思想會影響行為）。但只有在調節的狀態，你才有最大的潛力去改變行為，而你在工作中的行為正是見真章的時刻。受到調節的情緒和思想才能產生受控的言語、態度和行動。

當所有系統都在最佳狀態下運行時，你感到平靜、積極和掌控力，也有最大的機會對倦怠免疫，並且透過情緒傳染的機制，使這種抗倦怠的效果延伸到你的同事身上。

擺脫衝動反應行為

工作中不受調節和不健康的行為有數百萬種表現形式。這些衝動、破壞性的行為隨處可見，而且通常是置身於功能失調的體制或有毒工作環境的直接結果。我們在第三章中看到的柯林，就是一個絕佳的例子。平時他是一個很隨和的人，能夠調節自己的情緒、思想和行為，但被困在一個有毒體制後，他走到了崩潰的邊緣。高壓力的環境使他做出了平常不會做的事情，像是對直屬下屬大小聲、把自己的錯歸咎於他人。所以呢，雖然我們每個人都應該為自己的行為及後果負責，但如果你發現自己的行為模式脫離常態，請給自己一點寬容，這可能是你置身的體制造成的結果。

我的研究發現，許多在高壓時刻出現的行為構成了不健康、起反作用甚至是破壞性的反應，我稱之為**衝動反應行為**，例子包括：

- 對某人大發雷霆
- 自甘墮落，不顧廉恥
- 說一些讓自己後悔的話
- 搶占別人的功勞
- 把惡意郵件副本抄送給「所有人」，向每個人展示你有多生氣
- 當你應該合作時，反而回到競爭行為
- 胡亂假設或草率做出不理性的結論
- 用責怪他人轉移對你的注意力

這些行為不僅對我們沒有幫助，反而讓我們感到壓力更大，在我們的團隊和組織中散播不良情緒。除了原本的壓力源，現在你還覺得自己很差勁，後悔自己的行為，經常感到羞愧不已，這些都會使壓力飆升。

我訪談過的一位醫務長，曾經在一次壓力龐大的領導階層會議上，公開把別人的工作成果歸功於自己，只因為他感到極大的壓力，急切地求表現。這不是有預謀的行動，而是「機會犯罪」，起因是另一位高階領導人誤認為是他帶頭實施一項新舉措，而他沒有提出糾正。他告訴我，在會議剩餘的時間裡「我好像只剩下一半的心思。我一直在想，這會對那個規劃和推動方案的人造成多大的傷害。那一天後來的時間和整個晚上，我都在悔恨、羞愧和罪惡感中輾轉反側。」

第二天早上，他見到了那個被他搶功勞的人。他說：「我沒有找藉口。我心裡知道，當時我實在太焦慮了，我的自戀傾向在那一刻全部抬頭，是我沒能控制住。對她，我只能說：『妳完全正確。我犯了一個錯，我會改正。』於是我就這樣做了。我發電子郵件給整個領導團隊，為我的錯誤道歉，把功勞還給正確的人。我馬上就感覺好多了，從那以後我再也沒有犯過這樣的錯誤。」

當我們承受巨大的壓力，思想和感情失調時，我們都會做出與性格不符的行為，就像我輔導的客戶柯林，或這個通常很正直的醫務長。

但我們也都有一套預設的應對壓力的方法。這些無意識的自動反應通常起源於童年，我們從照顧者那裡學到了這些反應。這些反應一直伴隨著我們，在我們長大成人的過程中得到了強化，至今我們仍然仰賴這些反應。換句話說，這些反應無論是正面還是負面，建設性還是破壞性，**確實有**緩解壓力的效果。然後，永遠在尋求兼顧平衡和效率的大腦，會注意到這個反應是有效的，於是下次壓力來襲時會再次採取這種反應。經過足夠多次的採用後，大腦會把這種反應編碼為習慣，瞧，你就有了一種預設的自動化壓力反應。

如果你的預設反應是健康的，有正面的效果，比如說當壓力來襲時，你會深呼吸、散步或跟隨引導做冥想，那麼恭喜你，你可以跳過下面的說明直接翻到下個段落。但是如果你學到的預設行為是不健康的，會產生負面後果，例如物質使用、過度工作或逃避，那麼你現在該學習新的應對方式了。

掙脫根深蒂固的壓力反應模式絕非易事，許多人會發現自己抗拒改變。畢竟，保護原來的做事方式使人感到心安，改變可能令人害怕，而惰性可能成為強悍的障礙，更不用說一些破壞性的預設反應會讓人上癮。但請記住，不健康的壓力反應即使能夠暫時減輕焦慮，但現實中遲早會反噬。這些反應往往具有相當的自我毀滅性，矛盾的是還會加劇長期的壓力。當壓力變成長期慢性時，就會提高我們倦怠的風險。

我想強調的是，認識自己自動化的衝動反應行為，不應該引發你的罪惡感或羞愧。事實上，你應該為自己鼓掌，因為你變得更能自我覺察，你正在做的事情，是為了從困境中脫身而必須完成的工作，最終目標是提高你的工作效能。盡你所能全力自我疼惜，如果出現負面的自言自語，請用耐心和同情心溫和地回應。請記住：這也是在疼惜他人。當你表現出情緒和精神受調節的狀態，並且用行動反映這種內在狀態，就是你最高效、最投入的狀態，是人們喜歡與之共事的人，也是在工作中可以移山倒海的人。

衝動反應行為通常表現為我所謂的「保護模式」。下面的練習可以幫助你辨識你的保護模式，以及你在壓力下傾向「加速」還是「關閉」。

練習：找出你的保護模式

步驟一

想一想你在壓力下的行為模式。下面的表格中，哪些最像你會做的事？勾選所有符合你情況的項目。

	內化	外化
趨	我全身心投入工作，工作時間比平時更長 即使沒有時間，我也會答應接下新的案子或職責 我對自己和別人的期望越來越高 即使我想說「不」也說不出口 我認為其他人都很懶	我變成了一個萬事通 如果有人不同意我，我會忽略他們，或讓他們後悔不同意我 我身邊最親近的人，比平常更常附和我的看法 我做出決定後就會堅持到底 我相信只有我有正確的方案或答案
避	我退縮窩在我的辦公室、我的工作、我的思考和擔憂中 我開始疏遠人際關係 我的溝通變得更短更直接 我只傳達「必要」的資訊 我不需要其他人的意見 我覺得其他人只會礙事	我過分關注情況的負面 我把憤怒和失望當作榮譽勳章別在胸口 我覺得那些想要改變或抱持希望的人很煩 我把自己的情緒歸咎於環境或其他人 我和志同道合的人一起抱怨和抱團取暖

步驟二

在你勾選的項目中，圈出五個最能代表你在壓力下如何應對生活和工作的主要方式。這些就是你的保護模式，幫助你在壓力下保護自己，可能會抑制你做出改變。下一步將幫助你了解這些習慣的影響。

步驟三

列出你最主要的五種保護模式，注意觀察你在面對問題或情緒時是傾向趨還是避？傾向於內化還是外化反應？

我的保護模式：

1 ＿＿＿＿＿＿

2 ＿＿＿＿＿＿

3 ＿＿＿＿＿＿

4 ＿＿＿＿＿＿

5. 每個項目都寫下你的觀察：我的反應是趨還是避？內化還是外化？

步驟四

寫下你的模式如何影響你和其他人。

我的保護模式如何影響我的身心健康、我的表現以及學習和適應能力：

我的保護模式如何影響我的團隊、親密的同事、家人和組織文化：

一旦我們能夠退後一步檢視自己的保護模式，以及這些模式如何對我們發揮影響（或沒有影響！），就可以開始嘗試更有效的刻意反應。目標是從衝動反應（我習慣的預設反應）轉變為刻意反應（真的對我和其他人有幫助的深思熟慮反應）。

培養刻意反應行為

在我輔導的客戶和研究參與者中，我觀察到那些具有倦怠免疫力的人，在高壓時刻採取的一些行動，構成了健康有效的反應，我稱之為**刻意反應行為**。這些人能夠：

- 大部分時間停留在身心容納之窗內，就算離開也能很快返回。
- 接受並容納負面情緒。能夠接受和容納負面情緒的人，經歷的負面情緒更少，這看起來似乎很矛盾，但研究證實了這一點。接受負面情緒有助避免對負面的心理經歷做出反應，從而避免惡化。我們越是使用這種健康的應對習慣，保護效果就越強，對壓力的反應就越少[10]。
- 面對不確定性或受到壓力源觸發時，保持冷靜、沉著和耐心。具有倦怠免疫力的人不會對壓力做出衝動的反應（發火、背後捅刀、八卦、退縮、責備等），而是能夠在做出反應之前停下來，保持冷靜，想好該怎麼回應，然後再做出反應。
- 當他們對工作的情感投入變得有害時，能夠及時發現，並採取措施減少投入。
- 尋求理解他人的觀點，不把意見分歧視為一種威脅。具有倦怠免疫力的人經常使用這項難能可貴的技能，尤其是在不同意某人的觀點時格外需要這項技能。尋求澄清他人的觀點顯示出你對他們的尊重，能夠避免大量衝突，而衝突本身就會帶來壓力。

- 專注於可以控制的事情。他們不會糾結於那些無法改變的事情，那會產生挫折感、無助感和負面情緒，而是專注於他們可以改變和改進的事情。
- 擁抱變化而不是防備變化。他們不抗拒變化，抗拒只會增加壓力和倦怠的風險，他們以樂觀甚至好奇的態度面對變化，具有很強的適應性和靈活度。
- 以成熟有效的方式處理與他人的衝突。他們不會避免衝突，而是把衝突視為機會，可以帶入不同的觀點和想法，開創富有成效的討論。
- 維持支持性關係。擁有高度社會支持的人對壓力的適應力更強，在社交互動過程中釋放的催產素也具有鎮靜作用。他們也有更強的歸屬感，可以防止壓力、焦慮、憂鬱和倦怠。
- 請求幫忙。同事、導師、親人、治療師、教練、經理、神職人員、其他行業中值得信賴的顧問，都是他們在有需要時會主動求助的對象。
- 更快進入解決問題的模式。他們不會沉溺於沮喪、自憐、憤怒或憤世嫉俗，而是轉向解決問題，直接處理壓力源。

我要補充的是，整體而言，他們養成了調節情緒、心理和身體能量的習慣，這意味著他們有足夠的儲備能量去應對艱鉅的挑戰。

我敢打賭，你和這些人有很多共同點——比你意識到的多得多。下面的練習將有助於揭露你擁有的倦怠預防技能和策略，你可能甚至沒有意識到自己擁有這些技能和策略。

練習：我在壓力下的最佳狀態

請花十五到二十分鐘的時間進行這個自我反思的練習。回想一下你曾經非常成功應對工作壓力的一次經驗。閉上眼睛，想像自己回到那個情境。盡可能回憶細節，然後回答以下問題。

- 你感覺到哪些情緒？
- 你用哪些方法調節自己的情緒？
- 你在想什麼？

- 你注意到哪些思維陷阱（如果有的話）？你怎麼管控這些陷阱？
- 你對壓力情境的反應是什麼？具體說說看你做了什麼？
- 你如何能夠刻意做出回應而不是衝動地反應？
- 有誰或什麼東西在支持你？如何支持你？

現在深入思考你的答案。

- 當你做這個練習時，此時此刻你正在經歷什麼感受或感覺？
- 關於你在壓力下的最佳狀態，你學到了什麼可以用於未來的壓力情境？

如何加速培養調節技能？

如果你發現自己遇到困難或無法擺脫舊的行為模式，請考慮採用以下支援體系，協助加速發展你的調節技能。

1 **讓自己被調節能力超強的人包圍。**你不僅可以學習他們的榜樣，而且他們的正能量能鼓舞人心，具備感染力。

2 **尋求認知行為治療**（cognitive behavioral therapy, CBT）。所有心理治療都需要時間，但CBT是一種以結果為導向的心理治療，現在還有一種稱為密集CBT（I-CBT）的選擇，可以更快解決許多問題。

3 **如果創傷讓你停滯不前，試試看「眼動減敏與歷程更新療法」**（Eye Movement Desensitization and Reprocessing, EMDR）。這是一種互動形式的心理治療，由經過專門訓練的治療師執行，幫助你處理深刻的痛苦情緒和記憶，已被證明可以有效治療多種棘手的心理健康問題，像是創傷後壓力症候群（PTSD）、焦慮症、強迫症和重度憂鬱症。

4 **與高階主管教練或領導力教練合作**。國際教練聯盟（International Coach Federation）將教練定義為「透過和客戶發人省思與富創造性的合作探索過程中，啟發客戶發揮最大的個人與專業潛能」[11]。教練已被證明可以減少倦怠，部分原因是提高了客戶的自我效能和自決能力，幫助他們看到自己對生活環境和滿意度的控制能力，比他們通常意識到的更強[12]。我的一個博士學生克里斯・畢廷格（Chris Bittinger）博士發現，高階主管教練可以幫助客戶發展自我效能，提高情商，增強他們解決壓力的能力，包括直接解決問題和想辦法繞路而行的能力。更重要的是，只要客戶接受教練的輔導，即使承受中度到重度的壓力也**不容易倦怠**[13]。

5 定期進行正面的自言自語。你可以每天撥出時間在心裡回顧正面的想法，也可以寫下來，總之要養成習慣對自己說正面的話。關鍵是提出真實、有根據的正面看法，而不是感覺假假的、很勉強或情緒過度誇張。

6 正念練習：

- 嘗試正念減壓（Mindfulness-Based Stress Reduction, MBSR），這是一種經過廣泛研究的冥想方法，為期八週，創始人是喬·卡巴金（Jon Kabat-Zinn）博士，已被證明有助於緩解焦慮、憂鬱和慢性疼痛的症狀，減輕壓力，支持整體心理健康和福祉。正念減壓的團體課程經常出現在社區中心、醫院和學校，網路上也能找到許多免費課程。
- 嘗試霍華德·史蒂文森的「計定鼓吸吐」方法。請參考第一四一頁的逐步說明。
- 嘗試慈心冥想。請參閱第一九〇頁的簡單版慈心練習，或上網搜尋練習指引。

調節的回報

當你熟悉自己對壓力的預設反應，並且能夠在每個特定時刻轉向最有效的壓力反應，就可以從適度的壓力中獲益，同時減少處於痛苦區域的時間，這些都能強化你的倦怠免疫力。當你能夠安撫自己的情緒並且清晰思考時，才能看清楚自己的環境，找出你和組織之間有哪些不匹配之處使你加速倦怠，並且對你想做的事情做出更明智的決定。

對我來說，調節的回報遠遠超出了保護自己免於倦怠。發展調節技能的最終目標，是過著更健康、壓力更小的生活，讓你快樂、滿足、充滿活力，做出最大的貢獻。受調節的情緒、思想和行為就是你的超能力，幫助你實現理想自我的願景，活出你的價值觀。在調節所帶來的鎮定平衡狀態中，你能成為積極的力量，建立健康的文化，使團隊成員為身為其中一份子感到驕傲。這樣的人傳播的是好的情緒感染，能降低倦怠的風險，他們的心理韌性是團隊成員、組織和家庭的榜樣。我不斷磨練調節技能的最大動機之一，就是為我的孩子樹立榜樣，讓他們看到如何有效應對生活中的煩惱、麻煩和困難。

歸根結柢，調節的實踐是基於關懷：關懷我們自己、我們的同事、我們的組織以及組織所服務的人。它使我們能夠改天換地，把不愉快、困難甚至可怕的經歷轉變為正面的，幫助我們感到充滿活力，願意投入、奮發向上，拿出最好的表現。

Chapter

5

使命、人與價值觀：

有意義的連結可以點石成金

羅伯特・盧納（Robert G. Luna）是洛杉磯郡的警長，這是美國人口最多的一個郡，擁有近千萬居民。盧納曾經擔任長灘警察局（LBPD）局長，在執法部門已服務將近四十年。這一行一向排名美國壓力最大的職業之一，然而在我訪談過的數百人中，他不僅是最冷靜安詳（我兒子會用chill這個字來形容），也是最快樂的人之一。他告訴我：「我超愛這份工作。我一直都很開心。」同樣地，談到他在長灘特警隊的經歷（特警隊的全稱是特種武器及戰術部隊，英文簡稱是SWAT），他告訴我，他「很愛這份工作」。

盧納從五歲起就知道自己想成為一名警察，他說：「穿上制服幫助別人的想法一直讓我很著迷。我一直想要為民服務，想要重塑大眾對警察的看法。」他在東洛杉磯一個警察密集巡邏的社區長大，親身經歷了「糟糕的警務」，他從小就知道自己想對執法部門進行改革。他說：「我一直對執法**應該**是什麼樣子有一種想像，這促使我想要推動改變。」他告訴我，在途中遇到阻力時，只會激勵他往上爬到更高的職位。

我第一次採訪盧納時，他還在長灘警察局，二〇一四年起，他接任局長的職位。訪談是在二〇二〇年九月，當時疫情正值高峰，喬治・佛洛伊德（George Floyd）謀殺案剛發生沒幾個月，這起事件引發全球抗議警察的暴行。盧納說：「在我職業生涯的三十五年中，從來沒見過這種情況。」他說，感覺就像坐在往下俯衝的雲霄飛車裡，從二〇二〇年三月開始到現在還沒停。盧納長期鼓吹警察改革，他理解抗議者的憤怒和變革的迫切需要，但他「從未想像過」被辱罵、媒體不斷攻擊警察所造成的「腎上腺素持續激增」，以及抗議者在他的家人在家時跑到他家。更糟糕的是，一向支持警察部門的公職人員開始撤回支持。盧納說：「多年來我們一直舉手乞求幫助，現在好像不再有人理會我們了。」在我的倦怠調查問卷中，他的答案顯示壓力達到九分（非常嚴重），但他對自己的描述卻是完全投入（沒有無效能、脫節、過度負荷等情況，更絕對不是倦怠）。

他恰恰處於職業生涯中壓力最大的時期，我很想知道他如何度過這個難關。他的回答讓我感覺像是上了一堂情商技能應用迷你大師班。

盧納說：「我抵抗（想辭職）誘惑的方法是，不斷提醒自己最初為什麼想要做這份工作。」和許多具有倦怠免疫力的人一樣，盧納對自己的工作異常忠誠，以至於將其視為一種天職。他的願景是實現警務體制變革，同時讓當地社區變得更安全，這個願景支撐著他扛起數十年的高壓職責。他告訴我：「這份工作遠遠超越了我自己。作為警察局長，我的工作是引導民眾和社區度過這一切。」

為了管理壓力，盧納固定冥想、祈禱、運動健身，當壓力攀升時，他會增加鍛鍊（「壓力越大，越要健身」）。他的整體態度是「追求美好」，他用這四個字描述他如何在充滿挑戰的情境中看到積極的面向，而且他養成了每天一大早出門看日出的習慣。他說：「日出讓你真正地反思。」同樣的，工作壓力激增時，他會轉向大自然。盧納說：「我學到，當壓力真的很大時，我需要到外面走走。新鮮的空氣、樹木……真的能減輕很多壓力。我很少帶著壓力回家。」

讓我印象特別深刻的，是盧納能覺察到自己的壓力對其他人的影響。在家的時候，他會提醒自己，他現在不是盧納局長，而是一個丈夫和父親，並且有意識地決定多聽少說。這有助於他與家人重新連結，保護他們免於受到他的工作壓力影響。在工作中遇到壓力時，他學會了在說話之前深呼吸，並「保留自己的想法」，這樣可以防止做出錯誤的決定，也能避免情緒傳染散播壓力。這些做法需要大量的自我覺察以及出色的調節技能。

同樣重要的是，他會毫不猶豫地尋求幫助。他說：「你必須了解自己並且管理自己的弱點。尋求幫助是力量的象徵。你身邊要有可以信賴的人。不論情況變得多糟，我需要依靠其他人。」他最常求助的對象，無論是尋求建議或只是為了發洩情緒，就是退休的警察局長和他從七年級到現在最好的朋友。

盧納表示，整體而言，他靠「三個F」站穩腳步：信仰（faith）、家庭（family）和健身（fitness）。我想說的是（請容我戴上書呆子研究員的帽子），盧納能夠在高壓的工作中保持非凡的投入，從未接近倦怠，是因為他天生善於運用情商。他特別擅長運用自我覺察、自我調節和關係管理技能，來建立和維持有意義的連結。

我對具有倦怠免疫力的人進行的研究，發現了多種有意義的連結，可以幫助人們管理工作相關壓力，預防倦怠，但其中一次又一次出現的是三種重要的連結，而盧納局長恰好體現了這三種連結。

三種有意義的連結

1 與工作的連結

2 與人的連結

3 與價值觀的連結

本章將一一探索這三種有意義的連結，學習如何利用它們來應對壓力，保持在壓力的甜蜜點。高壓非常容易奪走我們全部的注意力，使我們陷入失調、低產能的狀態。這意味著我們需要與可靠的資源連結，補充和維持我們的精神、情感和身體能量，幫助我們從工作壓力中恢復，如果不加以控制這些壓力，可能會削弱我們的動力，甚至逐漸侵蝕我們的核心認同。對我們大多數人來說，這些資源可歸結為深刻持久的連結，來自我們的使命感，來自生活中給予我們溫暖和支持的人，也來自我們用來給自己定位的一套核心理念。正如我們在盧納局長身上看到的那樣，關鍵是他與工作本身以及他想在工作中實現的願景建立了有意義的連結。他也養成了在人際關係中尋求支持的習慣，還有深厚的價值觀支撐著他，工作壓力再大，他都能挺過去。不論扮演什麼角色，不論處於職業生涯的哪個階段，有意義的連結都可以幫助你有效管理工作相關壓力，遠離倦怠。

與工作有意義的連結

有個學生曾經問我，與工作建立有意義的連結，以及與有意義的工作建立連結是一樣的嗎？我們都笑了，聽起來像是繞口令，但這個問題凸顯出一個需要澄清的概念。

先從「有意義的連結」本身開始談起。這個詞最常指的是人際關係，但在本書中的用法更廣泛，涵蓋所有深刻、重要的連結，包括我們與人（寵物也算在內！）的連結、與我們的目的或使命連結、與我們的價值觀連結、與我們對理想自我的願景連結，當然還有與工作的連結。有意義的連結意味著不是隨意、快速或膚淺的連結，而會對我們的生活產生明顯的影響，進而影響我們所接觸的人的生活。

了解什麼是有意義的連結之後，接下來是與工作建立有意義的連結，可想而知，你的**工作本身**必須有意義。「有意義的工作」是近年來興起的概念，現在經常出現在許多求職者對工作要求的「必備條件」首位。新冠疫情導致將近三分之二的美國員工反思自己的人生目標，近一半的員工重新考慮自己從事的工作類型[1]，甚至在此之前的研究就發現，超過九成的工作者願意接受較少的金錢（平均數字是未來終生收入減少二三％）換取一份始終有意義的工作[2]。鑑於高達七〇％的員工表示他們的使命感是由工作決定的[3]，而且大多數成年人大部分醒著的時間都花在工作上，也就難怪我們當中有許多人有強烈的動機去追求和從事有意義的工作，而且大家也越來越願意放棄那些無法帶來意義的工作或工作機會。

為了確切定義是什麼構成有意義的工作，人們耗費了大量筆墨，其中不少是雇主在試圖弄清楚如何吸引和留住技術人才。在此我要大膽提出我的看法。儘管有意義的工作在本質上完全因人而異，但我們可以聚焦於一些核心屬性。首先，有意義的工作是對**你**有內在價值的工作，可能是你自我表達的工具，支持你的目標，或有助於你的自我實現。第二，有意義的工作是你認為對**其他人**有價值的工作，或所謂的親社會價值——你覺得你的工作可以幫助別人，或以某種方式改善他們的生活，為更多人的利益做出貢獻，或推動某項志業。第三，有意義的工作讓你感到被欣賞、被需要、被重視。無論是來自組織的明確表彰，還是僅僅知道你做的事對受益者有正面影響，有意義的工作為你提供了一個機會，讓你能夠產生影響，知道自己是有用的。簡而言之，有意義的工作是對他人和對你自己**有價值**的工作。越接近這個理想，我們的工作就越有意義。

而且也越**能**避免倦怠。我很想告訴你，與工作建立有意義的連結，是讓你永遠對倦怠免疫的靈丹妙藥，然而真實的情況複雜得多。整體而言，從事有意義工作的員工比較不可能倦怠，但僅限於一定程度。看來就像壓力一樣，與有意義的工作連結也有一個「甜蜜點」。

崇高的志業帶來的益處

這個優美的說法來自我訪談過的一位醫務長，當時我正在研究承擔高壓力角色的人。他的工作需要取得微妙的平衡，必須同時確保最佳的治療結果、管理大量員工、應對大型組織的勾心鬥角以及監督複雜的預算。但他成功做到這一切，沒有屈服於倦怠，他的方法是連結使他的工作具有深刻意義的事：照顧病人。

他說：「我的內心是一名醫生。我總是說『病人是我們的指南針』，所以我享有崇高的志業帶來的益處。能夠做這樣一份工作，產出的成果本身就是回報，這真的是天賜的禮物。」他還注意到，把目光鎖定在讓他的工作有意義的事，也會使決策變得更容易，光是這一點就能大大緩解壓力。他解釋，當團隊在做決定時遇到困難，他會引導他們回到什麼對患者最有意義。他說：「我們要做的就是照顧患者。這就是我踏入醫界的原因，也是我接下醫務長職責的原因。一切就是以患者為中心。」

有一位醫師把自己的工作相關壓力評為「非常嚴重」，但同時也覺得自己的工作非常有意義，他是這樣說的：「我不覺得有很大的壓力，因為當我在醫院裡走來走去看到那些生病的人，我就能有更客觀的看法……我知道每個人都有壓力，但是一踏進那道門跟病人接觸，就是我表演的時候，必須要做到好。」他的評論最吸引我的地方是，儘管他有客觀的覺察，知道工作相關的壓力很大，但他**並沒有這樣的感受**，也沒有受到壓力的不良影響。這是一個生動的例子，說明了一個人的主觀壓力體驗，如何因為從事有意義、有目標的工作經驗而改變。這確實是一種能夠點石成金的煉金術。

當我還是一名新晉顧問時，我被派去指導醫院的一組財務諮商師，他們在四個不同的分院工作。我的目標是帶頭重新設計他們的工作流程，實施生產力和品質標準，我全心投入改造流程，很興奮能夠把分析技能運用到工作中。但我很快就發現，要了解財務諮商師實際上在做什麼，以及他們的挑戰和改進機會在哪裡，最好的方法是跟著他們，觀察他們與患者及家屬的互動。

我對工作的看法從此改變。工作本身並沒有變，我還是要製作流程改造文件、工作流程圖、生產力追蹤工具和品質改進試算表，這些都會使財務諮商師的工作更輕鬆、組織運作更有效率。但是，現在我跟所有這些改進的最終受益人，也就是患者及家屬，有了近距離的親身接觸。突然之間，原本是刺激的智力鍛鍊和專業挑戰，有了更深刻的意義和重要性。

大約四個月後，我陪一位財務諮商師去病人的病房探視，這位諮商師，就叫她瑪格麗特吧！病人和女兒在週末發生車禍，現在父親依靠維生系統，女兒情況危急，他們的醫療費已經超過十萬美元（約新台幣三百萬元），而且兩人還需要多次手術加上漫長的復健，費用將是天文數字。

電梯門一打開，瑪格麗特和我就聽到走廊那頭傳來一個女人的啜泣聲，那是病人的妻子白太太。我們得知白先生最近被解僱了，一家人沒有醫療保險。瑪格麗特的工作是幫助白太太探索可能的財務解決方案，包括COBRA（《統一綜合預算協調法案》）[註1]、機動車交通事故保險，以及由於裁員後收入大幅下降所以可能符合補助資格的Medicaid（美國聯邦醫療補助）。我的任務是盡一切可能確保瑪格麗特迅速有效地完成她的工作，並確保這個家庭的案子得到優先處理。由於我們團隊制定了新系統和安全措施，這一家人的帳單沒有自動發送到自費收款處，我們得以幫白太太申請到補助，去支付最後總金額超過一

1 譯註：Consolidated Omnibus Budget Reconciliation Act，允許那些因為嚴重生活事件而失去團體醫療保險資格的雇員及其家人，在一定時間內繼續參與雇主的團體醫療計畫，但通常需要自費。這些生活事件包括雇員身故、失業或減少工作時間、離婚或合法分居，以及子女失去受撫養人身分等情況。

百三十萬美元（約新台幣三千九百萬元）的醫療費用。

這只是該專案數十個成功案例之一。儘管經常在高壓環境中、每天工作十五個小時，許多週末也要工作，但我仍然期待工作、全身心投入，熱愛成為團隊的一員，為患者及家屬提供這麼有意義的服務。即使是很小的行政任務，也讓我感覺很重要而且有影響力，因為確實是如此。總而言之，我們為超過三百五十名患者及家屬提供的財務保障，超越了這個團隊通常一年內能達到的額度。很多時候我的身體很累，工作確實可能讓人不堪重負，但我從來沒有感到情緒耗竭或壓力無法控制。事實上恰恰相反；就像許多從事有意義工作的人一樣，我因為使命感以及我們對所服務家庭產生的影響而感覺充滿活力。這是我職業生涯中最充實的經歷之一。

對有意義工作的研究也描繪了類似的景象。感覺自己在做有意義工作的員工，更有生產力、更投入、更有韌性、對組織更忠誠、工作滿意度更高，整體而言享有更高的幸福感。這些員工往往是超級明星員工，因為他們擁有深厚的動力來源，並且樂於全心投入自己選擇的「崇高志業」。擁有一支積極主動、活力充沛、高績效且忠誠的員工隊伍，對組織及其服務的人都有益處。甚至有證據顯示，有意義的工作對組織的利潤有直接的正面影響，每位員工每年最多可增加九千零七十八美元的收入（約新台幣二十七萬元），以及因為避免人員流動相關開支而省下的所有錢[4]。

乍看之下，我們似乎已經找到了倦怠免疫力的藍圖：從事有意義工作的員工活力充沛、超級投入、效能極高，與處於倦怠狀態的人恰恰相反。那麼，如果員工正在追求他們真正熱愛的工作，願意不斷精益求精，同時他們的組織享受著積極優秀的員工帶來的所有好處，怎麼會有壞處呢？

事實證明，壞處其實很多。

當有意義的工作招來惡果

倦怠風險最高的一部分人，似乎是那些真心熱愛自己的工作並且經常超額完成任務的人。我要先說清楚，這種人當然不能保證一定會出現倦怠，那些具有倦怠免疫力的人完全可以證明這一點。但是你必須知道過分投入有意義的工作有哪些隱藏的缺點，以及可能招致的反效果，這一點非常重要。

也許最常見的惡果就是無法維持工作步調，無論是無法得到喘息的節奏、高強度的情感或心力消耗、超長工時，還是以上三者的可怕組合。如果你沉浸於工作中、沒有足夠的時間充電，就會走上倦怠的快速通道。如果當初那個意義深遠但費盡心力的醫院顧問案沒有一個結束日期，我毫不懷疑到最後我會身心俱疲，而不是在後來的職業生涯中才發生倦怠。長工時、高壓、高強度的結合——無可否認，我在工作上缺乏界線——會讓人付出高昂的代價。

研究者注意到，從事「助人」職業的人特別容易倦怠，例如醫療工作者、社工、神職人員、諮商心理師、人生教練和直接照護提供者。這些專業人士往往深受使命感驅動，經常優先考慮別人的需求而不是自己的需求。他們當中的許多人也容易受到一種稱為「同理愁苦」（empathic distress）的相關現象所困擾，這是一種當你花費大量時間照顧受苦的人時，對他人的痛苦和苦難產生強烈的厭惡反應。同理愁苦導致人們為了保護自己而退縮，造成逃避、憤世嫉俗和動力下降，這些都是倦怠的跡象。同樣的倦怠脆弱性也存在於那些深受使命驅動、把組織的需求和目標置於個人需求和目標之上的人。教育工作者、活動家和非營利組織員工都是很好的例子，創業者、企業家、小企業主以及各行各業的變革者和顛覆者也是如此。

我在為這本書尋找平面設計師時，遇到了珍・瑞奇・尼可拉斯（Jenn Richey Nicholas），我告訴她，這本書是關於如何保護自己免於倦怠，她說：「天哪，我的職業生涯剛開始的時候超級需要這本書的。」她同意接受訪談，而她的故事讓我大開眼界。

那時候，珍在一家頂尖的平面設計公司工作，參與一個備受矚目的專案，全球各地都將會看到這個專案。從中學時代起，她就夢想成為平面設計師，一直嚮往加入一個才華橫溢的團隊，她和同事都對設計充滿熱情。公司的聲譽取決於這個案子，有可能成為整個團隊職業生涯的代表作。每個人的每週工時預計在一百二十個小時以上，很多人乾脆在會議桌下打地鋪，回家只是為了洗個澡。珍形容「大家累斃了，接二連三倒下」，一個同事昏倒數次後不得不送進急診室。珍告訴我：「我很怕只要休息一下就會毀掉我在這個行業的前途。恐懼是我留在這裡的唯一原因。」

這種非人的工作時程過了幾個月，珍的身體和精神都被逼到極限，一切在某一天到達了頂點，珍跑到辦公大樓的屋頂，站在凸出的邊緣平台上，考慮跳下去。她說：「我只想讓痛苦結束。」她站在那裡，視線變得模糊，後面發生的事情她記不太清楚了，只記得有人把她帶回辦公室。令人難以置信的是，她竟然設法回去工作並且完成了這個案子。「一走了之不在我的選擇範圍內。」她這樣說。等到案子終於結束，她回家睡了整整兩個星期。

不久之後，珍去倫敦拜訪一個也是平面設計師的朋友，驚訝地發現她的朋友和團隊朝九晚五、正常上下班，而她的朋友聽到珍不久前經歷的事情也很驚訝。珍說：「我對自己陷入的毒性環境有了很多認識。那次經歷讓我失去了自我意識。我感覺我的身體甚至不屬於我。」

但是現在她清醒了，覺察了，她不會再回去了。她告訴我：「從那時起，我就把再也不這樣做當成中心，建立自己的信念和工作倫理。」珍離開了那家公司，在其他公司做了幾年設計師，夢想著開創自己的事業。如今她經營著一家成功的平面設計公司，致力於對世界產生積極的社會和環境影響，把心理健康和整體福祉放在第一位。她說：「我們很少一週工作超過四十個小時。我們希望成為其他工作室的榜樣，希望會有一個又一個像我們這樣的公司，逐漸改變這個行業的有毒文化。」

當你熱愛工作，認為這是你的天職，或者如果你的使命感特別強、特別盡忠職守，你的工作將要求你付出很多。你可能會經常發現自己的負擔過重，因為你對志業充滿熱情，非常關心如何改善他人的生活，或者是過度賣力達成組織的使命或目標。如果沒有足夠的時間休息和充電，隨著你變得越來越不堪重負和精疲力竭，就會有很高的風險陷入疲憊不堪、人格解體，到最後失去效能。當工作成為我們生活的重心（無論出於何種原因），或者當我們的身分認同與謀生的工作過度重疊，面臨的風險就是可能做出太多個人犧牲，忽略自我照顧，此時正是倦怠趁虛而入的好時機。

那麼，如何才能識別並優先考慮工作中對你最有意義的方面，不至於過度投入工作並犧牲自己的個人福祉呢？你要如何繼續追求自己的熱情，讓世界變得更美好，又不至於消耗過度、氣餒、倦怠？下面有一些建議可供領導者和想要做出貢獻的個人參考。

領導者和組織可以做的事

1 **表彰員工的貢獻**。每個人都希望得到讚賞，但是那些熱衷於幫助別人以及從事有意義工作的人，尤其需要知道他們的工作**很重要**。這種效應也具有傳染性：研究顯示在工作中經常受到讚賞的員工更有可能認可和欣賞他人，這讓他們感覺受到重視，並對團隊績效產生正面影響[5]。

2 **推動整個組織深入思考使命宣言，以及各部門和團隊實踐使命宣言的具體方式**。麥肯錫的研究發現，員工對於在一家花時間思考其對世界影響的公司工作感到興奮的可能性高出五倍[6]。

3 **開創風氣，鼓勵開放的溝通，並且明確優先考慮員工福祉**。員工應該知道，當他們感到倦怠在招手時，可以向上司要求通融或調整工作量，除此之外還有一些其他選擇，像是「無需解釋」的休假、取得心理健康資源的管道，以及各種促進健康的方案，讓他們在需要時可以依賴。

4 **保持健康的職場界線**。建立尊重平衡工作時間和個人時間的文化。鼓勵員工除非絕對必要，否則不要把工作帶回家，並以身作則。當員工表現出過度工作和過度投入的模式時，主動介入。他們的工作量是否需要改變？他們在管理時間和優先事項方面需要支援嗎？是否需要額外的資源？

5 **定期檢討工作負荷量**。每個人的工作量是否合理、公平？如果某幾個員工似乎承擔了大部分工作，請找出根本原因。有時候充滿熱情和使命感的人會自願承擔過多的工作，有時則是被其他人占便宜，認為那些人無論如何都會自願承擔額外的工作。

個別工作者可以做的事

1 **溝通並維護你的工時界線**。包括你投入的工作時數，以及何時可以工作、何時不工作（例如下午六點以後不工作）。

2 **嘗試設定「強度界線」**。任何事情做得太過頭，即使是你真的很熱衷的事情，最終也會產生負面後果。因此，你該想辦法對你付出的努力和精力設定健康的限制。或許是很簡單地安排定時離開工作、休息一下，或者在工作日中加入「勿擾」的時段，也可以是策略性地在你的職責周圍設置護欄。參加我工作坊的一個老師深知自己患有「新奇事物症候群」（shiny object syndrome），會不斷被剛出現的閃亮新奇事物吸引，而且習慣過度投入，所以她開發了她稱之為「打電話給朋友」的策略：每一個新請求都找她最好的朋友幫她過濾，協助她確切執行自己的界線管理目標。

3 **放棄非必要的承諾**。如果你像我一樣，可能需要客觀的幫助來解決這個問題，因為**每一件事**看起來都是必要而且高度優先。仔細檢查你所有的工作承諾，根據優先順序和需求進行分析。有些毫無爭議是必要的，有些可能存在灰色地帶，有些可以交託給別人，還有一些可能可以從你的清單上消去。

4 **在工作以外找到充電和恢復活力的方法**。在工作日當中安排休息時間是好事，也是必要的，另外我們需要完全在工作範圍之外的恢復手段，這些方法可以給你能量，幫助你在工作和個人生活之間保持平衡。

5 **拓展身分認同，不侷限於你的工作角色**。我訪談過的一位醫務長表示，幫助她管理壓力的最大關鍵，就是永遠不允許自己被工作定義。她說：「我屬於許多社群，工作是其中之一，但不是唯一。」

6 **容許職業生涯「換季」，視其為正常現象**。在可能長達數十年的工作生涯中，每個時期有不同的主要動機是很正常的。有時你是受到使命感驅使，有時你的工作可能完全是交易性質，純粹是用時間和精力換取金錢。有時你的重點是技能培養和進步。**這些動機全都沒有問題**。凡事確實都有定期註2，健康的做法是根據你的需求，該工作的時候就工作，該休息的時候就休息。

與當下有意義的連結

被壓力打倒、感覺世界失控（杏仁核劫持）時，需要穩固的反作用力幫助我們平復過度激昂的情緒，恢復清晰的思考。方法之一是與當下建立有意義的連結。

我們在第一七六頁學過葛雷琴．施梅爾澤博士的分散注意力祕訣，她提供了一種強有力的方法與當下的這一刻連結：**只需要說出一件真實的事情**。她說：「在樹林裡迷路時，你應該做的就是放慢速度，停下來環顧四周，找出你的方位，辨認地標。」說出關於你當前經歷的一件真實的事情，可以讓你「確定自己的空間定位，找到立足點，有一樣可以抓住的東西。」

因此，找出一個對你來說是真實的陳述，無論多麼小的事都可以。根據施梅爾澤的說法，即使是「我不知道該說什麼」或「我感到失落」也可以，因為這可以防止你被杏仁核劫持激起的那些排山倒海而來的情緒沖昏頭——施梅爾澤稱之為第一感覺，或關於感覺的感覺——並使你與你對當下發生事情的**真實**感受連結起來。

2 譯註：「凡事都有定期」這句話出自《聖經》。

我發現說出關於**外在**環境一件真實的事情同樣有效，即使是最小的觀察也能發揮作用。例如「我坐的椅子是灰色的」或「我的這杯咖啡是半滿的」，都能讓我回到此時此刻，讓我走出自己思想的暗林。施梅爾澤說：「能夠說出一件真實的事情，就能創造機會從迷路轉為找到路。[7]」

與當下連結之所以有效，是因為能讓我們跳出自己的腦袋（裡面經常裝滿對過去或未來的焦慮想法），進入唯一真實存在的時刻：當下。

與人有意義的連結

哈佛大學自一九三八年啟動「哈佛成人發展研究」（Harvard Study of Adult Development），這是關於健康老化規模最大也是最完善的研究。最初的研究對象是哈佛大學二年級在班上排名前半的兩百六十八名學生，以及四百五十六名在弱勢環境中成長的波士頓年輕男性。研究人員每兩年對這兩個原始群組進行一次訪談，收集他們的學業成就和心智功能、性格類型和社會歷史、心理和身體健康、婚姻和家庭生活、工作生活和社交網絡等數十個方面的資訊。定期的心理測驗和體檢使資料更加完善，經過數十年的研究，浮現了一些令人吃驚的發現[8]。該研究最初的主持人兼首席研究員喬治・華倫特（George Vaillant）博士說過一句名言，經過七十五年和兩千萬美元的投入，該研究的精華重點就是「簡單五個字的結論：幸福就是愛。[9]」在二〇〇五年接任主持該研究的精神病學家羅伯特・沃丁格（Robert Waldinger）博士得出了大致相同的結論：「我們從這項研究中得到最清晰的訊息就是：良好的關係讓我們更快樂、更健康。[10]」

眾所周知，社交連結和歸屬感是人類的基本需求。但我們對人際關係的依賴程度，以及人際關係（或缺乏關係）對我們的影響程度，直到現在才為人所知。我們的身心健康、幸福感、對職業的滿意度和收入潛力，甚至我們的壽命，在很大程度上取決於溫暖、支持性的關係。舉例來說，在哈佛大學的研究中，研究人員發現，在兩組研究參與者中，親密關係是整體生活滿意度的最強預測因素，比社會階層、財富、名望、智商、教養甚至是基因，更能預測長壽和幸福的生活。值得注意的是，造成差異的並不是社交關係的數量，也並非你是否處於穩定的親密關係中。魔法成分是親密關係的**品質**。

研究教授布芮妮・布朗寫道：「連結存在於我們的神經生物學中」。連結是「存在於人與人之間的能量，出現在人們感覺被看見、被聽見、被重視時；出現在人們能夠不帶批判地給予和接受時；出現在人們從人際關係中獲得支持和力量時。[11]」這種溫暖、支持性的關係讓我們保持健康和快樂，而且正如我們即將看到的，是阻擋倦怠的一大助力。

你可能已經知道你的人際網絡當中有哪些關係符合上面的標準，但如果你需要快速驗證一下你的直覺，可以問問自己，某個特定的關係讓你**筋疲力盡**還是**充滿活力**。與這個人的互動是否讓你感到疲倦、掏空、被利用或焦慮？這就是一種消耗性的關係，會增加你的壓力，讓你感到疲憊和憤世嫉俗，從而加速倦怠。請盡量避開這些能量吸血鬼。另一方面，如果與某個人的互動讓你感到精力充沛、受到啟發、被包容、樂觀，這就是一種振奮人心的關係，可以實實在在減輕你的壓力，幫助你管理壓力經歷，降低倦怠的風險。請多多投資於這些帶給你生命力的關係。

為什麼正向的社交連結和支持性關係對我們的幸福感能產生如此強大的影響？部分原因是我們大腦固有的連結方式。丹尼爾·高曼、理查·波雅齊斯和安妮·麥基這三位情商專家在合著的《打造新領導人：建立高EQ的領導能力和組織》（*Primal Leadership*）一書中指出，我們的邊緣系統（大腦負責接收和處理情緒的區域）是一個**開放迴路**系統。開放迴路系統在很大程度上依賴外部資源來進行自我管理，相對地，封閉迴路系統則是能夠自我調節，不依賴外部刺激。作者觀察到，這意味著「我們依靠與他人的連結來保持自己的情緒穩定」。無論我們是否意識到，我們的大腦都在不斷接收周圍人們發出的訊號，對這些訊號做出反應，其影響相當強大。我們已經知道情緒傳染如何影響我們的感受和情緒狀態，但科學家還發現，由於邊緣系統的開放迴路特性，與他人在一起也會改變我們的生理機能，包括荷爾蒙濃度、心血管功能、睡眠模式和免疫功能。高曼與合著者引用一項研究提供了一個生動的例子：一年內發生三次以上高壓事件（例如財務困難、被解僱或離婚）導致社交孤立的中年男性死亡率提高了**三倍**，但是對於有親密關係的男性死亡率卻**沒有任何影響**[12]。這是親密關係產生保護效果的一個戲劇性例子。

故事還沒結束，親密關係也會直接影響我們的壓力。哈佛成人發展研究最近開始進入第三代研究，現任研究主持人沃丁格解釋說：「我們認為人際關係可以幫助身體管理壓力，從壓力中恢復。我們相信孤獨以及與社會隔離的人處於一種長期的戰或逃模式，在這種模式下，血液中的壓力荷爾蒙如皮質醇偏高，發炎指數也較高，因而逐漸損耗不同的身體系統。[13]」人際關係破裂時也會出現類似的反應。布芮妮．布朗指出，人際關係破裂的感覺「實際上與身體疼痛的感覺共享相同的神經傳導路徑」。這就是為什麼關係的破裂讓人如此痛苦，也是為什麼長期缺乏與人的連結會導致社交孤立、孤獨和無力感[14]。

越來越多的證據呼應這些結論。孤獨（一種孤單的痛苦感受，無論身在何處或與誰在一起）和社交孤立（缺乏與其他人的社交連結）與許多負面的健康結果有關，其中許多是由於我們的老對手慢性壓力造成的有害影響。研究人員現在知道孤獨和不快樂會加速老化過程，比吸菸對我們的健康危害更大[15]。心血管疾病、代謝症候群、功能障礙、認知能力加速下降、憂鬱、焦慮、睡眠品質差、免疫力受損、全身性發炎和自殺意念的風險增加[16]，都與孤獨有關。事實上，孤獨和社交孤立對我們來說是如此深刻的壓力經歷，以至於大腦將其視為一種威脅。換句話說，**我們的大腦把孤獨和社交孤立當成對健康的危害**，所以啟動壓力反應以應對威脅。正如我們所知，當壓力反應卡在「開」的位置時，就會出現影響整個人的身心問題。

孤獨感也會在工作中造成問題。在工作中感到孤獨或孤立的員工可能表現較差、工作滿意度較低，而且倦怠的風險較高。我們來看看一些針對孤獨和社交孤立對工作生活影響的研究：

- 與人際交往密切的同儕相比，在工作場所中人際交往較少的人參與度會減少七三％，壓力增加七七％，倦怠程度增加一〇九％，孤獨感增加一五三％[17]。
- 社交孤立與所有領域的生活滿意度不佳有關，包括工作相關壓力較高和工作滿意度較低[18]。
- 孤獨的員工因病缺勤的可能性是不孤獨員工的兩倍多，因壓力缺勤的可能性是不孤獨員工的五倍多。
- 不到一半的孤獨員工表示他們能夠有效工作（四七％）以及發揮最佳能力（四八％）。相較之下，大約三分之二的不孤獨員工能夠有效工作（六四％）並達到最佳績效（六五％）[19]。
- 孤獨使人效能降低，員工越孤獨，績效評等就越低。為什麼？一項針對六百七十二名員工和一百一十四名主管的研究發現了兩種機制：第一，孤獨的員工感到與組織疏遠，對組織的忠誠度較低，這意味著他們工作沒那麼努力或表現不佳。第二，其他員工認為他們冷漠且不易接近，這意味著在工作場所的溝通和互動中，他們被排除在外[20]。

根據心理健康新創公司BetterUp最近一項關於職場關係的研究，人們需要與至少五個友好的同事建立關係，才能感受到連結和支持，要感受到真正的歸屬感則需要七個同事。然而二二%的人表示在工作中連一個朋友都沒有。這不僅不利於個人福祉（而且非常悲哀），也不利於績效，不利於協作和公司文化，到頭來也不利於盈利。社交孤立的員工更容易脫離組織目標，並且面臨更高的倦怠風險[21]。

現在回想一下我們之前討論過的ACE，也就是童年負面經驗可能帶來的無數負面影響。考考你：ACE最強大的「解毒劑」是什麼？可以抵禦ACE所有可怕的下游影響，包括心理和身體健康狀況不佳、壽命縮短、工作表現較差以及倦怠風險增加。別擔心，我不會要你回頭去查閱第二章的內容。答案是**社會支持**。你猜怎麼著？「社交療法」在此同樣有巨大的治癒效果：證據證明，支持性社交關係的正面影響甚至大過其缺失所造成的負面影響，可轉化為工作中的實際益處。

BetterUp關於職場關係的這項研究發現，努力與同事建立社交連結的員工在許多方面表現較佳：策略規劃技能提高了三四%，目標達成率提高了三四%，工作滿意度提高了二七%。當員工花時間在工作中培養更多友誼時，個人成長提高了四一%，專業成長提高了四八％[22]。

在《哈佛商業評論》的一篇文章中，研究人員和耶魯大學管理學院教授艾瑪．塞帕拉（Emma Seppälä）和瑪麗莎．金（Marissa King）指出，研究發現工作中的社會支持與較低的倦怠率、更高的工作滿意度和更高的生產力之間有明顯關聯。他們寫道，與同事建立積極的關係不僅是工作幸福感最重要的因素，讓員工感到「被重視、支持、尊重和安全」的職場社交關係，對員工敬業度也有直接的正面影響。感受到社交連結的整體結果是「更高的心理幸福感，這會轉化為更高的生產力和績效」[23]。

我訪談過的一位醫生剛從一家大型學術醫學中心退休，他表示他管理高壓力工作的兩個關鍵是能夠獲得支持，以及能夠在鼓勵坦誠溝通的文化中工作。「我很幸運，因為在我這個層級，我的團隊有非常好的支持體系，而且……我們醫院提供大量的支持。」他說高階主管團隊「非常非常平易近人。我知道每當我感覺有壓力都可以打電話找他們談，而且是誠實、透明的對話，他們不會覺得我軟弱無能。我可以攤開來談，談完做個了結，然後回去工作。」

如果你與領導階層沒有這麼坦誠相對的關係，或者你不想在工作中討論你的壓力情境，你可以在工作之外組建或加入值得信賴的支持者團體。大城市警察局長協會（Major Cities Chiefs Association，簡稱ＭＣＣＡ）這個組織為美國和加拿大七十九個最大城市的高階警官提供支援和協作的論壇。他們的年會為這些必須保護大量敏感資訊的高階警官提供了一個難得的機會，讓他們能夠坦率地與其他有經驗的人分享他們的思考過程和挑戰。幾年前我開始推動ＭＣＣＡ的年度領導力發展計畫，每一年局長們都會告訴我，加入這個組織之前是多麼高處不勝寒。在許多例子中，從這個組織開始發展的關係演變成他們習慣依賴的支持系統。二〇二一年一月六日美國國會大廈遇襲事件發生時，羅伯特・康蒂（Robert J. Contee）剛就任華盛頓特區大都會警察局局長第四天，他透過ＭＣＣＡ建立的關係網絡立即取得了支持。他告訴我：「我打電話請他們過來幫忙一六事件的每一位局長都說好，而且用最快的速度趕來。」

我訪談過的另一些人依靠信仰組織獲得個人支持。丹妮爾・奧特勞（Danielle Outlaw）從奧勒岡州波特蘭來到費城，成為第一位非裔女性警察局長時，沒幾個認識的人。一群當地婦女聯繫了她，讓她知道她們打算定期聚會為她祈禱。奧特勞局長告訴我：「我感受到並且依賴她們真誠的愛與支持。」一位醫務長加入每週祈禱小組和一小群密友輪流互相傾聽，提供指導和鼓勵。

另一位醫務長加入了一個每月聚會的專業組織，她說：「我是一個外向的人，所以我喜歡把一些問題拋出來，聽聽其他人的建議和看法。這也能幫助我應對壓力。」聚會的成員擁有專業知識，可以針對她正在經歷的壓力情境提供有理有據的意見，而且他們不是她擔任領導職務的醫院員工，因此她可以敞開心胸分享，不必擔心保密問題或越界。

有些人選擇與信任的顧問一對一合作，像是高階主管教練、導師或是人際網絡中的某個人。一位家醫科醫師說：「我找教練已經很長一段時間了。事實上，如果沒有教練，我想我會離開醫界。在某個時刻真的會需要對自己的職業生涯有更透徹的觀點，需要支持來幫助你應對壓力。」當然，還有很多非正式的管道可以建立有意義的關係，像是透過朋友、家人、人際網絡、休閒團體、社團、協會等等。一位研究參與者表示：「情緒平衡和能夠處理事情的關鍵是有意義的連結。不論你在做什麼、你有多忙，如果是和別人一起做，或者從別人那裡得到建議，你就不會感到孤立。你會做出更好的決定，壓力也會更小。」

對於倦怠的三個面向：疲憊、憤世嫉俗和職業效能下降，支持性關係都有直接的緩解作用。感受到支持和連結的員工更有可能感到精力充沛、積極主動，對工作抱持正面的態度，有更高的生產力和影響力。強大的支持性關係讓一切變得更好。我知道我之所以能夠度過工作中一些非常困難的情況，是因為我有一位相信我的上司或同事，或者他們足夠關心我，能夠在恰恰好的時機提供解決方案。不要忘記，「解決方案」可能很簡單，像是一杯咖啡、適當的回饋意見、一句感謝，或是傳一條訊息說「你行的！」

人際關係也可以是心理韌性的來源。讓我們來看看你的人際網絡，找出最能帶給你心理韌性的關係。與那些讓你感覺被重視、尊重、安心和有韌性的人建立有意義的連結，倦怠就沒有機會找上你。

練習：找出能帶給你心理韌性的關係

根據《哈佛商業評論》的一篇精彩文章，我們經常把心理韌性（從挫折中恢復的能力）視為遇到考驗時存在於我們內心的一種特質。但作者羅伯・克羅斯（Rob Cross）、凱倫・狄龍（Karen Dillon）和丹娜・格林伯格（Danna Greenberg）指

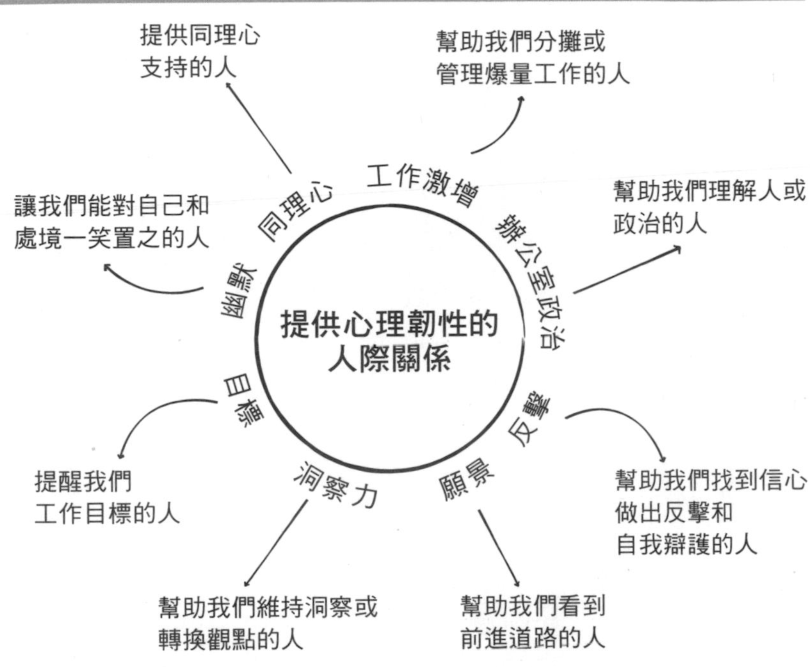

圖 5.1 心理韌性的主要關係來源[24]

出，堅強的人際關係和人脈也在很大程度上增強了心理韌性，我們確實可以透過與他人連結變得**更**有韌性。他們寫道，表現出非凡韌性的人「培養並維持來自生活許多方面的真實連結，不僅是工作，還有體育活動、志工、市民或宗教團體、讀書會或晚餐俱樂部、透過孩子而認識結交的家長群組等等」。

他們訂出了八種不同韌性關係來源，如上圖所示。

在你的人際網絡中，這八個來源當中有哪些是充足的？你需要在哪些方面加強現有關係，或尋找新的人脈來幫助你建構新的方法來變得更有韌性？

與價值觀有意義的連結

如果我要你寫下你最重視的五到十個價值觀，大多數人可能不需要太費力就能列出一份清單。但這份清單能捕捉全貌嗎？有沒有可能其中一些答案根本不應該出現在你的清單上，還有一些答案可能被漏掉了？

事實上，認識和理解我們的核心價值需要高度的自我覺察和大量的自我反思。有時我們真正的價值觀可能被我們認為**應該要**有的價值觀所掩蓋。比方說我指導的一個客戶在他的價值觀清單中寫下了「雄心壯志」、「奉獻」和「耐力」——儘管他尋求教練是因為他感到沒有動力，對工作不感興趣而且筋疲力盡。他可能真心**想要**成為一個精力充沛、幹勁十足的人，但那些表面宣稱的價值觀與他閒散順從的天性相悖，也不符合他想要用悠閒步調工作的願望。我們合作的時間越長，就越明顯看出他內心深處甚至不想要自己所擔任的領導角色。他追求這個角色是為了取悅其他人，而現在他真正的價值觀與工作要求之間的不匹配，正在將他推向倦怠的邊緣。

有很多原因可能導致我們陷入這種情況，也就是我們所實踐的價值觀無法反映真正的核心價值和真實的自我。這些情況可能是有意識和故意的，例如當某人為了獲得優勢而放棄原則（比方說為了獲得升職而誇大成就），或者因為感到壓力而不得不這麼做（比方說為了掩蓋上司的錯誤而撒謊）。價值觀衝突也可能會在不知不覺中逐漸發生，例如當我們試圖融入特定的社交團體、按照組織的價值觀塑造個人價值觀，或者像我的客戶一樣，為了實現別人對我們的夢想和期望。有時候單純只是因為我們還沒有足夠誠實地自我反思去揭露自己的價值觀。

無論出於何種原因，沒有什麼比威脅到你核心價值觀的東西更能快速推動你走向倦怠。因此不言而喻，首先也是最重要的是，你必須正確理解自己的核心信念和指導原則，知道哪些東西對你真正重要並且激勵你，哪些東西勾勒出你的目標輪廓、你要如何實現，還有你願意（和不願意）為你的工作犧牲什麼，這些都是不可少的資訊。此外，要提高工作效能**並且**避免倦怠，幾乎沒有什麼方法比讓你的價值觀與組織制定的價值觀保持一致更為有效。

因此，我們現在的任務就是要挖出事實真相，確定你真正的核心價值觀。先預告一下：這個練習將要求你深入探索。你要下的賭注很大，但是回報也很大。

練習：價值觀探索之旅

至少留出半小時的時間做這個練習，抱著踏上探索之旅的心情作答。你的自我反思越深入、越誠實，這個練習就越有效。

1 快速列出你的價值觀，記下你想到的任何東西，不要壓抑，也不要自我審查。

- 在你列出的價值觀當中，圈出對你的身分認同或信念體系真正必要的價值觀，也就是如果有人說「你不能那樣」會讓你覺得自己不是自己的價值觀。
- 圈出帶給你強烈動力或靈感的價值觀，已經圈過的價值觀也可以再圈一次。
- 反思：有沒有哪些價值觀被你圈了兩次？在你圈選的所有價值觀中，有哪些價值觀同樣適用於你的個人生活和職業生涯？

2 完成下面的句子：

我在工作中感到有靈感的時刻是＿＿＿＿。

我最愛自己工作的地方是＿＿＿＿。

我在工作中的動力是成為＿＿＿＿。

我在工作中的動力是做＿＿＿＿。

無論如何，我絕不會在工作中做的事情是＿＿＿＿。

我的工作使我能貢獻＿＿＿＿【列出具體行動、產品、服務等】，結果是＿＿＿＿【列出你和你服務的人得到的結果】。

我在工作中感到最有成就感和滿足的時刻是＿＿＿＿。

我在工作情感最投入的時刻是＿＿＿＿。

＿＿＿＿讓我想起我工作的目的或意義。（可能是你參與的一個活動，也可能是一個人。）

3 現在讓我們加碼下注，列出你死前在職業生涯中想做、想成為、想看到、想感受或想體驗的七件事。

4 列出你死前在個人生活中想做、想成為、想看到、想感受或想體驗的七件事。

5 檢查你的答案。有沒有不斷出現的價值觀？你注意到你關心什麼？對你而言最重要的是什麼？有什麼地方讓你感到驚訝嗎？此時此刻，當你反思自己的價值觀時，有何感受？

6 最後，回頭檢視第一個問題中你列出的價值觀清單。你的核心價值觀是否需要更新或升級？你會從清單上刪掉任何一項嗎？還是會添加什麼？如果有需要刪除或添加任何東西，請立即執行。

隱藏在價值觀之下的是驅動你的動機。注意觀察你的價值觀，如何透過你所做的選擇和你如何度過時間而顯現出來。如果你的選擇和行動不符合你的價值觀，想一想你可以做出哪些改變，使激勵你做出行動的核心力量與你的生活方式更加一致。

價值觀與倦怠之間的關係

你應該還記得第二章提到過，個人與其組織在工作量、掌控性、報酬、價值觀、公平、社群等一到多個領域長期不匹配時，就會發生倦怠。價值觀不匹配尤其危險，因為其影響觸及我們的核心，可以說是威脅到我們的**存在**，而不僅是**行動**。舉例來說，工作量不匹配可能讓我們感到疲憊不堪，但可以透過相對簡單的流程解決方案（比如重新分配任務）來解決問題。但是當價值觀不一致時，你被要求背棄的是對你的身分認同至關重要的東西。這就是為什麼價值觀不匹配會讓人感覺自身的存在受威脅，引發「戰鬥—逃跑—凍結」壓力反應，以及為什麼解決這些問題往往是一項複雜且耗時的工作。

價值觀不匹配一定會導致內心的緊張或混亂，以及高度的壓力——即使你還沒有完全覺察你的核心價值是什麼。如果你發現自己正在經歷倦怠的症狀，但又不確定原因，那麼很可能是價值觀的不匹配在你的潛意識下發酵。要弄清楚真相，需要一些靈魂的探索和反思，最重要的是對自己誠實。第二四二頁的價值觀探索練習可能就足以識別你真正的核心價值觀，或者你也可以與高階主管教練、諮商心理師或導師合作。

在另一些情況中，價值觀的不匹配是顯而易見的。例如被期待以違反你道德準則的方式行事，你可能會立即陷入倦怠。一位人力資源經理告訴我：「我可以應付因為處理性格衝突或行為問題而產生的壓力，這對我來說不算什麼。但是因為工作任務不符合我的價值觀而需要做出決定的時候，壓力真的很大。這是我認為最有害的壓力源。」在一個允許或忽視不道德行為如偷竊、欺騙、說謊、欺瞞、排斥異己或不公平的環境中工作，本身就會帶來壓力，會導致工作者感到不知所措、不信任、憤世嫉俗和脫節。如果你的工作場所是這樣，最好的解決方案可能就是離開。

領導力大師派屈克·蘭奇歐尼（Patrick Lencioni）曾經很高調地強調了一家得獎公司的價值觀，這家公司擁有數萬名員工，鼎盛時期的營收超過千億美元，公司價值觀是：**溝通，尊重，誠信，卓越**。聽起來很棒，直到後來這家公司爆出大規模的會計和企業詐欺，也就是知名的安隆（Enron）醜聞案。蘭奇歐尼指出，即使企業宣稱的價值觀和實際執行的價值觀之間沒有那麼極端的差異，空洞或不誠實的企業價值觀會「導致員工憤世嫉俗、意志消沉，使顧客流失，損害管理階層的信譽」[25]，製造不信任感。研究發現，價值觀與組織衝突的員工表現不佳、生產力和整體福祉下降，和價值觀與組織相符的員工相比，更有可能辭職。

下面的練習可以幫助你更清楚覺察潛在的價值觀不匹配，注意聽你的價值觀所傳達出的訊息。

練習：你的價值觀是否正在叫你快逃？

有些價值觀的不匹配是可以解決的，在它們讓你陷入倦怠並損害你的健康之前就能消除。但是，有時候價值觀的不匹配是一個警訊，正在對你大喊，要你趕緊閃人。讓我們來看看這兩類價值觀不匹配的情況。

A組：面對現實吧！

你感到**不舒服或格格不入**。

你感到**幻滅**、**脫節或缺乏連結**，但你不確定是為什麼。

你覺得有東西**缺失**、**不協調**，**或是說不上來的「不對勁」**。

你感到越來越**不安**，甚至難以忍受。

你感到莫名的**不快樂**、**悲觀或沒有動力**。

工作中有什麼地方感覺怪怪的，而你無法確切指出原因時，通常表示你的價值觀與組織的價值觀不同步。請你趁此機會面對現實，評估你個人的價值觀與工作場所實行的價值觀之間的契合程度。如果出現不匹配的情況，能否得到讓你滿意的解決方案？如果不能，也許該是離開的時候了。

B組：快逃吧！

你感到不安全。你感到身體或心理受到威脅或虐待，或工作環境無法保障人身安全標準。

你受到的對待是不可接受的。你受到不尊重、不正當或不公平的待遇。你感到被霸凌、斥責、騷擾或過度批評。

你被要求或感覺有壓力必須在道德上妥協。例如：違反組織或個人的道德標準；維持排除異己的環境；表現出不尊重、不正當或不公平的行為；忽視或掩飾其他人違反道德的行為。

如果你處於有毒、虐待或不安全的工作環境，不要浪費時間試圖倡導文化變革，不必期望有毒同事的行為會改善，也不要期待自我照顧策略會讓你的工作變得可以忍受。要顧好自己，你的首選同時也是最好的策略，就是規劃退場機制，趕快逃出這個罪惡之地。還記得平面設計師珍的故事嗎？她因為有毒的工作文化而陷入極端的倦怠，對於處於類似情況的人，她給的建議是：「第一，放下手上的事，站起來回家。第二，想像對岸一定有更好的東西等著你。」

一定有的！優先考慮你的健康和福祉，盡可能多花時間慢慢恢復。充分休息，重新連結工作之外帶給你快樂和能量的事物，包括人、地方、經驗和活動。

那麼，當我們的價值觀與組織的價值觀一致時會發生什麼事？結果之一是能夠獲得與有意義工作連結帶來的相同保護效果，可以點石成金。我們可能仍然會感受到高壓、高要求的工作所帶來的壓力，但是能深刻感受到自我價值觀的工作可以中和有毒的壓力。換句話說，與工作相關的壓力讓我們感覺是值得的，不會耗盡我們的精力、導致憤世嫉俗，也不會削弱我們的效能。深深符合核心價值觀的工作不僅有助於應對壓力，實際上還能增加能量、促進樂觀並提高績效。

凱莉・麥高尼格在《輕鬆駕馭壓力》（*The Upside of Stress*）一書中講述了九〇年代的一項經典研究，研究人員讓史丹佛大學的學生在寒假期間每天寫日記。一組學生被要求寫下最重要的個人價值觀，並描述日常活動如何與這些價值觀連結。另一組學生被要求描述發生在他們身上的正面事件。研究人員發現，第一組學生返回學校時身體狀況更好，精神也更好。他們的結論是，被要求在日常活動中看到最深層價值觀的學生，經歷了一種觀念上的轉變，麥高尼格寫道：「寫下價值觀幫助學生看到了生活的意義，壓力經歷不再只是需要忍耐的麻煩，而變成了價值觀的表達……本來可能令人惱火的小事變得有意義。」

此後有近百項研究得出了類似的結論，麥高尼格的總結是：寫下你的價值觀是「有史以來研究過的最有效的心理介入措施之一」。從短期來看，寫下自己的價值觀已被證明可以讓人們感覺更強大、更有掌控感、自豪、堅強、充滿愛心、與人連結、對他人更有同理心，可以提高疼痛耐受力，增強自我控制能力，減少壓力經歷後無益的反芻（rumination）。從長遠來看，寫下價值觀已被證明可以提高學業成績、減少看醫生的次數、改善心理健康，對於從減肥到戒菸、減少飲酒等各方面都有幫助。令人難以置信的是，即使只花十分鐘寫一次價值觀，也會對我們的心態產生正面影響，而且影響可以持續幾個月甚至幾年。

這種效果為什麼如此強大且持久？部分原因是提升了自我效能：史丹佛大學心理學家喬弗里．寇韓（Geoffrey Cohen）和大衛．薛曼（David Sherman）發現，當我們與自己的價值觀有深厚的連結時，更有可能相信我們可以透過努力或他人的幫助改善我們的處境。這種心態使我們不太可能採取逃避的因應策略，像是拖延或否認，而更有可能採取積極的行動。與價值觀有深刻的連結也使我們更有可能把正在經歷的逆境視為暫時的，不太會把問題的責任攬在自己身上，認為是自己有什麼地方不夠好。用麥高尼格的話來說就是：「當你反思自己的價值觀時，你告訴自己的關於壓力的故事會改變。你會看到自己是堅強的，能夠從逆境中成長。你變得更有可能迎向挑戰而不是逃避，也更能在困難的情況中看到意義。[26]」她總結道，記住你的價值觀並與其保持連結「有助於轉化壓力，使壓力從違背你意願並且超出你控制範圍的事情，轉變為邀請你實踐並且深化你重視的優先事項。[27]」

二〇二〇年夏秋，正逢疫情高峰和一連串反警察抗議升級為暴力衝突，我恰巧在這段時間內深入訪談了許多具有倦怠免疫力的警察局長。讓我印象深刻的是很多局長告訴我，儘管這是他們職業生涯中壓力最大的時期，但他們從未像現在這麼有動力去認真應對警察部門面臨的挑戰。一位局長說：「我覺得我生來就是為了這一刻。」另一位說：「這就是我訓練了這麼久的目的。」那段時間我訪談的三十五位局長當中，只有一位考慮辭職，儘管很多人已經有資格退休，隨時可以離開。其中一位局長說：「現在比以往任何時候更需要強有力的領導，我不會讓我的人獨自面對問題。」

舊金山警察局局長比爾．史考特（Bill Scott）甚至指出了這段極具挑戰性的時期產生的正面影響。他說：「其實我感到充滿活力，而不是灰心喪氣。我很看好前景。我們只需要傾聽——同理心是關鍵。我們需要真正認識到我們如何影響人們，真正聽到人們對我們說的話。受到批評的時候，專注於我們的價值觀讓我能繼續前進。」

史考特局長也始終以他的價值觀指導他的行為。他解釋說：「價值觀決定了你做事的方式。」所以，如果你是一個有同情心的人，你對人的同情就會體現在你的警務工作中。如果你尊重人、尊崇生命，這些價值觀將展現於你與所服務人士的所有互動中。他還說，在壓力很大或情緒緊張的時刻，堅守核心價值格外重要，這些核心價值包括服務、尊重、欣賞多樣性、遵守政策和法律。史考特局長說：「我真的相信，無論你的價值觀體系中被灌輸了什麼東西，都會在壓力下顯現出來。」因此，如果你的道德指南針已經設定好，你被設定去做正確的事，你一定會本能地去做正確的事情。他說：「我在這裡是為了工作，是為了服務人民。我的價值觀確實決定了我如何完成這項工作。」

價值觀為我們提供了安全的港灣。當我們面對批評或承受壓力，權衡某個決策的利弊，或者不確定下一步行動時，價值觀是我們可以落腳的堅實基礎。價值觀形成了一個框架，決定了我們是誰、我們想要如何行動以及我們認為什麼是有意義的。

朝氣蓬勃、敬業且高效

二〇二三年春天，我與羅伯特・盧納警長重新取得了聯繫。我們已經兩年半沒有通話了，我很好奇他的新職責適應得如何，我只能想像這個職位比他以前擔任警察局長的工作更有壓力。

事實證明情況比我想得更糟。盧納在「非常激烈」的初選中擊敗其他七名候選人，接著要在選戰中打敗尋求連任的洛杉磯郡現任警長，經歷募款和競選活動的種種嚴格考驗，這是他以前從未面對過的獨特壓力。他遭受了競爭對手支持者的激烈（有時甚至是惡劣）反對，包括好幾個副警長認為他是外來者，強烈抵制變革。最終他以穩健的優勢取得勝利，但他接手的部門「一片混亂」並深陷醜聞，他全力剷除部門內拉幫結夥的副座，導致結下許多仇敵。似乎這一切還不夠，盧納領導的組織從一千四百人的警察部門，一躍成為一萬八千人的組織，還要負責管理全美國各郡中人口數最多的郡監獄（約一萬四千人）。

前方的工作是如此艱鉅、壓力如此之大，以至於盧納自己的朋友都不希望他去做。他告訴我：「我在這個世界上最好的朋友說：『嘿，我完全反對這件事。我愛你，我不想看到你在四年內死掉。』」我從之前的談話中知道盧納有非凡超卓的情商，但是聽他說了這份工作的內容還是讓我擔心不已。**有誰**能夠處理這種程度的壓力呢？

盧納說：「你**必須**擔心你將要承受的壓力，因為如果你不擔心，就不會採取任何行動。」他採取積極主動的方法對抗壓力，包括定期運動、健康飲食、充足的睡眠和祈禱這些緩解壓力的「基本功」，並且比以往任何時候更依賴人際關係的支持。他說：「很多事情都跟圍繞你的正確人選有關，那些能帶給你正能量的人。每當事情變得複雜時，我會找人談，我的妻子、家人、女兒、兒子、牧師……確保我在處理所有正在發生的事情。每星期我和最好的朋友最少會談個一到兩次，還有一位我曾經共事過的先生，每星期至少談一次。我更加依賴身邊的人，而且我做了很多授權。」

正如我之前在他身上觀察到的那樣，也如同其他許多受使命感驅動的領導者，盧納深刻的使命感在壓力升級時給了他更廣闊的視野，提醒他為什麼要做這麼艱鉅的工作。他參加競選成為警長，領導如此龐大、複雜且問題重重的組織，是因為感受到改革的迫切需要。他說：「這不是我一個人的事，甚至不僅僅是郡警局的事。這已經成為一種使命，讓郡警局重新回歸專業警務的行列，讓他們再次成為這個國家的領導者，而不是繼續走他們現在走的這條不好的道路。」盧納最好的朋友起初試圖勸阻他參選，但是在聽說挑戰的部分內容後，受到盧納的使命精神感召，轉為在整個競選過程中支持他的朋友。

盧納說：「說到底，當我在晚上獨自祈禱時，終極目標是反思我們所做的事，以及我需要做些什麼才能變得更好。很多事發生在我來到這裡之前。現在我能做什麼好向前邁進？然後我必須明白我個人對所發生的事情有多大的控制權，以及有哪些進行修正的流程已經就緒，這樣我就不會搞得自己或是底下的人壓力很大。只要不把自己弄得緊張兮兮，我就可以開始朝著目標努力。」

有意義的連結是讓你獲得倦怠免疫力的超能力，三種有意義的連結，分別是與你相信的工作連結，為你提供能量和支撐；與你周圍的人連結，讓他們支持你、鼓勵你、使你負起責任；與你真正的核心價值觀連結，讓它們永遠照亮你前進的道路。這些連結的力量合在一起可以大幅消除工作相關壓力，否則這些壓力會很可怕，甚至是有害的，不僅如此，還能把壓力轉化為動力，讓你朝氣蓬勃，敬業樂群，效能遠遠超出獨自一人單打獨鬥。

Chapter

6

獲得倦怠免疫力的四種關鍵心態：

信念如何成就或摧毀韌性

我們每個人都透過一個獨一無二的專屬濾鏡去體驗和理解這個世界，這個濾鏡由我們內在的假設、偏見和信念所塑造，會影響我們的自我認知、互動、價值觀、關心的事物、有動力去做或不做什麼、態度、習慣、對可能和不可能的信念，甚至是我們對現實的看法。它對於我們如何面對生活以及如何應對生活中的挑戰至關重要，可以說是一切事情的成敗因素，從學習新語言到發展事業，從疾病康復到克服逆境，從追求一段新的關係到修復破碎的關係，都與其脫不了關係。考慮到它涉及我們所相信、感知、做的一切和追求的一切，可以毫不誇張地說，它是最基本的因素，決定我們是否擁有我們認為的美好生活。

上面所說的濾鏡就是我們的**心態**，事實證明這一套無形的內在信念是決定人生結局最強大的力量之一。史丹佛大學心理學家卡蘿．杜維克（Carol Dweck）博士寫道，心態「滲透你生活的**每一方面**……深刻影響你的生活方式。心態可以決定你是否成為你想成為的人，以及你是否實現你重視的事物。[1]」

由於影響如此重大，所以我們的心態必須朝向積極、成長，支持我們得到幸福並充分發揮潛力，這一點非常重要。研究人員和心理健康專業人士早已知道心態的力量，但杜維克讓這個問題受到更廣泛的關注。她對心態的開創性研究根植於所謂的「內隱智力理論」，也就是人們對自己的能力來自何處的基本內在信念。杜維克觀察到，有兩種主要的心態反映了人們對自己能力的信念：**固定型心態**（fixed mindset）的人，相信他們的能力是天生、不會改變的，出生時的智力或天賦會維持一輩子不變。第二種心態是**成長型心態**（growth mindset），相信能力受到選擇和行為的影響，並且會隨著時間改變。有這種心態的人相信透過訓練、教育和練習，可以增強生來具備的才能和傾向。

正如杜維克本人指出的那樣，這樣的分類是有幫助的，但不可忘記的是，在現實生活中，人們處於連續的光譜上，沒有人會是全部時間都保持百分之百的固定型或成長型心態，倒不如說這兩種心態分別位於連續光譜的兩端。所以更準確的說法是使用光譜內的一個範圍，例如固定、低成長、高成長，或者我更偏愛的說法是，某人傾向成長型比較多或比較少。

無論你處於光譜的哪個位置，都可以看到心態如何在大大小小的事情中支配行為。如果你相信自己生來就沒有音樂天賦，而且沒有什麼可以改變這一點，為什麼還要費勁去上鋼琴課呢？讓那些天生有音樂才能的幸運兒去學就好了。反過來說，如果你相信自己可以透過上課、優秀老師的指導和大量練習成為有能力的鋼琴家，那麼你最終可能可以在家裡為朋友和家人演奏，或者如果你有強烈的願望也足夠努力，最終可以登上卡內基音樂廳為聽眾演奏。再舉一個例子，假設工作中有個案子激發了你的興趣，但是需要學習一項新技能，固定型心態的人就會自動否定——學習新事物的壓力太大，風險太大。然而擁有成長型心態的人會願意接受新的挑戰，即使這些挑戰感覺有困難、有壓力或有風險。現在讓我們提高籌碼，假設這不僅是一個專案，而且是一個晉升的機會，這一把玩大一點，回報也會很大。你應該已經猜到情況會怎麼發展，固定型心態的人會更不情願參賽，而成長型心態的人則更有可能接受這個機會作為一個受歡迎的挑戰。

這就是心態與倦怠交集之處。心態決定了我們如何接受資訊並將其分類為有壓力或無壓力，以及我們是否認為壓力總是有害的，或認為壓力可能有幫助。固定型心態是一種匱乏的思考模式，而匱乏的生活在本質上是充滿壓力的。杜維克寫道：「如果你相信你的特質是刻在石頭上不可改變的，這會讓你一次又一次迫切想要證明自己，因為既然你的智力、性格、品德都是固定的，有一定的量，那麼你最好證明你擁有的量是充足的。[2]」從限制和匱乏的角度出發，不斷需要證明自己，這是一種充滿壓力的生活方式，這樣的壓力會使我們筋疲力盡，奪走我們的希望，削弱我們的效能。在工作環境中，如果不加以控制這種壓力，就會使我們陷入倦怠。

另一方面，成長型心態是一種具備可能性和潛力的心態。杜維克寫道：「在這種心態下，你拿到的牌只是發展的起點。[3]」她指出，這並不意味著成長型心態的人相信如果他們付出足夠的努力，就有可能成為下一個貝多芬；而是意味著他們不相信自己的全部潛力僅限於手上拿到的牌。努力工作或學習新事物可能帶來暫時的壓力，但就像與工作、人際關係或價值觀有意義的連結可以改變我們對壓力的主觀體驗一樣，成長型心態把有害的壓力轉化為振奮人心的挑戰，而不是危險的威脅。這種壓力是短暫、可控制的，處理這種壓力實際上會**增強**我們的能量、樂觀情緒和效率，這本身就是預防倦怠的一劑特效藥。

可想而知，具有倦怠免疫力的人更常站在光譜的成長型心態那一端。（事實上，我甚至可以說，固定型心態和倦怠免疫力無法共存。）但是當我回顧整理從具有倦怠免疫力的人當中得到的資料時，我注意到一個有趣的模式：四種不同的成長心態**亞型**不斷出現，或者也可以稱之為**子類型**或**副型**。這些心態似乎不僅使這些人特別擅長管理工作相關壓力，而且使這些工作者能夠化壓力為優勢，我稱之為獲得倦怠免疫力的四個關鍵心態：

1 積極展望的心態——幫助我們在壓力經歷中看到好的一面。

2 壓力是助力的心態——幫助我們把壓力視為有益而非有害，看到我們可以從壓力經歷中學到什麼東西，以及運用這些東西。

3 僕人式領導的心態——幫助我們聚焦於我們的工作為何重要，以及對誰重要。

4「覺察與關懷」的心態——幫助我們體認到，僅僅覺察壓力如何影響我們是不夠的，我們還需要關心自己，照顧自己。

在本章中，我將向大家展示如何培養這些關鍵心態，以及如何在你的團隊和同事中鼓勵這些心態。但在我們開始之前，先解決一個大家關心的問題，在我的課堂和研討會上總是會出現這個問題：**真的**可以從固定型心態轉變為成長型心態嗎？尤其是當你「被釘死」在光譜上固定型心態的這一端，我的一個學生說他「幫朋友發問」時這樣形容。

答案是絕對可以，就像你可以在生命中的任何時刻獲得倦怠免疫力一樣。請記住，心態雖然重要，但是歸根究柢，心態就是你的信念。你是否對你曾經真正相信的事情改變過看法？大家一定都有過這種看法改變的經驗。只要付出一點努力，持續練習應用，心態也是可以改變的。接下來我將向大家介紹能夠發揮極大影響力的實用策略，現在就可以開始轉變你的心態，從限制和匱乏轉變為潛力無限。

積極展望的心態

讓我們從積極展望的心態開始談起，在我所有研究中最一致的一大發現就是：具有倦怠免疫力的人普遍擁有強烈的積極展望。積極展望確實一次又一次被證明是對抗倦怠的強力保護因素。

不過，首先讓我們弄清楚「積極展望」的含義，並**不是**擺出一副笑臉或「永遠樂觀」，而是一種特定的情商能力，屬於自我管理的領域。根據丹尼爾・高曼和理查・波雅齊斯的情商能力模型，積極展望的定義，是能夠在人們、情況和事件中看到積極的一面，以及儘管遇到障礙和挫折仍然堅持追求目標的能力[4]。具有積極展望的人所表現出的具體情商行為包括：

- 更常看到人、情況和事件的積極面，而不是負面。
- 相信未來會比過去更好。
- 滿懷希望地看待未來。

- 看到的可能性多於問題。
- 看到的機會多於威脅。
- 看到困難情況的積極面。

談到倦怠免疫力時，有四個主要元素能夠點燃並保持積極展望：正向情緒、自我效能、樂觀和希望。下面我們將一一探討，你會注意到相當多的重疊之處，這是因為這四個元素攜手並進，相互加強；這是個好消息，因為只要你把精力投入到這些元素中的**任何一個**，都意味著你正在全面培養積極展望。

正向情緒

積極的展望根植於體驗到積極正向的情緒。社會心理學家芭芭拉・費德瑞克森（Barbara Fredrickson）提出了一種非常有影響力的正向情緒理論，稱為「擴展與建構理論」（Broaden-and-Build Theory），對倦怠以及如何避免倦怠有著極為深刻的意義。該理論認為，負面情緒通常會**縮窄**我們的思想和行為：例如恐懼的經驗會把我們全部的注意力吸引到讓我們感到害怕的威脅上，使我們的行動集中在避免或消除威脅。相對地，正向情緒（例如喜悅、有趣、滿足和愛）**拓寬**我們的思想和行為，使我們能夠獲得更廣泛的觀察和見解，並且能夠以更開闊和靈活的方式做出回應。舉例來說，有趣的經驗「引發探索的衝動，讓我們想要吸收新的資訊和經驗，並在此過程中擴展自我」，這就是理論中的**建構**部分。費德瑞克森說，心態擴展後，建構了新的身體、心理、社會和智力資源，這些資源帶來長期的好處，在激發這些反應的正面情緒消散很久之後依然存在。她說：「透過正向情緒的體驗，人們轉變了自己，變得更有創造力、知識更豐富、更有韌性、更融入社會也更健康。[5]」

擴展與建構理論的後續研究也表明，體驗和表達正面情緒的人能夠更有效應對慢性壓力（倦怠的主因之一）和其他負面經驗。他們能夠從問題中退一步，獲得更寬廣的視野，換句話說，可以從多個不同角度去看問題，從而找出多種可能的解決方案[6]。研究人員還發現，正向情緒和開闊的思維會交互影響，隨著時間的推移產生「螺旋式上升」，人們的應對能力越來越好，整體幸福感顯著提高[7]。費德瑞克森總結道，在自己和他人的生活中培養正面情緒不僅讓人感覺良好，而且「讓人們變得更好，讓他們走上充實幸福和健康長壽的道路[8]」。

你可以看到我們正在描述一種與倦怠互不相容的狀態。有心理韌性、資源豐富、生活充實、能夠應對壓力的工作者不會面臨倦怠的風險。正向情緒提供了一條途徑達到這種令人羨慕的狀態，為我們注入活力，提高我們的參與度，拓展我們的視野，激勵我們採取行動，變得更有效能也更有韌性。

公司組織已經開始注意到正向情緒的益處。為了因應醫療保健專業人員日益升高的倦怠率和流動率，梅約診所（Mayo Clinic）發起了一項增加工作場所歡樂的新措施。對他們來說，防止倦怠確實可能攸關生死，他們指出：「倦怠導致員工敬業度、患者體驗和生產力下降，並增加工作場所事故的風險。員工敬業度下降與患者照護品質下降（包括安全性）相關，而倦怠會限制照護提供者的同理心——同理心是以人為本的有效照護一大重要成分。[9]」

因此他們把歡樂納入組織策略，其後他們不僅注意到，**即使在疫情期間**，倦怠依然減少、員工的工作滿意度提升，而且他們的努力也證明了，增加歡樂許多最有效的方法既簡單又便宜，甚至免費。比方說有一項新措施是鼓勵「匿名善行」，員工為其他部門的人留下善意的小禮物，並附上說明，描述他們如何為梅約的使命做出貢獻。另一項措施是設置一台流動推車，裝滿乾淨的手術服，供有需要的人取用。有一項措施是每週六早上為外科醫生提供熱咖啡[10]。還有一項措施是透過「正面八卦」表達讚賞：員工開始在某人耳邊說同事的好話，讓這種正面的言論在整個團隊中傳播[11]。

他們學到的關鍵見解之一，就是必須從工作中移除「摧毀歡樂的因素」。他們列舉的「歡樂殺手」例子，恰巧是眾所周知的倦怠因素，這並非巧合，包括使人們與他們的價值觀分離、上司搶功勞或推卸責任、指派無意義或無目的的工作、不允許員工對自己的工作方式有發言權。另一個關鍵見解是一個簡單的真理，值得一再強調：「用善意培養歡樂必定會成功」[12]。

我訪談過的一位醫學研究者是這樣說的：「我認為這就是避免倦怠的方法，就是與他人互動，並且問自己『怎麼樣和別人一起做一些積極的事情？』不必是那種能夠贏得諾貝爾獎的大事，有時候只是跟別人一起做的一些小事。我認為，身為人類，我們確實想要與彼此建立連結。」數十年來的研究也顯示，在工作中受到讚揚或感激，可以減少倦怠、缺勤和人員流動，有助於創造讓人們感覺受到重視並且願意留下來的文化，讓給予者和接受者都感覺良好。

自我效能

職業效能下降是倦怠的標誌跡象之一，當我們感覺自己正在喪失效能，沒有發揮最佳表現時，就會進一步加劇倦怠帶來的情緒耗竭，以及對工作的負面情緒。這是一個惡性循環，當你感到精疲力盡和灰心喪志時，很難逃脫這種循環，這就是我們在第二章中討論過的「低效能」狀態。

另一方面，自我效能是與低效能對立的健康狀態，是相信你有能力處理壓力情境和要求，可以稱之為「高效能」或「我做得到！」的心態。自我效能本身就是一種以成長為導向的心態，自我效能感高的時候，你相信你對情況有合理的控制，換句話說你能夠改變情況、改善情況。這裡說的情況可能是一種內在的狀態，比方說你能夠使情緒從負面轉變為正面，或者你能夠凝聚動力去完成任務，即使那是你很不想做的事情。或者也可能是外在的情況，比方說你可以培養技能、協助改善組織文化、安排更好的時間表，或是換工作。說真的，可以是任何事，關鍵在於你**能**採取行動，你相信你的行動是有效的。換句話說，你擁有能動性和自主權，有信心知道能實現你的目標。自我效能感很高時，你的觀點幾乎肯定是正面積極的。

舊金山警察局局長比爾・史考特表示：「我有一個核心信念，那就是總有機會做出積極的改變。這種信念總是在我們處於一連串危機循環時助我脫困。當你擁有積極展望並且聚焦於可能做到的事情時，你對壓力的感受和你做出的結果都會發生很大的變化。」史考特的整個心態都是正面積極的，不僅保持積極的展望，而且他預設的出發點是一定可能做出積極的改變，並且相信他有能力實現這種改變。這就是工作中的高效能心態。

樂觀

樂觀跟自我效能一樣，本身就是一種成長向上的心態。樂觀的人相信，整體而言生活中正面的事多於負面的事，期望好的結果多於不好的結果。這並不是說他們不會經歷挫折、失望，甚至悲劇，但是遇到這些情況時，他們相信事情最終會好轉（也就是說，負面事件及其影響是暫時的），而且他們更傾向把負面事件的源頭歸咎於外部因素，而不是假設錯在自己。他們的積極展望使他們能夠以更強的韌性和更少的壓力去應對負面事件。無論是工作、健康到人際關係等任何領域，你會發現樂觀者比悲觀者過得更好。研究顯示，樂觀的態度可以提高創造力、生產力、壓力管理、問題解決能力、身心健康、學業成績、整體成功和生活滿意度。

樂觀甚至已被證明可以延長壽命。一項關於樂觀和長壽的大型全面研究發現，最樂觀的研究參與者最有可能達到「超長壽」，亦即活到八十五歲以上（女性有機會高出五〇%，男性高出七〇%）。為什麼會這樣呢？首先，強力的證據顯示，樂觀者會從事健康的行為（例如健康飲食和足夠的運動），避免不健康的行為（例如吸菸和過量飲酒）。但研究人員也發現了一些心理社會因素，可以更全面地解釋為什麼樂觀有如此深遠的正面影響，這些發現是倦怠免疫力的寶礦。

他們觀察到，樂觀者對急性壓力源的情緒反應較少，恢復速度也較快。遇到困難時，他們更有能力透過認知手段調節情緒，例如把情況重新定義為挑戰而不是威脅，或是透過改變自己的行為來調節，例如為了長期目標而拒絕眼前的獎勵。樂觀者往往以目標為導向，有信心實現目標，比悲觀者更能有效解決問題，而且有能力在必要時調整目標[13]。情緒調節、心理韌性、自我效能、對壓力的挑戰反應、認知和行為彈性……這些結合在一起，你就得到了一個幾乎堅不可摧的防倦怠盾牌。

心理韌性專家凱倫・賴維奇（Karen Reivich）和安德魯・夏特（Andrew Shatté）的研究表明，樂觀、心理韌性和自我效能之間存在協同效應。他們寫道：「有韌性的人是樂觀的，他們相信事情會變得更好，對未來充滿希望，相信自己能掌控人生的方向。[14]」這就是自我效能，源自成長型心態。他們還說：「樂觀與真正的自我效能結合，就成了一大恩賜，因為樂觀會激勵你尋找解決方案，持續努力改善你的處境。[15]」

賴維奇和夏特把樂觀分為兩種，一種是現實樂觀，一種是盲目樂觀（就像小說中描寫的少女波麗安娜**註1**）。他們說：「盲目樂觀的人可能根本得不到任何優勢。事實上，不切實際的樂觀可能會導致人們忽視需要做好應對準備的真正威脅。」舉例來說，如果盲目樂觀者被診斷得了重病，可能會告訴自己沒什麼大不了，一定會沒事的，因此忽略了他們需要的醫療護理。但現實的樂觀者會承認自己病情的嚴重性，去獲取康復所需的幫助，同時仍然保持希望，期待完全康復。需要注意的是，除非採取行動，否則不管是**相信**完全康復

1 編註：美國暢銷童書《愛少女波麗安娜》（*Pollyanna & Pollyanna Grows Up*）的主角。

的可能性或**康復本身**都是不可能的。這就是真正的自我效能在發揮作用，增強了心理韌性。賴維奇和夏特評論道：「所以說，韌性和成功的關鍵，就是擁有現實的樂觀態度加上自我效能。[16]」

人們總是想知道樂觀是否可以習得；答案是肯定的。賓州大學教授馬汀・塞利格曼（Martin Seligman）博士被尊為正向心理學之父，諷刺的是，他的研究最初關注的是**習得性無助**（learned helplessness），這種狀態發生在一個人反覆經歷負面的壓力事件後，導致他們相信自己無法改變自己的處境。換句話說，他們處於長期慢性壓力狀態，把他們推向光譜上固定型心態的那一端，逐漸失去自我效能感。但塞利格曼注意到，有些人儘管面對許多壓力和負面事件依然保持樂觀，不會出現這種習得性無助的狀態。他開始好奇如何才能培養這種樂觀的心態，之後他對習得性樂觀（learned optimism）的研究催生出了心理學的一個新分支。

我強力推薦塞利格曼的經典著作《學習樂觀・樂觀學習》（*Learned Optimism: How to Change Your Mind and Your Life*），這本書提供了大量實用的建議，教你如何變得更加樂觀（從而更快樂、更健康），但你可以立即開始練習習得性樂觀，這個方法的核心是學會把你的想法從負面轉為正面。負面思維是一種習慣，所以首先你需要用自我覺察注意負面想法何時占了上風，然後運用自我管理技能，以正面的想法取而代之。

舉個例子，想想看一個極其常見的思維陷阱：貼標籤，把單一屬性或事件概括為全部，例如把「我沒寫完考卷」概括為「我是一個失敗者」。很酷的地方是：**光是察覺**到你有負面想法，就已經開始使心態從悲觀轉變為樂觀，自動減輕你的壓力。想法是短暫的，不一定是真實的。當你意識到這只是一個想法，而不是現實的可靠指標時，你就開啟了樂觀和自我效能的可能性。沒寫完考卷真的意味著你是個徹頭徹尾的失敗者嗎？不，並非如此！真正的事實是你時間不夠，僅此而已。這種新的想法把責任從你身上轉移到外部環境，從而緩解了壓力。現在你有更多的空間進行樂觀的思考：「時間不夠，但是其他部分的答案我都寫對了。」「沒錯，我的時間不夠用，但是現在我知道了考試的格式和要求，下次我會做得更好。」「這只是一次考試，一次考試並不能說明我是成功還是失敗。」

我訪談過的一位醫務長在處理一連串醫師的行為問題後，發現自己陷入了悲觀的漩渦。他說：「我開始忘記另外九七％的人都很棒，因為我面對的全都是那些三％的壞人。」於是他開始練習積極的心態，以此開始和結束每個工作日。他說：「每天開始工作前我會刻意去思考，找出我所做的事以及我打交道的那些人的積極面，而不是把目光放在消極面。每天結束時我會盤點一下：『有哪些好事？』」學習變得更樂觀確實需要努力和堅持，但是絕對值回票價，對你以及與你一起工作的每個人來說都是如此。

希望

正向心理學研究者瑞克．史奈德（Rick Snyder）教授開創了希望理論，包含三個組成部分：

1 **目標：**擁有你感到投入的目標，例如擁有一個充滿愛的親密家庭，或在工作中取得成功。

2 **能動性：**相信自己有能力達成目標並克服沿途的障礙（自我效能）。

3 **途徑：**尋找多種可能的途徑去實現目標，並且積極努力去做。

史奈德及同事發現，擁有希望感與一些更好的結果強烈相關，包括學業成績更高、運動表現更佳、更健康（透過疾病預防以及疾病或受傷時恢復能力更強）、疼痛耐受力更高、應對技巧更好、更高的信心、更牢固也更具支持性的關係，以及生活有意義的感覺。相反地，希望感低落的人在以上每個指標的表現都更差，焦慮的比例更高，適得其反的反應如自憐、反覆思考和逃避的比例也更高[17]。希望理論告訴我們，感到絕望的人更容易感到缺乏能動性（亦即低自我效能），這會導致目標受挫，進而引發負面情緒。

你可以想像，這樣的人也更容易倦怠，這種模式在各行各業都可以見到。絕望感很高的醫生在疲憊和脫節感的得分也很高，這是倦怠的兩個主要組成部分[18]。一項針對兒童福利工作者（這個職業的倦怠率和流動率都很高）的研究發現，希望和心理韌性都可以防止倦怠，但希望具有更強的抗倦怠效果[19]。在競技運動員中，研究發現，低希望對倦怠三要素均有顯著影響。這項研究還觀察到，低希望運動員因未實現目標而感到沮喪和缺乏能動性，是倦怠的風險因素，而保持希望的能力則與整體健康和福祉有關[20]。

希望如此強大，部分原因是它影響我們的神經系統。作家暨研究者安妮．麥基指出，當我們感受到希望時，壓力反應就會減弱，導致呼吸減慢、血壓降低、肌肉沒那麼緊張，免疫系統增強。這些生理上的好處都有助於管理情緒。麥基寫道：「充滿希望時，我們能夠更好地運用知識和智慧，運用我們的情商，仰賴我們的直覺。我們更加開放，願意考慮新的、不同的方式去實現目標，並且有足夠的情緒資源去應對挑戰和問題。」此外，希望能激發勇氣，讓我們敢於冒險。當這些風險得到回報時，我們感到更勇敢，更能掌控自己的命運[21]。麥基總結道，希望可以激發能量、創造力和韌性，讓我們能夠駕馭複雜的事物、應對壓力、確定優先順序，找到生活的意義。希望激勵我們實現潛能[22]。

關於希望，我想說的最後一件事，可能是最令人充滿希望的一項觀察，來自擴展與建構理論的創始人芭芭拉·費德瑞克森：「正面情緒大多產生在你感到安全和滿足時，但希望是個例外。希望在你處境嚴峻時，像是事情進展不順利，或者結果存在很大的不確定性時發揮作用。正是在這種看似很有可能失望或絕望的時刻，希望會出現。[23]」希望是抵禦絕望的避難所，賦予我們在艱難情境中相信我們**能夠**堅持下去的心態，以及堅持的勇氣和能量。

如何培養積極展望的心態？

擁有積極的展望，就是讓你的心態和注意力集中在這一條信念：無論這一刻多麼困難，事情一定會變好。你可以用下面幾個方法開始培養更積極的展望。

1 **訓練自己從過去的經驗中找到有幫助的東西**。當負面記憶出現時，尋找其中的正面因素。你從那次經驗中學到了有用的東西嗎？從中能找到讓你感激的事嗎？或者這個負面事件有沒有可能讓你得到優勢或新的技能？無論有什麼正面的地方，緊緊盯住正面之處就對了。

2 **記住，困難時刻只是暫時的**。這只是時間長河中的一刻，很快會過去。

3 **刻意用正面的態度開始新的一天**。一位副警察局長發現他早上最先看到的圖像會影響他一整天，所以他每天早上第一件事就是找出快樂的圖片和影片，而不是立即打開新聞觀看那些負面報導。在重要會議或其他有壓力的活動之前，他會與團隊分享這些快樂的內容，營造出積極正面的氛圍。

4 **在工作日中注入微劑量的正面情緒**。在我當顧問的日子裡，有時候我們會自行宣布下午三點下班，然後帶整個團隊出去打保齡球或撞球。我們還會做一些愚蠢的小事，像是懲罰遊戲，如果有人用了被過度使用的任何一個顧問行業術語，就要請大家喝咖啡。在專案最具挑戰性的階段，這些小舉動有大大的幫助，可以減輕壓力，增加連結、感恩和士氣。

5 大笑一場。幽默是增加正面情緒的可靠方式，所以請隨時準備好搞笑的迷因和梗圖，或者安排與風趣的同事共進午餐。

6 積極規劃更正面的未來。在腦海中描繪出你真正想要的東西，然後寫下讓你更接近夢想的具體步驟。如果可以的話請制定備案，以便在旅程中某個步驟被證明不可行時，有可以替代的方案。計劃更美好未來的人更有可能使夢想成為現實。

7 專注於你能控制的事，而不是你不能控制的事。老是想著無法控制的事物會削弱希望和樂觀。從頭到尾牢牢盯緊自己能控制的事情，這會增強你的自我效能。

8 讓自己被正能量的人包圍。情緒傳染是培養正向心態的絕佳資源。正向的人際關係還可以幫助你應對壓力，讓你充滿動力。

壓力是助力的心態

我的研究揭露了具有倦怠免疫力的人與壓力有著特殊的關係，他們不會害怕、畏懼或躲避壓力，當生活中不可避免一定會有的壓力來臨時，也不會做出衝動的反應。若要總結他們對壓力的整體態度，我會稱之為「樂觀接受」。他們的想法是：「壓力總是會發生，所以我不妨嘗試充分利用。」一些具有倦怠免疫力的人甚至**期待**工作中的壓力經歷。別誤會，他們不是受虐狂，只是對壓力抱持異常樂觀的態度，擁有「壓力是助力」的心態。

他們表現出的具體情商行為包括：

- 相信每一個新的壓力源都提供了學習、發展和進步的機會。
- 主動尋找能夠「延展自我」的機會，知道這些機會具有挑戰性甚至非常困難，但是能夠提升自己的能力。
- 看重挑戰的價值，認為挑戰給人帶來活力而不是消耗精力。
- 把壓力源視為挑戰，而不是威脅。
- 能夠應對學習曲線和不確定性所帶來的不安。
- 相信壓力會使人成長和進步。

這些聽起來是不是很熟悉？因為「壓力是助力」的心態，與上面的積極展望心態，還有我們在第三章學到的對壓力的挑戰反應，有許多相似之處。（當然啦，需要有成長型心態才能把壓力視為有益的，也才能擁有樂觀接受的態度。）不過，「壓力是助力」的心態和前兩者還是有不一樣的地方，包括態度和效果：具有這種心態的人歡迎壓力經歷，因為他們相信在處理最大、最棘手的壓力源時，能夠得到最重要的學習和成長經驗，而這種信念會促使事情如此發生。

當我講解這種心態時，常常會有人反駁說，即使從長遠來看壓力會產生好結果，但是再怎麼樣，壓力總是讓人不愉快，在最壞的情況下甚至真的有害，所以如果可能的話不是應該要避免嗎？如果一個人有才華又有能力，**真的**需要壓力來推動學習、成長和進步嗎？

這些問題很合理。大多數人不喜歡壓力經歷，這是有充分理由的。但請記住，具有「壓力是助力」心態的人並不是屏息期待壓力情境的到來，也不是真的樂在其中。但他們不會浪費時間去害怕壓力、試圖擺脫壓力，或者擔憂壓力何時出現、以何種方式到來或如何到來。相反地，他們認為壓力充滿了好的潛力，而且關鍵是，當壓力真正到來時，他們會有效利用。請記住，他們之所以能夠在壓力經歷中成長，是因為他們**看待和處理**壓力的方式，而不是因為他們的壓力中包含某種神奇的正面效益。

至於是否需要壓力才能成長，我的答案是明確的肯定，但有一點要聲明的是，我指的**不是**那種讓你感到不知所措、疲憊不堪或效率低下的有毒慢性壓力，這種壓力會讓你快速走向倦怠，請你要像避開瘟疫一樣避免這種壓力！我們的目標是**良性壓力**，這種壓力會讓你感到有動力、適當的挑戰和活力。

在此我們學到的智慧是：撇開有毒壓力，壓力**本身**沒有好壞，差別在於你如何看待壓力。信不信由你，用一句話總結：如果你相信壓力是有害的，它就有害；如果你相信壓力有幫助，它就會有幫助。如果說這其中存在任何神奇的正面效益，就是存在於我們的心態之中。看看「壓力是助力」的心態可以帶來多大的改變：

- 在一項將近三萬名美國人的研究中，表示有很多壓力**並且**認為壓力會嚴重影響健康的人早逝的可能性高出四三％。（我真想在這裡放一個「恐懼尖叫」的表情符號。）此外，與研究中的其他群體相比（包括那些壓力很小的人），承受高壓但不認為有害的人，實際上是最不可能死亡的[24]。
- 一項針對美國退伍軍人進行了五十年的研究發現，每日煩惱最多的男性死亡的可能性是煩惱最少的男性之三倍。但是導致他們早逝的並非誘發壓力的事件，而是他們的態度。把日常壓力源（像是煮飯或壞天氣）視為惱人的不便，而不是正常甚至令人振奮的經歷，是最能預測這些男性死亡風險的指標[25]。

- 史丹佛大學對超過六萬一千人進行的一項研究發現，認為自己比同齡人不活躍的人在追蹤期間死亡的可能性高出七一%，無論他們實際的活動量或其他影響健康的因素如何[26]。
- 對壓力有高皮質醇反應的個體中，具有「壓力是助力」的心態已被證明可以降低皮質醇反應，而對壓力有低皮質醇反應的人則是會增加皮質醇反應。這意味著什麼？擁有「壓力是助力」的心態可以幫助你保持在壓力的甜蜜點[27]。

為什麼「壓力是助力」的心態如此強大？史丹佛大學研究員艾莉雅・克拉姆（Alia Crum）及同事指出了一個簡單的原因：這種心態不僅影響你的思考方式和信念，也影響你的**行為**。如果你認為壓力是有害的，就更有可能轉移自己對壓力源的注意，試圖擺脫與壓力相關的負面情緒，轉向酒精或其他物質以逃避壓力，或者從引發壓力的事物退縮。猜猜看，到最後剩下什麼沒有解決？就是那些引發壓力的事物！相對地，如果你相信壓力有幫助，就更有可能接受壓力事件已經發生並且是真實的（也就是沒有進入否認的狀態），你會制定策略去處理壓力的源頭，尋求幫助或建議，採取措施管理壓力源，並且嘗試用正面的態度看待壓力，或利用這個機會追求成長，從壓力情境中獲取最大益處[28]。

哀哀叫、小麻煩、頭疼和艱困

幾年前，我和妹妹喬迪在哀嘆我們的壓力有多大，她要應付兩個青少年的典型症頭，加上一個「一直對她哀哀叫」的幼兒。（我聽了之後大笑，立刻緩解了壓力。）我呢，也是為了青少年頭疼（而且我是三個！），還有感覺在工作中被「哀哀叫」包圍。在負面情緒漩渦中的某一刻，我們笑了出來，笑這一切的荒謬，也覺得發洩一下真好。

然後喬迪說了一些話，當場改變了我對正在經歷的壓力的看法。她說：「仔細想想，我們算是很有福氣了。沒錯，有很多人對我們哀哀叫，有一些討厭的小麻煩要處理，偶爾會遇到需要努力解決的頭疼問題。但是感謝老天爺，我們不必經歷小時候的那種艱困。」

我們就是這樣想出了壓力分類：哀哀叫、小麻煩、頭疼和艱困，直到今天這個分類仍然幫助我們兩個人正確看待事情，提醒我們自己是多麼幸運。現在當我遇到壓力有反應過度的衝動時，我就用這個分類法來測試，結果常常發現我的壓力可以降級，乍看之下令人頭疼的事情實際上是可以控制的日常小麻煩。

停下來思考分類，也讓我有機會回想起我在生活中成功處理過更糟糕的事情，而且總是從中學到一些重要的東西——關於壓力源，關於如何管理壓力，或者關於我自己。在這種時刻我使用的咒語是「我以前做過困難的事，再做一次也沒問題，而且我會變得更聰明。」

「壓力是助力」的心態鼓勵我們**積極主動**應對壓力，光是這一點就對防止倦怠大有幫助。想想看：如果你正面應對工作相關的壓力，並且因此學習和成長，你就不會情緒低落，反而會保持樂觀和投入，表現和效能也會提高。「壓力是助力」的心態直接對抗了倦怠所有的三個面向。

請記住：這種心態是可以學習的。在完成「壓力是助力」心態的訓練課程後，金融業員工在創新、持續專注、敬業度和協作方面的工作表現**和**健康都有所改善[29]。實際上，我發現在我的研究參與者中，展現出「壓力是助力」心態的人很少出現倦怠症狀。一位系統管理員說：「我認為我處理壓力的方法，就是努力不讓自己變得太情緒化，然後把所有焦慮的感覺轉向解決問題。」這位員工在工作中成功執行了情緒調節，並且利用工作壓力變得更專注、更有活力、更有效率，不僅為團隊帶來了工作成果，也消除了壓力的根源。

「壓力是助力」的心態也是增強心理韌性的好方法，而心理韌性可以預防或逆轉倦怠。根據美國心理學會的定義，心理韌性是有能力成功適應困難或具有挑戰性的生活經驗。心理韌性專家琳達．格拉翰將其定義為：有能力快速有效並且用彈性調整的方式去應對壓力和困難。哥倫比亞大學教授喬治．博南諾（George Bonanno）博士的定義則是：一個人在面對急劇變化的環境時，維持其核心目標和完整性的能力，或者在發生嚴重負面事件後，維持健康功能的能力。這些定義都很棒，就像寶石的切面各自凸顯出心理韌性的重要面向。

但我最喜歡的定義出自正向心理學專家凱倫．賴維奇博士說的：心理韌性是「安然度過逆境並從挑戰中成長茁壯的能力」。簡單、直接、準確——但這個定義最讓我鍾愛的是其中蘊含的希望（這絕對展露了賴維奇自己的心態）。度過逆境的概念貫穿整個旅程，以及我們**應對逆境**需要的所有內在和外在資源。或許比這還要更好，賴維奇的定義意味著我們不僅僅是在應對生活的磨練和挑戰，這些挑戰的**直接結果**是成長茁壯。「壓力是助力」的心態肯定能使我們成長茁壯。

如何培養「壓力是助力」的心態？

凱莉・麥高尼格在《輕鬆駕馭壓力》一書中指出：「每一個壓力時刻都是改變壓力本能的機會[30]」。以下是麥高尼格提供的一些技巧，可以把個別的壓力時刻轉化為正面的體驗，增強你的能量、信心和動力：

感覺心臟怦怦跳或呼吸急促……提醒自己，這是身體在給你更多能量。

感到緊張……提醒自己，壓力反應使你能夠發揮力量。

手心冒汗……提醒自己，這是因為你想要的東西近在眼前。

胃裡有蝴蝶在飛舞的感覺……提醒自己，你的消化道布滿數以億計的神經細胞，這是你的身體在說「這很重要」[31]。

你可以對任何壓力體驗做這個練習，我可以證明這是有效的，比方說我在發表主題演講之前感到緊張的話，就會用這個老技巧告訴自己：我感覺興奮大過焦慮。興奮和焦慮會產生許多相同的生理反應，所以何不扭轉為有益的正面心態，為自己打氣，發揮最佳表現呢？

現在讓我們擴大鏡頭，來看看培養「壓力是助力」心態更長期的建議。

1 **練習樂觀接受壓力**。如果你習慣試圖避免或抑制壓力，或者你仍然相信所有壓力都是有害的，那麼這個建議可能讓你感覺很彆扭，請你抱著好玩的心態試試看。（嘿，不管怎麼樣，練習一下對你沒有壞處的。）一些你可以嘗試的小小改變包括：在自動說「不」之前考慮一下引發壓力的機會、在感到壓力時明確承認壓力（對於喜歡否認的人來說，這是很大的一步）、當壓力出現時唸誦樂觀接受的咒語像是「我以前處理過壓力，我能再次處理」，簡單的一句話就可以使你的態度從悲觀轉變為樂觀，讓你想起自己擁有的能力和技能。

2 **尋找延展性的角色或經驗，推動你的學習和成長曲線**。事實上，如果你開始對自己的角色或技能感到太自在，請把這當成一個信號，表示你該延展自我、升級向上了。

3 認識到壓力有時是勝利的信號。因為身處壓力之中的感覺很不愉快，所以我們可能會忽略這個事實：有時候壓力升級是因為（如同前面麥高尼格的建議）我們正在接近想要的東西。也許你的壓力上升是因為你即將升職、正在考慮一份新工作，或者被選中執行一項具有挑戰性的新任務。這些都是勝利，所以慶祝一下吧！

4 壓力映射出你的價值觀。同樣地，有時候壓力增加是因為某個事件或經驗觸及我們的核心價值觀。如果有什麼事情總是讓你氣噗噗、壓力遽增，看看是否是因為那是你非常關心的事情。如果是的話，請把這種壓力當成能量和生產力的泉源。以前我有個學生非常擅長公開演講，但是在某次準備發表氣候變遷的演講時異常緊張，這次演講有什麼不一樣的地方？原來是因為她要講的議題**對她來說非常重要**。壓力實際上可以揭露你的核心價值觀，當你的工作源自於這些價值觀時，可以讓你保持專注、充滿活力和動力。

僕人式領導的心態

當我開始發展和進行倦怠免疫力的研究時，其實沒有想到僕人式領導。我從情商的角度出發，想要找出特定的情商行為，僕人式領導根本不在我的關注範圍之內，直到我的一些研究參與者自稱是僕人式領導者。

華盛頓特區大都會警察局局長羅伯特・康蒂告訴我：「我奉行『服務即領導』的理念，我在這裡是為了做我天生該做的工作。」一家郡立醫院的醫務長說：「我認真試著把自己想像成一個僕人。我想最終我希望感覺到我服務了周圍的人，感覺到他們的需求始終受到尊重。」一家大型教學醫院的醫務長說：「當我成為領導者時，我的第一個發現就是我是一個僕人式領導者。我的責任是讓周圍的每個人變得更好，讓事情順利進行，然後功成身退，這樣我就很欣慰了。」警察局長潔西卡・羅布萊多（Jessica Robledo，現已退休）告訴我，從二十多歲起，她就知道自己的人生目標是「以僕人的心去領導」。

看起來僕人式領導確實值得關注。

首先介紹一下背景。僕人式領導的概念由羅伯・格林里夫（Robert K. Greenleaf）提出，他在一九七〇年發表的開創性論文〈僕人式領導者〉（The Servant as Leader）闡述了其基本原則。僕人式領導主要強調的是服務對象的成長、自由、健康、自主和整體福祉，而非領導者本身，因而顛覆了「領導者最大」的階層制度；在領導者最大的模式中，領導者從上層發號施令，下面的每個人努力幫領導者累積權力、財富和影響力。僕人式領導者卻是反過來，把顧客、客戶和員工放在第一位，「從後方領導」，賦予員工能力去實現互惠互利的願景。他們衡量成功的標準不是自己個人的成就，而是組織內人員以及組織服務的人是否成功和幸福。

這種領導模式並非格林里夫新創，倒不如說他捕捉到一種已經存在了許多個世紀的精神。但他以令人信服的方式為現代人清晰闡明了僕人式領導的原則，之後蔚為風潮。僕人式領導對個人和組織的影響已有相關研究，讓我們得以窺見其歷久不衰的原因，包括已被證明能促進合作、積極採取行動（而不是逃避或「踢皮球」）、助人行為和企業社會責任。僕人式領導者所領導的組織員工，往往有更高的工作滿意度、更高的敬業度和更高的心理健康，更有可能感覺自己正在蓬勃發展並且從事有意義的工作。他們往往也比較不容易情緒耗竭、憤世嫉俗、無聊或產生離職的想法。還有大量研究顯示，僕人式領導能促進創造力、創新、知識共享和心理安全感，這些全都會提高個人、團隊和組織層面的績效[32]。

但僕人式領導在實際的工作中**看起來**是什麼樣子呢？如何展現於具體的行為和態度？格林里夫的長期合作者拉里．斯皮爾斯（Larry C. Spears）列出了僕人式領導者的「十大」

特徵：

1 **傾聽**——認真傾聽別人的意見，會試著確定團隊的意願。
2 **同理心**——努力理解和同理他人。
3 **療癒**——努力幫助周遭的人達到「圓滿完整」。
4 **覺察**——表現出自我覺察和社會覺察，使他們能夠正確認識情況。
5 **勸說**——依靠說服而不是權威來做出決定。
6 **概念思考**——進行廣泛、長期的策略思考，並且能夠激發他人的長期願景。
7 **遠見**——能夠預見某種情況的可能結果。
8 **盡責管理**——善盡企業責任，實現社會整體利益。
9 **致力於人的成長**——大力投資培育組織中每一個人的個人和職能成長。
10 **建立社群**——積極尋求在組織成員之間建立社群[33]。

這完全就是在描寫我的研究參與者啊！說真的，將斯皮爾斯的列表拿來跟我在具有倦怠免疫力的人身上觀察到的情商行為和特徵（見下文）一比較，可以看到太多共同點，讓我意識到我發現了獲得倦怠免疫力的另一種重要心態。

有倦怠免疫力的人：

- 具有高度的同理心，真誠表達對他人的關懷和關注。
- 專注於服務和滿足其他人（包括員工、病人、顧客、客戶、社群、利害關係人）的需求。
- 是高效的導師和教練，積極幫助他人學習、成長、改善表現、推進職涯發展。
- 協助創造有心理安全感的工作環境。
- 協助創造支持員工效能和最佳表現的工作環境。
- 參與團隊成員正在做的事情。
- 與他人同在，包括情感和實際上的陪伴。
- 對他人的努力給予獎勵、認可和讚揚。
- 堅信他們的使命是幫助他人，為社會做出積極貢獻。

但我真正想問的，不是為什麼有這麼多僕人式領導者具有倦怠免疫力，而是僕人式領導的心態為何對於擁有倦怠免疫力有如此大的影響力。

首先，有大量證據顯示，僕人式領導有防止倦怠的保護作用。在醫院環境中進行的一項研究，認為僕人式領導的「五大美德」，包括人際支持、社群建立、利他行為、平等主義、道德操守，具有強大的抗倦怠效果。這些美德不僅直接對抗倦怠的三大特徵（情緒耗竭、失去自我感、缺乏個人成就感）。研究人員還注意到高階領導者的「服務精神」會滲透到整個組織[34]，可以說僕人式領導的心態具有感染力。在一項針對護理專業人員的研究中，研究者發現僕人式領導降低了倦怠，提高了工作滿意度，因為對所謂的「障礙壓力源」提供了「直接的緩衝效果」[35]。這是謎題另一部分的解答。障礙壓力源指的是會拖慢、妨礙我們表現和效能的困難，會耗盡我們的精力和韌性，可能使人們失去對組織的信任和信心。「障礙壓力源」與「挑戰壓力源」形成鮮明對比，「挑戰壓力源」雖然困難，卻能激勵成長和成就。還記得我的第一份顧問工作嗎？與醫院的財務諮商師團隊合作是如此有意義和充實，絕對**滿滿地**都是挑戰壓力源。但我沒有感到被榨乾或不知所措，反而充滿活力、投入且高效能。每當我克服了另一個挑戰，心理韌性就隨之增強。

「僕人式領導效應」在多種工作環境和文化中都能看到。一項針對餐旅業從業者的研究發現，僕人式領導提高了員工的工作韌性，而高工作韌性已被證明能提高工作滿意度、心理健康和工作投入度，這些全都能直接降低倦怠的風險[36]。另一項研究發現，展現強烈僕人式領導風格的領導者所督導的心理諮商師，在培訓過程中經歷較少的倦怠，以及較少的繼發性創傷壓力（secondary traumatic stress），這種壓力會出現在有愛心和同理心的人間接暴露於他人的創傷時[37]。一項針對大學員工的研究發現，僕人式領導提高了工作投入度以及員工對領導者的信任，這反過來又對實現更佳工作成果產生了顯著影響[38]。

總而言之，我的結論是：僕人式領導心態之所以能夠防止倦怠**並且**提高倦怠免疫力，很大一部分原因在於其獨特的減壓效果。具有僕人式領導心態的人對職場壓力的容忍度更高，把壓力經歷視為挑戰而非威脅，能夠忍受與壓力相關的不舒服感覺，並且能夠有效調節自己的情緒、想法和行為（這屬於情商的自我管理領域）。最後提到的情商技能，確實是僕人式領導者的必要條件：雖然他們習慣把其他人放在第一位，但不會以個人福祉為代價。換句話說，他們能夠調節自己對他人投入的情感、精神和時間，不會為了服務他人而犧牲自己的福祉。

對具有僕人式領導心態的人來說，有時候光是執行他們選擇的服務，也就是從事他們認為非常有意義和深受感召的工作，就有鎮定的效果。一位醫務長說：「當我幫助別人度過難關時，就不會那麼擔心自己的問題。」另一位醫務長甚至把看診描述為他的「個人鎮靜劑」，他說：「我認為回歸到臨床，回歸到病人，回歸到家屬，連結到核心的**原因**——我們從事這一行到底是為了什麼？——對我來說真的很有幫助。」雖然行政工作的壓力很大，但是他工作中服務的部分讓他深感平靜。另一位醫務長描述，自己與醫生一起巡房並了解他們的觀點時，獲得同樣的個人減壓效果，他還強調對團隊也產生了正面的影響。他說：「這讓我成為一個更有效的領導者。當醫生看到醫務長出來輪班、探望患者、使用被他們批評的同一套EMR（電子病歷）、協助他們處理搞不定的患者，他們感覺自己被賦能，有參與感。我跟他們做一樣的事，感受同樣的感受。我們建立了連結。這讓你成為一個非常有效的領導者，也是緩解所有人壓力非常有效的解藥。」

如何培養僕人式領導的心態？

想要擁有更多僕人式領導的心態嗎？想要把更多僕人式領導實踐帶入你的組織，並在此過程中增強每個人的倦怠免疫力嗎？試試這些技巧。

1 **練習專心關注他人。**無論你面對的是客戶、同事、顧客、上司或隊友，讓對方暢所欲言，不受打擾。透過眼神交流和肢體語言（點頭、微笑）傳達專注參與的態度。提出開放式的問題展現你的好奇心，邀請人們分享他們的想法。專業提示：不要在對方說話時盤算你要說什麼，即使你沒有開口打斷，還是會破壞談話的參與感，而且會使你把注意力集中在自己而不是對方的身上。

2 **認可他人的努力，對成功給予讚揚。**不必等到績效評估或正式評估才認可他人的貢獻。即使只是在走廊上遇到時飛快送上一句「幹得好！」或是發個感謝的訊息，就能讓其他人知道他們被看見了，他們的努力是有意義的。

3 **避免微觀管理。**允許他人對自己的工作成果擁有所有權，這會傳達出信任和信心，可以增強他們的自主性。

4 **消除工作環境中的障礙壓力源。**移除障礙、瓶頸、低效流程、無效工具、不明確的工作分配，或其他可能阻礙員工進步並增加壓力的因素。

5 **創造有心理安全感的工作環境。**員工應該能夠自由從錯誤中學習和成長，分享他們的掙扎而不必擔心負面後果，並且完全信任領導階層。

6 **投入時間和精力輔導他人成長和發展。**無論是你的直屬下屬、同事或學生，從旁輔導是幫助他們實現潛能的好方法。當他們從你的經驗和建議中學習時，你會發現自己也因此受益，同時你還會感受到幫助別人獲得啟發的美好感覺。

「覺察與關懷」的心態

我對倦怠恢復過程最大的領悟之一，發生在我被命令臥床休息時：這個結果是我長期走向倦怠旅程不可能被忽視的**終局**。我的身心肯定一直在發出求救信號，但因為我太不覺察，太習慣忽視基本的自我照顧需求，所以需要敲響巨大可怕的警鐘才能引起我的注意。

順帶一提，像我這樣的運作模式並不罕見。我們的文化常態就是過度工作、持續（往往是表演性質的）忙碌、為了「領先」或是為組織帶來更多價值，而對自己的需求視而不見。你的注意力集中在這些外在目標而非內在需求上的時間越久，感覺就越理應如此，這種有害的心態就越根深蒂固存在於我們的文化中。

在我的身體敲響警鐘之後，我的心靈和情感隨之覺醒。歸根究柢，我意識到我有多麼需要**覺察與關懷**。坊間有無數的自我照顧練習和健康策略，有助於保護你的身心和情緒健康，但如果你沒有意識到自己需要它們（是的，就算你再怎麼出類拔萃，還是需要這些保健方法），或者如果你不願意從工作中抽出時間來利用這些方法，這些方法全都沒有意義可言。因此第一步就是擁抱「覺察與關懷」的心態，你需要認識並且接受你的健康很重要，你完全值得花一些時間和力氣照顧自己。

積極主動的態度

前費城警察局局長丹妮爾．奧特勞在整個職業生涯中都擔負高壓職責。她首先在奧克蘭警察局任職，逐步晉升至副局長，然後成為波特蘭警察局局長，最後於二〇二〇年接任費城警察局局長，作為一個外來者推動改革一個捲入醜聞的部門。從事執法工作的每一個人都知道高壓是工作的一部分，但奧特勞必須應付額外的壓力，包括身為一名女性在男性主導的領域工作，以及成為第一位領導波特蘭警察局和費城警察局的非裔美國女性。

我在二〇二二年採訪她時，她描述了「第一」的相關壓力，以及必須克服「許多偏見」，包括人們假設她會向非裔美國人提供不公平的優惠待遇，無論是在她的組織還是在社區中都有這種想法。她告訴我：「這份工作會讓你過度警覺、壓力過大，或兩者兼具。

總是會有壓力，總是會有一些事情我無法控制或改變，所以我非常專注，有意識地主動把精力投入到我知道我能控制的事物。」

在談話中，我發現一件很明顯的事：自我調節是奧特勞最有效的壓力管理工具之一。她說：「我非常注意讓什麼東西吸引我的注意——我**主動選擇**讓什麼吸引我的注意。」她的選擇從早上的第一件事開始，每天練習感恩。她說：「甚至還沒睜開眼睛完全清醒之前的靜謐時光中，我會想好要感恩的事物。我讓自己習慣以這樣的方式開始每一天：對我腦海裡浮現的任何事物，無論大小，說出感謝的話，還有對今天**即將**發生的美好事情表示感恩。」這真是培養積極展望的絕妙方式！接著一整天她都會堅守原則進行選擇，不僅是大事，像是在工作和個人生活之間保持界線，也適用於她對電影、音樂、書籍和播客的選擇。她選擇的內容能夠增進個人和領導力發展，避免已知的壓力觸發因素，像是瀏覽警局的社群媒體帳號。她說：「我知道哪些東西會吸乾我的精力，努力避開那些干擾，保護我的能量。我學會了如何說不，而且不讓自己為此感到難過。」

她還學會了不要把身為警察門面而經常受到的批評放在心上。她說：「我學會把這兩件事分開，一邊是人們對我個人的評價，另一邊實際上是針對我公共角色的強烈情緒，或者是針對我在整個體系中所代表的東西。」她停下來笑了笑繼續說：「我正在學習不需要在乎別人怎麼想，管它的呢。」

二〇二三年春天，奧特勞背傷康復重返工作崗位幾週後，我有機會和她取得聯絡。她一如既往地沉著從容，我就想問是不是單純因為她天生如此。她說：「我什麼都見過，我能夠在壓力下保持冷靜。但這並不意味著我們的身體不會內化壓力。可能我的外表看起來很年輕，但壓力總是影響你的內心，總是會追上你。所以其實我做了個承諾，二〇二三年我要優先考慮照顧自己。」對奧特勞來說，這意味著期待已久的度假、停下來關注自己的感受（「如果我需要坐下來，我就坐下來」）、仰賴團隊提供指導和支持、看有趣的電影或單口喜劇甩開工作帶來的壓力，還有每個月與一群社區精神領袖聚會祈禱和團契。

我們是不是該停下來讚嘆一番？奧特勞不僅是一個有使命感的人，願意在每次晉升時承擔更多壓力，而且在超過二十年的高壓職業生涯中積極主動去管理壓力，所以她能夠持續蓬勃發展。她不是等到壓力來襲時才應對，而是刻意領先一步，保持身心健康，準備好應對工作中的龐大壓力。這是情商和倦怠免疫力的最佳體現。

這也是「覺察與關懷」心態的完整型態。這種心態認為深刻的自我覺察是工作的必要部分，必須用心刻意實踐。這種心態認為自我照顧不是可有可無的，同樣也是基本的工作要求。這種心態認為要做到最好，你必須是最好的，而這需要每天致力於自我投資。「覺察與關懷」心態最大的禮物，或許是大膽主張我們的價值：我們值得投入的一切時間、精力、意圖和社群以實現最好的自我，在工作中拿出最佳表現。

我訪談的另一位警察局長對這種情緒有精彩的描述，他說：「我是一個有價值的人，值得在需要幫助時得到幫助。沒有任何一個人能夠靠自己處理這一切。你需要有一個支持你的團隊，坦白說，你可能需要教練或諮商。當你處於這種情況，感覺像是『好吧，我已經達到極限，沒有能力去應對』，你真的需要有足夠的自尊和自我覺察，去相信自己是個值得幫助、有價值的人。」

這種心態將使你能夠繼續從事你喜愛的高壓工作。「覺察與關懷」的心態影響你的所有行動和選擇，從你的整體領導風格和價值理念，到你如何管理工作相關的壓力，以及最終如何避免倦怠。奧特勞說：「這要費很大的心力，但我一直覺得我已經準備好去做偉大的事情，尤其是在逆境中。」憑藉她的支持系統、積極主動的自我照顧和壓力管理方法，她將能夠繼續往前走得很遠。

如何培養「覺察與關懷」的心態？

你值得自己投入時間和關注。以下是一些實用的技巧，可以幫助你培養「覺察與關懷」的心態。

1 **注意自己何時以及如何滑出壓力的甜蜜點**。暫停一下，做任何你需要做的事情來擺脫困境，回到身心容納之窗。

2 **在日常活動中加入使你恢復的活動**。舒適活動如暴飲暴食或飲酒過量雖然可以短期緩解壓力，但這種緩解總是短暫的，之後壓力可能會更嚴重。另一方面，恢復的活動可以促進我們在工作之外與所愛的人事物建立深厚的連結，提供持續的壓力緩解。一些例子包括親近大自然、休閒嗜好、藝術、社區服務、運動和旅行。

3 **找夥伴互相督促，把自我照顧放在第一位**。我的一些研究參與者有跑步夥伴，督促他們跑完每週的跑步里程。有些人則是與工作朋友組隊，互相提醒對方休息。

4 **阻止自己過度工作**。簡單明瞭，無需進一步解釋。

5 **設定並保護你的界線**。包括工作量和工作時間、讓你感到安全的身體界線，以及與他人的情感界線。

6 在你需要「之前」主動為自己提供支持。你不會想要等到壓力升級或者甚至發生危機，才匆匆忙忙尋求支持。

7 犯錯時以自我疼惜的態度回應，而不是自我批評。研究發現，不以批判的態度應對自己的痛苦和失敗，接受人非聖賢孰能無過，可以防止倦怠[39]。額外福利是，自我疼惜也被證明可以改善睡眠和提高工作滿意度[40]。

成長型心態的力量

心態告訴我們，觀念會影響我們的經驗。心態改變了我們對壓力的主觀體驗。在固定型或消極的心態下，一切看起來和感覺起來都更糟，於是一切真的變得更糟。但在任何一種成長型心態中，相反的效果發生了：一切變得更好，因為你從積極、樂觀、高效能和希望的角度去看待和體驗人生。你相信你能夠讓處境變得更好，於是就真的能夠做到。遇到困難時，你相信這只是暫時的，能夠克服。這就是成長型心態的力量。

本章將以一個練習作結，向你展示如何開始轉換心態，從光譜上固定型心態的一端移向成長型的那一端。記住，進步不太會突然或快速發生，所以在你從事這項重要的工作時，要給予自己充分的自我疼惜和大量的肯定。一小步一小步堅持前進，就能實現有意義的改變，而且往往力量更強大、更持久。

練習：讓心態轉向成長的五個有效做法

轉換你的心態，從光譜上固定型心態的一端移向成長型的那一端，你將更能夠：

- 管理你對觸發因素的情緒反應
- 更正面地看待壓力
- 養成新的、更有效的應對習慣。

下面的五個做法（左欄）能幫助你採納更以成長為導向的心態，每個做法都要先回答一組關鍵問題（右欄）。你可能需要定期（例如每季）重新進行這個練習，衡量你的進步幅度，並確保持續朝向成長邁進。

轉變心態的做法	問自己這些關鍵問題
1. 挑戰你的假設和信念。	• 我對當前的情況有哪些假設和信念？ • 這些假設和信念如何幫助或阻礙我正確理解問題？ • 這些假設和信念如何幫助或阻礙我解決問題？
2. 面對你的恐懼。	• 關於我處理這種情況的能力，我的恐懼告訴我什麼？ • 我的恐懼如何阻止我專注於我能控制的事？
3. 正確看待事物。	• 從一到十分打分數的話，這件事在我的價值觀當中有多重要？ • 我的假設和信念如何影響我正確評估問題的相對重要性？
4. 從不同的角度看事物。	• 如果挑選三個截然不同的人，他們對這件事的看法略有不同，他們分別會如何描述這種情況？ • 如果我「套上」他們的觀點，看起來和感覺起來會是什麼樣子？ • 他們的觀點會如何改變我的觀點或我的行為？
5. 專注於你必須學習的東西。	• 在這種情況下，我和其他人可以做什麼？ • 我如何從這個特殊的經驗或情境中學習和成長？ • 這次經驗將會讓我對自己有什麼了解？ • 這次經驗將讓我對自己應對壓力的能力有什麼了解？ • 透過這次經驗我將學會哪些能力？

Chapter

7

三重處方：

重新復原、重新連結、重新想像

多年前，當我第一次讀到克麗絲汀娜．馬斯勒和麥可．萊特的《職業倦怠的真相》（*The Truth About Burnout*），這段話躍然紙上：「職業倦怠是一個指標，顯示出人們的本質與他們必須做的事情之間已經脫節，代表著對價值觀、尊嚴、精神和意志的侵蝕——對人類靈魂的侵蝕。這是一種病症，隨著時間逐漸持續蔓延，使人們陷入每況愈下的漩渦，難以恢復。[1]」

這段話出現在全部大寫的標題「**靈魂的侵蝕**」之下，光是標題已成功勾起了我的注意。但真正打動我的是這段話的迫切性，以及感覺是如此熟悉。年輕的我，那個急著取悅別人、證明自己的坎蒂，那個吃苦當吃補的坎蒂，那個幾乎沒有聽說過界線更不用說維護界線的坎蒂，會認為馬斯勒和萊特尖銳的話語言過其實。現在的坎蒂經歷過了倦怠每況愈下的漩渦，緩慢侵蝕我的健康、幸福和效能，我已認識倦怠的真相。

撇開對靈魂的形上學討論不談，倦怠確實會深深影響我們，造成的後果遠遠超出了身心疲憊的範圍。倦怠不僅僅是一種極度疲勞的體驗，不僅僅是有太多事情要做但沒有足夠的時間或支持去做，或者是厭煩到想要放棄。倦怠的治療也不僅僅是開始（或加強）自我照顧、去度假甚至休長假、接受輔導或心理治療，更不可能透過進一步的「專業發展」或

「強項培訓」來治癒。（相信我，你沒辦法靠自己的力量擺脫倦怠，而當你已經超出負荷時再堆疊加上更多東西，只會讓情況更惡化。）上面每一項都**有助於**預防或治癒倦怠，但其本身並不是萬靈丹，也並沒有解決工作中導致你倦怠的環境因素。

這就是為什麼我們真的需要重新思考對倦怠的概念和應對方式，特別是如果我們希望真正從倦怠中復原的話。把倦怠視為暫時的挫折或職涯中的一道坎，或是把倦怠當成被誇大的工作不滿，或是認為因為員工的缺陷或不足才會發生倦怠，這樣的想法沒有什麼好處。倦怠其實更類似於長期患病或複合性的傷害；想想看，在這些情況下需要什麼才能完全治癒？你需要足夠的時間休息和恢復，需要訓練有素的專業人員提供醫療護理，以及針對你特定症狀和診斷的藥物或其他治療方法，而且康復後還需要改變生活習慣以防止復發。倦怠也是如此。倦怠是一種有多個面向的病症，需要多面向的應對措施，而這個應對措施取決於許多因素，包括倦怠的嚴重程度、具體症狀、導致倦怠的工作壓力源以及你處於倦怠狀態的時間長短。隨著一波又一波的倦怠來襲，毫無疑問會危害你的健康，奪走你的幸福，毀掉你的職業生涯。所以，馬斯勒和萊特並沒有誇大其詞，越早走上康復之路越好。

本章將檢視人們從倦怠中康復的各種方法，以及在意識到工作壓力的嚴重性後，該使用哪些方法防止全面倦怠。但在深入探討之前，我想借用從馬斯勒和萊特那裡得到的啟發，花一點時間看看與倦怠相關幾個更深層的問題。首先，讓我們弄清楚從倦怠中康復意味著什麼。康復並**不**意味著**只要好到能夠「重返賽場」**，就能繼續在讓你倦怠的同樣工作條件下工作。

光是在過去的六個月，就有三位不同的人力資源主管聯繫我，提出這樣的請求：「坎蒂，我們需要妳的幫忙。我們知道由於疫情帶來的改變，我們的人一直被要求做很多調整適應，現在每個人都在努力回到新的常態。他們都過度勞累，有些人抱怨心力交瘁。問題是事情不會變得更容易。如果一定要說的話，甚至可能會要求更多。妳能來幫助他們培養韌性嗎？」

我的「內在聲音」回答：才不要！我可不想幫你們養出一批被溫水煮到熟的青蛙。

當然這並不是在貶低韌性，我毫不懷疑，培養心理韌性可以幫助其中一些工作者更能應對工作相關壓力和其他逆境；但是這個問題需要更廣泛的解決方案，心理韌性只是其中的一部分，而且只是暫時的，因為並沒有解決問題的根源：讓這些人一開始陷入倦怠的職場環境。搞錯問題就無法制定對症的解決方案，你不可能在讓你生病的環境中痊癒。

我也不願意支持不優先考慮員工福祉的工作文化。近年來，我們在支持員工方面取得了長足進展，例如有彈性的工作時間表、健康方案、員工資源小組、擴充心理健康福利。但讓我們面對現實吧，這些進步並非人人都能享受到，而且在許多資本主義經濟體中，工作的特徵依然是搏命文化（hustle culture），也就是倦怠文化。這種「永遠在線」的工作文化推崇苦幹、要求或獎勵超長工時、無視界線、助長不健康的競爭、把尋求幫助視為軟弱、阻撓員工休有薪假甚至阻止休息。員工往往在這種有毒的環境中苦苦掙扎（可以理解），還要承擔其不良影響的責任，他們被告知：你不夠格、你不屬於這裡、你很懶惰、你在某些方面有缺陷。大多數時候，這些訊息以含蓄的方式傳達，但我有一位客戶的上司真的這樣對他說：「不升遷就滾蛋，公司文化就是這樣。你自己選吧，要升遷還是滾蛋？決定好了告訴我一聲。」更常見的是居高臨下的排他性評論，像是：「也許你在一個要求沒那麼高的角色會更舒服。」「別難過，很少有人能承受這種強度。」「並不是每個人都有能力跟上我們的步伐。」

然而，特別是在疫情之後，有跡象表明，各行各業、各世代的工作者正在拒絕和抵制侵蝕靈魂的工作文化，離開那些利用他們或是鼓勵割喉戰的組織。他們對不符合價值觀的工作機會說不，靜悄悄地辭去要求太多而回報太少的工作。有些人抱著報復或憤怒不滿的心態尋找新工作，只求能夠脫離不受重視或不被尊重的環境。有些人選擇創業或成為自由工作者，以獲得更多的自主權和彈性。有些人提前退休。還有一些人組成工會，倡議改善工作條件。新冠疫情後，住院醫師組織工會的活動數量增加為三倍。實習與住院醫師委員會（Committee of Interns and Residents）的通訊聯絡主任桑雅塔・艾特諾（Sunyata Altenor）說：「這是一個巨大的浪潮，我們預計這波浪潮將繼續增長。[2]」

貫穿所有這些疫情後工作反應的共同點是，工作者厭倦了被當成利潤和生產的工具，厭倦了自己的價值觀、尊嚴、精神和意志不被尊重。美國聯邦公共衛生署長維韋克・穆蒂（Vivek H. Murthy）醫師這樣說：「疫情……引發了許多工作者的反思，他們不再認為這樣的交換條件可以接受，不想為了工作犧牲自己的健康、家庭和社群。[3]」我任教的賓州大學博士課程在二〇二〇年夏天開始收到創紀錄的申請數量，我面談過的一些學生描述了疫情如何強迫他們重新評估與工作的關係，或者擺脫糟糕的工作經歷，最後決定追求他們多年來的夢想。

被賦能的員工正在重新考慮自身的價值、目標和價值觀、願意為工作犧牲什麼，以及工作如何融入生活而不是反過來。他們對一大堆更好的選擇和更光明的道路說「是」。他們傳達的訊息是：工作生活其實不必如此。生命太短，代價太高，我們不應該把這麼多的時間和精力——最好的時光、日子和年華——奉獻給不支持我們的角色、組織或工作環境，以至於無法充分發展成為最好、最快樂的自己。

這才是我們的終極目標，不論是從倦怠中康復，或是在徹底倦怠之前為自己發聲辯護。我們從倦怠康復不是為了跳回沸水鍋中，而是為了能夠成為最好的自己，追求夢想的職業，這份職業支持我們的價值觀，使我們能夠實現目標，充分運用自己獨一無二的技能。說到底，從倦怠中康復是一份禮物，送給我們自己、同事親友，以及我們在工作中服務的人。想一想你的缺席會造成的空虛，如果沒有你，你的團隊行嗎？你的客戶？你的顧客？你的社群？你的病人？你的乘客？你的學生？你的股東？你的員工？

少了只有你能做出的貢獻，世界會是什麼樣子？

本章將檢視我稱之為「三重處方」的倦怠療法，分別是重新復原（Recover）、重新連結（Reconnect）和重新想像（Reimagine），也可以稱為三R。

說起第一個R，我要承認一件事，在推薦倦怠完全復原的技巧和策略的過程中，存在著某種令人痛苦的諷刺。倦怠的復原（當然還有預防）最終責任在於雇主，而不是員工。雖然我們的個人經驗有很多在我們的控制範圍內，但如果我們不是高階領導團隊的成員，就不太可能控制那些導致我們倦怠的結構、體制或文化因素。（事實上，如果工作環境或條件不可能改變，或者如果你處於有毒或不安全的工作環境中，那麼除非你離開這個環境，否則根本無法開始復原。）話雖如此，我們還是可以，而且當然**必須**在能控制的範圍採取行動保護自己，有很多應對策略和保護措施可以預防倦怠、阻止其惡化或促進療癒的過程，幫助我們完全復原。

第二個R，也就是重新連結，我將向你展示如何與工作之外給你帶來快樂和活力的事物（例如人、愛好、休息時間和團體活動）重新連結，從而幫助你減輕工作壓力，遠離倦怠。還有你的價值觀、你對理想自我的願景，以及你想透過工作為世界帶來的貢獻，與這些重新連結也有同樣的功效。

最後第三個R，將引領你重新想像倦怠復原後的生活。我們將一起重新想像你的理想自我，與工作建立一種新的健康關係，甚至可能是一種新的工作方式，使你的價值觀、尊嚴、精神和意志與你天生注定要做的工作保持一致。

重新思考復原

正如同我們需要重新思考對倦怠的概念，我們也需要刷新對復原的看法。首先，我們不能只把復原當作最後的手段，只有在疾病或疲勞強迫我們放慢腳步療養時才使用！如果我們積極主動採取預防措施，並且**定期且持續讓自己從工作壓力中復原**，就可以避免太多太多的倦怠案例，以及其對個人和組織造成的無數不良影響。運動員在整個訓練過程中定期讓自己復原，而不僅僅是在受傷或油盡燈枯時才進行恢復。他們的休息日實際上是預防許多受傷和疲勞的關鍵。我們應該像運動員一樣，開始把復原視為專業訓練和頂級表現的必要組成部分。說實在的，應該視其為工作的必要組成部分，用於預防，而不是僅僅是一種治療的手段。這裡請劃重點：定期的**工作壓力復原**（許多研究者和人力資源主管簡稱為**工作復原**），可以大幅避免**倦怠復原**的需求；直白地說就是可以讓我們對倦怠免疫。

每個工作者都需要定期從工作相關壓力中復原（下面我們將探討該怎麼做），對某些人來說更是格外重要，例如處於高壓角色和高壓環境的工作者，以及那些掌握他人生命的工作者。舉例來說，飛行員和機組人員必須滿足政府規定的休息要求，並且接受詳細的疲勞教育和訓練，以防止疲勞相關疏失，這些疏失可能造成致命的後果。貨車司機也必須遵守政府的「服務時數」規定，包括駕駛時數的規範以及確保他們獲得足夠的休息。相較之下，針對醫療保健專業人員的法規很少，這對臨床醫生和他們所治療的患者來說是一個可悲的事實。

醫護人員疲勞與醫療疏失之間的關聯性研究結果令人震驚。一項研究發現，八二%的可預防用藥疏失及未遂事件（在患者受害之前被發現的疏失）的原因是疲勞，疲勞與認知表現下降、注意力和警覺性降低、表現不佳以及患者安全變差有關[4]。另一項研究發現，外科住院醫師在清醒時有將近一半的時間感到疲勞，而且其中超過四分之一的時間實際上處於**功能障礙**，亦即心智效能降低到七〇%以下。整體而言，疲勞使他們發生醫療疏失的風險增加了二二%[5]。

一旦出現倦怠，這種影響變得甚至更加明顯。許多研究發現，醫生倦怠與病人安全下降有關，在倦怠分數較高的醫療單位中，研究人員觀察到醫生之間的團隊合作效率較低，同時病人預後不佳、病人不滿以及病人和家屬投訴都隨之增加[6]。一項研究甚至發現，倦怠的護理人員照顧的患者，住院期間發生泌尿道或手術部位感染的可能性更高。研究人員指出，如果高度倦怠的護理人員比例能夠從平均三〇%減少到一〇%，能夠預防約四千一百六十例感染[7]。

我反覆強調這一點並不是在挑醫護人員的毛病，而是因為缺乏工作壓力復原（導致疲憊和倦怠的一個主要原因）與患者**以及**醫護提供者的負面結果之間存在明顯的相關性。更重要的是，這個警世故事絕不僅限於醫療業。當一個人被剝奪了放鬆、休息和充電的機會時，無論是身體、精神或專業都不可能拿出最佳表現。

說真的，他們怎麼可能拿出最佳表現呢？慢性壓力具有破壞性。壓力反應使我們處於高度警覺，讓身體和大腦充滿腎上腺素和皮質醇，這是為了應對短期威脅。當工作生活帶來源源不斷的壓力時——從工作的不確定性到不合理的工作要求，從有毒的同事到持續積累的日常麻煩——大腦的回應是不斷啟動壓力反應。如果壓力反應能夠完成，回到自然的狀態，換句話說，如果我們有機會放鬆，回到未受壓力的基準線狀態，那還不算太糟。但如果我們沒有機會恢復，壓力反應就會卡在「開」的位置，身體和大腦會不斷加速運轉並充滿皮質醇，這時我們就會發現自己正走在倦怠的快車道上。

你可以使用相同的策略從日常工作壓力中復原並**預防**倦怠，這些策略也可以用來幫助你**治癒**倦怠。請記住：持續的壓力會把你壓垮。工作復原策略讓我們在經歷壓力之後回到正常狀態，確保壓力不會持續存在。定期實踐這些策略就能產生超級強大的倦怠免疫力。然而，若你已經倦怠或正在迅速走向倦怠，可以依靠這些工作復原策略助你走上復原之路。

要注意的是：沒有哪一種方法放諸四海皆準，所以你要抗拒跟別人互相比較的誘惑，也要抗拒給自己設定復原期限的誘惑（我倒是希望能夠設定期限，但是很可惜沒辦法），這只會造成更多的壓力，阻礙痊癒的過程。事實上，沒有任何一條復原之路會完全相同，因為個體之間存在著巨大的差異（個性、氣質、心態、壓力承受能力等），個人獨特的倦怠經歷（嚴重程度、持續時間和症狀盛行率）、導致倦怠的原因（例如工作量或價值觀不匹配、缺乏自主權、有毒的同事、休息時間不足等），還有你對組織的承諾以及驅動你做出承諾的動機，也都存在巨大的差異。

組織心理學家約翰．梅爾（John Meyer）和娜塔莉．艾倫（Natalie Allen）開發了「承諾三要素模型」，來描述驅動員工對組織做出承諾的心理狀態和動機。「情感承諾」

（affective commitment）出於對你的角色和工作場所的真誠熱愛。你對自己的工作有正面的感覺，與組織的使命和價值觀保持一致，在工作中有一種目標感。即使工作壓力很大或你處於徹底倦怠的狀態，你更有可能會留下來，因為你從工作中獲得的目標感、意義和滿足感強烈地激勵著你。你留在工作崗位是因為你想要留下。

「持續承諾」（continuance commitment）是出於對失去的恐懼。可能是經濟方面的損失（薪水、福利）、專業方面的損失（資歷或特定職能）或社會方面的損失（朋友或同事，也可能你留下是因為不想搬家）。例如我訪談過的許多倦怠醫生選擇留任，是因為他們有數十萬美元的學生貸款需要償還。有些人則是因為已經花了七年以上的時間接受醫生培訓，不想重新開始。無論持續承諾背後的原因是什麼，你留在工作崗位是因為你需要留下。

最後的「規範承諾」（normative commitment）是出於義務感。你留在組織中是因為你覺得這是正確的事情。也許你覺得應該對組織忠誠，因為他們投資於你的職業發展或冒著風險僱用你。或者你可能對同事或員工有強烈的忠誠感，又或者你覺得離開會對組織服務的人們有不利影響。在訪談中我聽到許多反映出規範承諾的評論，像是：「不是我還有誰？」「我不能放任我的人自己去想辦法。」無論具體因素是什麼，你留在工作崗位是因為責任感。

我要加上第四種承諾，或者更確切地說是缺乏承諾。我知道你們當中有很多人對組織的承諾為零，打算一有機會就離職。相信我，我也有過這樣的經歷，後面將會再討論。

無論你對組織有什麼樣的承諾，從「這是我夢想的工作，無論多麼疲憊，我永遠不會離開」到「這個爛工作誰愛幹誰幹」以及介於兩者之間的一切，都有助於確定你獨特的療癒之路。當你閱讀下面的自我照顧策略時，請記住是什麼樣的承諾在激勵你，以及這會如何影響你的康復。

從工作壓力「和」倦怠中復原的自我照顧策略

你可能幾乎無法控制整體工作條件（例如「起床奮鬥」的文化或不公平的制度），但你幾乎可以無限控制自己對工作環境及其壓力源的反應，以及你如何從日常工作壓力復原，這些壓力如果不加以管理可能導致倦怠。因此，自我照顧策略的重點是如何保護自己，從工作壓力和倦怠中復原。

組織心理學家把復原分成**工作中復原和工作外復原**，其區別不言自明，強調的是在工作中與工作要求搏鬥時需要某些形式的復原，另一些形式的復原則發生在你離開工作場所遠離工作要求時。我們將檢視這兩種類型的多種選擇，有些選擇可以在繁忙的工作日中迅速部署，也有一些策略是在整個職涯中可以持續依賴的。記住，關鍵是一致性，你必須定期管理日常工作壓力，以防止倦怠，而從倦怠中復原可能是一個漫長的過程，需要全面的療法。

1 **微休息**。在工作日當中穿插十分鐘的休息具有強大的減壓效果，因為打斷了工作緊張和壓力的累積，換句話說有助於防止壓力變成慢性壓力。研究顯示，比起一天結束時再一次休息較長的時間，或是忍著不休息等著放長假，相較之下頻繁的短時間休息更有效果。試著每一兩個小時安排一次微休息，可以用任何你喜歡的（健康）方式利用這段時間。走出去呼吸新鮮空氣、做一次短暫的冥想、在街區走走、與同事聊天、吃點零食、聽聽你最喜歡的音樂、喝點水、閉目養神，總之就是放鬆一下。這些小事可能看起來不足以應對你的壓力，但請記住效果是累積的。

2 **找樂子**。作家凱瑟琳・普萊斯（Catherine Price）表示，**真正的**樂趣形成，是在我們體驗到三種心理狀態交會融合時：趣味、連結和心流。趣味是一種輕鬆愉快的特質，你做這些事只是為了好玩；研究顯示，愛玩的人更擅長管理壓力。連結是感覺到與某人有特殊的共同經歷，可以幫助我們在遇到壓力時更有韌性。心流是一種全神貫注的狀態，重要的是，普萊斯指出心流是一種**活躍**狀態，而不是癱在沙發上無腦瘋狂追劇[8]。這與其他組織和行為心理學研究相呼應，這些研究發現，更費力、積極的活動形式（例如有氧運動），以及需要努力的掌握性經驗（例如學習一門新語言）對工作復原更有效[9]。

3 **維持社交連結**。我認識的每一個從倦怠中復原的人都願意示弱，讓其他人提供幫助。你可以仰仗親友的支持，幫助你找到前進的道路；與教練、導師或諮商心理師合作；把任務委派出去，或要求別人分擔你的工作量；聯繫能夠帶給你心理韌性的所有關係（需要喚醒記憶的話，可以參閱第二三九頁的圖5.1）；讓自己被積極、樂觀的人包圍，從他們身上汲取能量；努力與同事建立更牢固的關係。社交連結可以增強我們的抗壓性，讓我們的身心更健康，而孤立則是倦怠的直接成因。

4 **建立並維持界線**。這個建議會一提再提，永遠不過時。我們所有人都需要在個人生活和職業生活之間建立界線，保護我們的休息時間，讓我們在精神上脫離工作，也需要建立物理界線，以確保人身安全和最佳的工作條件（你喜歡辦公室的話匣子靠在你的辦公桌上天南地北閒聊嗎？我可不喜歡），還有防止負面情緒傳染的情感界線，以及專業界線使工作量保持在可控制的範圍，並防止疲勞。界線是一道道屏障，限制你接觸到許多造成倦怠的因素，像是過度工作、精神疲勞、答應每一個請求、不切實際的期望、與消耗你精力和樂觀情緒的負面同事共度。如果你已經處於倦怠狀態，一定要建立界線才能走上復原之路。

5 **嘗試抗壓飲食。**你知道嗎，有些食物中的營養可以降低壓力，減輕壓力的有害影響。富含omega-3脂肪酸的食物，例如魚類和海鮮、奇亞籽和亞麻籽，以及發酵食品如優格、克菲爾菌、泡菜、酸菜、康普茶、味噌、天貝和蘋果醋，已被證明可以減少焦慮，降低與高壓力和焦慮相關的有害發炎。富含膳食纖維的食物，像是水果、蔬菜、堅果、種子和全穀物，也可以減少身體的發炎反應[10]。

6 **適當的睡眠。**科學家注意到睡眠和倦怠之間存在雙向關係：睡眠不足是倦怠的主要危險因子之一[11]，倦怠也會引發或加重失眠和其他形式的睡眠障礙。從正面來看，充足的睡眠（健康成年人每晚七到九小時）可以緩解倦怠症狀，是全面復原的關鍵因素。良好的睡眠可以提升情緒和能量，讓你更容易以解決問題的心態面對壓力。

7 **利用公司的心理健康和保健資源**。最近對八百名員工福利和人力資源主管以及八百名員工進行的一項調查發現，六一%的受訪者使用過公司的醫療福利，但只有一九%的人使用過心理健康福利[12]。如果員工根本不去使用，那麼所有的健康計畫、員工資源團體（ERG）、員工協助方案（EAP）和員工福利都毫無意義。你應該要知道公司提供哪些福利，並且盡可能利用這些重要資源。

8 **休假**。同理，請充分利用你享有的任何有薪假。研究顯示，有薪假實際上減少了臨時缺勤，原因之一可能是員工透過放假得到休息和修復，因此壓力降低、健康提升。我們都需要在精神上脫離工作，包括正常工作日打卡下班（下班後不要查看電子郵件！）以及規劃休假時間用來恢復活力，照顧自己內心的需求。儘管休假可能在短期內導致產出減少，但那些有時間真正放鬆和減壓的員工在重返工作崗位時，心情會更好，精力更充沛，生產力也更高。

9 **度假**。美國是唯一沒有規定雇主提供特休假的已開發經濟體，你知道嗎？即使組織提供特休假，許多員工也不願意使用。皮尤研究中心（Pew Research Center）的最新數據證明，近半數的美國工作者沒有休完雇主提供的有薪假（包括特休和病假），原因包括：不覺得需要更多休假時間、擔心會落後、對同事必須承擔額外的工作感到抱歉、擔心影響晉升機會，以及擔心失去工作。略高於一〇%的人表示，他們的上司積極勸阻他們休假[13]。不把握機會休息、充電、從日常工作壓力中復原的員工，更容易出現精神和身體疲憊、憤世嫉俗和績效低下的情況，也就是**倦怠**的風險更高。雖然光靠假期無法治癒倦怠，但可以給你恢復的時間重新獲得能量，給你新的視角，補充睡眠，恢復積極的情緒和創造力，在精神上脫離工作壓力。

10 **休長假或留職停薪**。如果你的倦怠很嚴重，光是休假幾天或幾個星期可能還不夠。不管是短假期或休長假都無法治癒倦怠，但可以讓你徹底脫離工作和工作中的壓力源，有更長的時間充電和修復，甚至可能激發某種蛻變。商學院教授和研究人員琪拉·夏布蘭（Kira Schabram）、馬特·布魯（Matt Bloom）、丹尼斯·迪多納（Denise DJ DiDonna），對於出於各種原因休長假的專業人士進行了研究。一組人休長假是為了去做自己熱愛的事，另一組人是去旅行和冒險。但是第三組人經歷了最戲劇性的正面改變，他們休長假是為了逃避無法長期維持的不切實際期望和有毒的工作文化。研究者寫道：「他們身心俱疲，休長假是最後的手段，因為目前的道路繼續走下去是不可行的。」進入休假模式後，這些人「開始慢慢來」，因為他們需要「更長的痊癒時間」。他們睡得更多，吃得更健康，與朋友重新建立連結。當他們開始康復，他們的精力和興奮程度隨之上升，變得更有冒險精神，不再厭惡風險，並且獲得了新的視角。然後他們開始探索新的工作形式和職業道路，取得新的證照並且擴大人脈。研究人員表示，他們的模式「從恢復到探索，再到把學到的東西付諸實踐」。在休假結束後，不出所料，這群人中的大多數並沒有回到之前使他們倦怠的工作崗位[14]。

11 **盡情享受自我照顧和修復活動**。投資自己的幸福永遠不是壞事，但是在你倦怠時這個任務更是至關重要。不管你從事什麼活動或經歷讓自己感到修復、復原和充電，試著提高活動的頻率。不要害怕嘗試新事物。我的一位客戶強迫自己參加太極拳課程，當時他士氣低落、疲憊不堪，甚至不想離開家門。到現在他已經堅持練習了三年，他說這是他從倦怠中復原的關鍵因素。

12 **嘗試冥想**。正念冥想是客觀如實地覺察你的經驗，並且不帶批判地接受，這種練習已被證明可以減少自我批判和過度認同負面經驗，同時可以增強心理韌性、同情心和情緒調節，從而減少壓力和倦怠[15]。正念冥想訓練你單純注意你的經驗（無論是什麼經驗），然後輕輕放下，而不是過度認同負面經歷或困難的情緒，做出過激的反應。研究人員認為，這樣的效果是因為正念冥想緩和了壓力反應，讓我們在壓力發生時反應沒那麼大。

13 **管理你的心態。**你相信你能夠變好，而且會變得更好嗎？那麼你很有可能會變好。反過來說，如果你相信不可能變好，那你就完了。驚不驚喜、意不意外？心態就是這麼簡單，或者更準確地說，就是這麼強大。當你感覺自己被困在一份使你心力交瘁的工作時，重新調整心態特別有幫助。你的各種假設很少是百分之百正確的，所以趕快扭轉你的想法，從「我永遠無法離開」或「我永遠困在這份工作中」改為「我**現在暫時**不能辭職」。你可能確實不能立刻辭職，但總有一天可以。再試試看這樣想：「我目前**選擇**留下。」這種心態強調你的能動性和自主性，賦予你力量。倦怠會侵蝕你的掌控感，但你確實可以控制自己的選擇，對於許多人來說，要離開讓他們精疲力盡的工作，或是提倡職場變革以減輕倦怠，第一步就是相信他們有選擇，相信可以為自己開創更好的選擇。有關培養積極樂觀心態的具體技巧，請回頭參閱第六章。

14 **抑制負面的自言自語。**如果你相信你的內在批評者所說的話，絕對會壓力暴增。最近有一天我超級不順的，寫作就像拔牙一樣痛苦。經過一整天寫寫刪刪再重寫，我只寫出了兩段。我內心的批評者發動了一陣瘋狂質問和災難化攻擊：妳沒有以前那麼厲害了，這不應該那麼難啊，你永遠做不到，你完蛋了。我羞澀地向一個朋友吐露了我的自言自語，她馬上為我改編了這段話：**這真的非常非常困難，但我沒有放棄，我寫的兩段文字經過深入研究而且文筆流暢**。你知道嗎？她是對的！儘管困難重重，我還是堅持下來了，結果產出了精鍊的作品，也讓我更靠近在你手中的這本書。

15 **要求改變**。與領導階層交涉，看看你的工作條件可以做出哪些改變。能不能減少工作時間或工作量、至少部分時間在家工作、延長某些截止日期或重新安排你的職責優先順序？你需要重新分配到不同的團隊或部門嗎？你是否需要獲得更多回饋、認可或更高的報酬？你要駕馭的工作是否已經不知不覺超出原本的職位描述，或偏離了你的價值觀？與領導階層坦誠對談，討論需要做出哪些改變才能讓你重新獲得健康、快樂和生產力。

特殊案例：從同理愁苦中復原

同理愁苦是一種特別強烈且痛苦的倦怠觸發因素，既會導致倦怠，還會加速其發展。

它也是健康和公共服務領域常見的職業生涯殺手之一，導致許多員工身心俱疲，甚至遭受創傷。

同理愁苦是對他人痛苦和苦難的強烈厭惡反應，導致你為了保護自己而退縮。在經常接觸他人苦難的環境中工作的人，例如醫護人員和心理健康提供者，特別容易發生同理愁苦，但實際上這種情況可能發生在對他人情緒和經歷非常敏感的任何人身上。（也有證據表明，經歷過早期生活逆境的人更容易產生同理愁苦。）如果你容易受到他人感受的影響並產生共鳴，而你的日常工作使你暴露於他人的痛苦和苦難中，那麼你有很高的機率產生同理愁苦反應，這使你面臨非常高的倦怠風險。

首先讓我們弄清楚同情心（compassion）和同理心（empathy）之間的區別，雖然人們常互換使用這兩個詞，但它們其實並不相同。第一個要知道的基本差異是，同情心是**為**他人感受，而同理心是**與**他人共感。社會心理學和發展心理學的研究表明，同理心實際上先於同情心，運作原理是這樣的：對某人苦難的同理心反應會導致兩種反應：同情心或同理愁苦。同情心的特徵是對受苦之人感到溫情、擔心和關懷，重要的是伴隨著強烈的動機，想要接近這個人，幫忙減輕痛苦。另一方面，對他人苦難的同理心反應，意味著你實際上正在感受到他們的苦惱、悲傷、恐懼或痛苦，在這種情況下的自然反應是遠離痛苦的根源。換句話說，同情心是以他人為中心，同理心則相反，以自我為中心，而且伴隨著強烈的動機用退縮來保護自己[16]。所以，經歷同理愁苦的人有更高的風險出現抑鬱、焦慮、健康狀況較差、非社會性行為和倦怠，這並不足為奇。

多年來，人們用「同情疲勞」這個詞來描述由於過度認同在工作中幫助的人的苦難，因而產生的次級創傷（又稱為繼發性創傷）。但是新的研究顯示「同情疲勞」可能用詞不當，根據這項新科學，同情心具有心理和神經方面的**活力**，會增加大腦活動釋放「感覺良好」的荷爾蒙多巴胺和催產素，並且產生正面的情緒，實際上能夠抵消同理愁苦的負面影響。會消耗我們的精力、產生負面情緒、增加壓力、提高倦怠風險的是同理愁苦，而

同理心	
同情心	同理愁苦
以他人為中心的情緒 正面的感受：例如愛 有益健康 想要接近，利社會動機	以自己為中心的情緒 負面的感受：例如壓力 有害健康，倦怠 想要退縮，非社會性行為

圖7.1 對他人苦難的兩種反應[17]

不是同情心。

獸醫學教授崔莎・道林（Trisha Dowling）完美闡釋了如何以同理關懷和同情心回應，但不越界陷入同理愁苦。她寫道：「對我的客戶（絕症末期的寵物）做出安樂死決定的同理心，會引發我自己的悲傷感受，但是轉為對客戶的處境產生同情心，會帶來理解、同理關懷和正面的情感，這些平衡了我的悲傷，促使我採取行動幫助我的客戶。同情心使我能夠放慢腳步，與我的當事人同在而不會感到愁苦，不至於為了自衛而退縮，匆匆忙忙完成手續。[18]」

當我們能夠以同情心而不是同理愁苦做出回應時，不僅能免於次級創傷和壓力增加，還可以獲得積極的感覺，增強我們的心理韌性。而且非常重要的是，我們能夠與他人同在，幫助需要幫助的人（或動物！），不會因為不知所措而退縮，讓他們獨自承受痛苦。

幸運的是，有大量研究證明，同情心訓練可以有效增強對自己和他人的同情心，促進自我覺察、心理韌性、積極情感、親社會行為和非評判態度，同時降低壓力和焦慮。其中大多數研究是針對正念冥想方法，像是正念減壓（MBSR）、當下覺知、身體掃描、呼吸練習以及慈心禪或慈心冥想。我有幾個客戶對超覺靜坐（Transcendental Meditation）的效果讚不絕口，包括這位督學對每天兩次超覺靜坐效果歷歷如繪的描述：「有一種平靜、安寧的感覺，對降臨在你身上的一切有一種喜愛。我可以真切感受到緊繃的肌肉和一切壓力就這樣消逝……讓我震驚的是，好多原本看似不可能的問題得到了解決：你站起來，感覺這並不重要，或者是你找到了解決方案。」正念冥想的課程和線上指引隨處可見，可以透過Insight Timer、Headspace和Calm等應用程式取得。

重新連結

踏上倦怠復原之路幾個月後，我開始以新的眼光看待痊癒的過程：我正在緩慢而穩定地重新連結被倦怠削弱或切斷的所有聯繫。

倦怠終究已經成為一大障礙，妨害我的健康、我的表現、我計劃的職業軌跡，甚至是自我認知。我不是那個不知疲倦的無敵工作者，總是交出A^{+}的成績，認為一層層穩步上升到成功傳奇的頂峰是理所當然的（無論目標是什麼……目標一直在變動）。我意識到我**從來就不是**那個人，也沒有人是，而且我甚至不想成為那個人！

不說別的，至少倦怠有澄清的功用。體驗過倦怠會讓你知道什麼對你有用、什麼沒有用，你願意和不願意為工作犧牲什麼。即使你沒有像我一樣跌到谷底，倦怠也會迫使你面對你不能再忽視、否認、假裝或拖延的事情：有些事必須改變。

鳳凰城警察局退休局長潔莉・威廉斯（Jeri Williams）在二〇二二年春天走到了這個轉捩點。在三十多年的執法生涯中，她經歷了許多高壓力事件，包括死亡威脅、炸彈威脅、在她家中上演的抗議活動和槍擊事件，因為擔心她會被綁架或殺害而被強制撤離同志遊行，以及不得不處理警察槍擊事件的嚴峻後果。但二〇二一年發生的「一連串不幸事件」標誌出威廉斯職業生涯中壓力最大，也是傷害最大的時期。

美國司法部在八月宣布對鳳凰城警察局展開調查，此前警方以幫派罪名逮捕了抗議者，而威廉斯在重新指派工作後，被她自己手下的一些警官起訴。威廉斯對我說：「感覺從公事公辦變成了針對個人，從那時起，我開始重新評估自己的心理健康和自我價值。」她說，每次電話響起，她都會感到「一陣恐慌」，滿心戒備準備迎接更多壞消息。到了二〇二二年春，她「在情感上、身體上和精神上都疲憊不堪」，所以她做出了艱難的決定，向老闆請辭。她說：「把話都說出來以後，就好像真的卸下了千斤重擔。」

同時，她覺得對這座城市和警察部門負有巨大的責任，因此她和市政經理想出了一個退場策略，讓她留任到臨時警察局長接手為止。在那段時間裡，她開始想像度過倦怠後的生活會是什麼樣子，自二〇二二年十月退休以來，她一直在為全國其他警察局長提供輔導和指引。除此之外，她不再關心細節。她說：「我的復原有很大一部分就是拋開必須掌控一切的觀念。我的整個人生都是計畫好的，現在我對沒有計畫**完全可以**接受。」

威廉斯在三十三年的職業生涯後已經準備好退休。但如果你打算在度過倦怠後繼續工作，首要任務就是改變導致你倦怠的工作壓力，無論能做到什麼程度都好。接下來的步驟是專注於自己能做到的事，這讓我們回到重新連結，對我來說，這是復原過程中最棒的部分之一。你必須重新連結對你來說**真正**重要的事物，以及任何能讓你保持低壓力、高幸福感和高活力的健康環境和做法。

請帶著期待的態度邁入治療之旅的這個階段。這是一段修復、恢復活力、復甦的時光，讓你有機會縫補因倦怠磨損的連結，有機會重新點燃興奮的情緒和參與感。我發現，我越是相信重新連結帶來療癒的想像，我就越感到充滿希望。我的心態變成**從現在開始一切會變得更好**，事實也的確如此。

重新連結得到恢復

科羅拉多復原力藝術實驗室（Colorado Resiliency Arts Lab，簡稱CORAL）位於科羅拉多大學的安舒茨醫學校區（Anschutz Medical Campus），是一個創新的計畫，目的在應對越來越多的醫療保健專業人員遭受倦怠和心理困擾。CORAL結合了研究實驗室和創意藝術課程，提供各種藝術療法幫助減壓、培養積極的應對技巧、增強與個人工作使命的連結以及與同儕的連結——這些都有助於參與者從倦怠、工作相關壓力甚至創傷中復原。

CORAL發表的首項研究，把一百四十六名倦怠的醫護人員分為四組進行藝術治療（創意寫作、視覺藝術、音樂和舞蹈）以及一組未接受治療的對照組，結果發現接受藝術治療的人，無論是哪一組，焦慮降低了二七・八％，憂鬱下降三五・五％，創傷後壓力症候群（PTSD）下降二五・八％，倦怠所有的三個組成部分均得到改善，尤其是情緒耗竭降低了一一・六％。此外，正面情緒得分增加了二八％，負面情緒得分則下降超過二三％，辭職意向降低了一〇・一％[19]。最近發表的一項後續研究也得出了類似的結果：藝術治療再次減輕了參與者的倦怠症狀，促進了整體康復和更強的復原力[20]。

這些結果非常引人注目，當你深入窺視CORAL計畫的方法時，就會開始看到其中的神奇力量。在最初的研究中，參與者被分成四十到六十人的同儕群組，連續十二週每週聚會九十分鐘。每次聚會都遵循一套標準流程，目標是創造一種心理安全感、鼓勵展現脆弱，使參與者的經歷融入社群，換句話說就是建立深層的連結。前四次聚會用創意的方式介紹小組成員、建立期望、促進信任和真誠的情感表達。中間的四次聚會鼓勵參與者展現脆弱，用這種方式提高心理韌性；最後四次聚會專注於藝術創作，包括個人作品以及團隊創作案。

CORAL主任暨共同創辦人麥可・莫斯（Michael Moss）博士認為，該計畫的成功要歸功於團體治療與創意實踐的結合[21]。參與者能夠坦誠分享工作生活中的高潮和低谷，在一個安全和支持的環境中處理他們的高壓經歷和負面情緒狀態，與提供能量和支持的人連結，並且透過創意表達手段釋放壓力。在高壓和倦怠讓這些參與者精疲力盡、憤世嫉俗、效能降低甚至創傷之前，能夠有機會與了解他們經歷的人建立連結，與他們理想中的自我形象重新連結。

不是所有人都有機會接觸到結構化的藝術治療方案，但我們沒有理由不能借鑑

CORAL的方法，自己開始透過重新連結得到恢復。如果你跟我一樣沒有半點藝術天分，那也沒關係。不管怎麼說，重要的是過程，而不是產品。

其次，不必非藝術不可，也可以是任何能夠幫助你在緊張的一天後擺脫工作減壓的休閒活動、愛好或消遣，最好是激發心流狀態的活動。這裡有一些我的研究參與者和客戶提供的例子：園藝、午睡、填字遊戲、水肺潛水、外出用餐、老爺車修復、加入保齡球聯賽、下棋、開車、健行、釣魚、閱讀、志工服務、旅行、絎縫註1、賽跑、跳舞、烹飪、跟寵物玩、寫詩、刺繡。我的一個客戶是狂熱的木工，我很喜歡他對這種最愛的消遣方式如何釋放壓力的優美描述：「從混沌中整合出一種新的形式，例如用一塊空白的木頭做成櫥櫃，對我來說是最大的關鍵。擁有一個可以逃脫的創意出口，真的能讓我重回正軌。」

如果你目前沒有參與任何這樣的活動，回想一下在倦怠之前你喜歡做什麼，看看能不能重新建立連結。或者有什麼事情，是你一直想嘗試但一直沒時間去做的？相信我，不要再拖延了。我認識的具有倦怠免疫力或從倦怠中復原的每一個人，都有意識地在工作之外

1 編註：quilting，源起於十五世紀的工藝技術，以長針縫製具有夾層的紡織物，固定裡面的棉絮等。

開創有意義的生活，優先做自己喜愛且能帶來快樂的事情。

最後，不要忘記，重新連結最重要的部分或許是這個過程需要群策群力。從倦怠中復原絕不是僅靠一個人努力，CORAL和其他倦怠恢復介入措施都離不開社交連結的力量。我們需要其他人傾聽我們的心聲，幫助我們找到解決問題的新方法，幫助我們處理與工作壓力相關的負面情緒，幫助我們減少孤立感，從而減輕我們的壓力負擔，尤其是當工作壓力無法改變或改變不夠快時，我們需要支持的人在身邊。你的韌性人脈隊伍裡有哪些人？誰會以開放、同情和保密的態度聆聽你的工作經驗？

梅約診所發起了一項名為COMPASS的內部研究計畫，計畫全稱是COlleagues Meeting to Promote And Sustain Satisfaction（做法是：醫生們定期一起吃午飯）。在這項研究中，一組醫生在六個月內隔週聚餐聊天，對照組則一切照常。午餐小組有一個指定的討論主題，除此之外完全自由，沒有主持人或領導者在場。

六個月後研究結束，參與者表示倦怠感下降了一二・七%，憂鬱症狀下降一二・八%，辭職意向下降一・九%。另一方面，對照組的所有症狀都**惡化了**，尤其是辭職意向在研究過程中增加了六・一%[22]。

正面結果如此顯著，以至於梅約擴大了該計畫。簡單的人際連結卻有這麼大的力量！不需要昂貴或複雜的手段，只需要傾聽和被一群同行傾聽。目前有超過一千七百名醫生和科學家參加COMPASS計畫，每兩週聚會討論共同的工作挑戰和問題，享受相互連結的同志情誼[23]。

重新想像

此刻我們終於走到了一直以來的目標點，我們要開始重新想像並重新捕捉理想自我的願景，然後繼續前進，把願景變為現實。重新想像是樂觀的終極鍛鍊，也是對自己的終極肯定。

即使你仍處於倦怠之中，還是可以開始重新想像你最想成為的自己，以及最想過的生活。事實上，可能沒有比現在更好的時機了。重新想像會給你一個渴望的目標，也會給你療癒的深層動力。它會給你希望。

在心理學領域，「理想自我」有特定的意義，是自我概念的一部分。自我概念是你對你是什麼樣的人的整體意象，是你對自己的信念和看法，受到生物學、社會和環境因素的影響，是你對「我是誰？」這個問題給出的答案。

另一方面，你的理想自我是你希望成為的自我，是你對「如果可以，你想要成為什麼樣的人？」這個問題的答案。

理想自我包含了我們對未來的夢想和憧憬、我們的熱情以及對想要的生活最深刻的表達。可想而知，那些讓我們遠離理想自我的工作會增加倦怠的風險，而符合理想自我的工作則有助於對抗倦怠。最好的情況是你的工作甚至有助於實現你的理想自我。如果你成為了想成為的人，做著想做的事，那會是什麼樣的自我和生活？

理想自我的概念真正觸動了我，是在我念博士的時候。那時我已經從倦怠對身體的影響中恢復過來，並且對自我照顧的實踐做出了重大的積極改變。我甚至開始追求一生的夢想，那就是繼續深造，為轉換跑道做好準備。但是，對於自己的核心認同，以及我想為世界做出什麼貢獻，我還沒有一個深刻、指導性的願景。我知道有一天我想教書，而且可能會想成為高階主管教練。我想這一切都會以某種方式解決，畢業以後再看看會怎麼樣。

這一切在我認識了理查・波雅齊斯的意圖性改變理論（Intentional Change Theory）後開始發生變化，這個理論提出了更細膩的理想自我概念。在波雅齊斯的模型中，理想自我由三個部分組成：（1）對理想未來的想像，（2）希望（包括自我效能和樂觀），（3）對核心認同的全面認識。波雅齊斯和同事克麗歐・阿葵武（Kleio Akrivou）認為，理想自我是我們為了更接近理想未來而做出任何有意識改變的主要動力。（他們也指出，有意識的改變確實是一項艱苦的工作，這讓我感到非常安心。）有意識的改變之所以會失敗，是因為我們缺乏足夠的動力和適當的內在動機。只有對理想自我有了充分的認識後，我們才能做出有意識的改變，使理想自我成為現實。因此，理想自我既是一份藍圖，也是一股推動力，推動我們越來越接近我們真正想成為的人，從事符合我們崇高目標的工作。

在我的博士論文指導教授安妮・麥基的領導力課程中，我對理想自我的願景開始變得更加清晰。在整整兩天的時間裡，我們進行了願景練習、領導力發展課程、小組討論和大量的深入自我反思，實在非常緊湊！我們的作業是根據我們對理想自我的概念，詳細描繪出未來的願景。我全心全意投入其中，不僅詳細說明了我想要實現的職涯目標和個人里程碑，還詳述了想要的生活方式、希望工作如何融入生活、想要做出的貢獻，以及想要如何支持其他人的發展。這項作業讓我對理想自我和我想要的東西有了清晰的認識，使我能夠制定最有效的戰術方案去實現目標，允許我掌控自己的未來，而不是處於自動駕駛的狀態隨波逐流。

月復一月，年復一年，我遵循這個計畫，看著我的願景變成現實。我獲得了博士學位，開始教書，承接了大型研究案，並且取得了教練證書。我時不時地會看著一開始做的那個願景練習作業，驚嘆竟然能這樣一步步完全實現。現在回想起來，我發現，當我開始從倦怠中恢復之後，意圖性改變理論是推動我前進的最大動力。從那一刻起，我做出的每一個重大決定都是主動、有意、深思熟慮的。擁有理想自我的願景使我的抱負更加具體和緊迫，給了我改變的能量，引導我制定行動方案讓自己保持在正軌上並實現改變。它標誌著我開始完全覺察、完全清醒地過日子。最終，它幫助我追求有意義的工作，為我的價值觀和最高目標服務——促進變革性的體驗，激勵人們遵循自己的價值觀，實現他們獨一無二的使命，同時不致犧牲我的身體或心理健康，或我與親友相處的時間。

朋友們，我就是這樣經過多年的努力，終於獲得了倦怠免疫力。

你的理想自我和工作環境

現在輪到你了。你希望工作如何融入生活，而不是反過來？你如何追求從獨特的理想自我中浮現的夢想和目標，並且與價值觀和使命保持一致？我們將進行一系列練習，幫助你釐清你的理想自我和理想的工作環境，然後我們會透過願景練習把這些東西整合在一起，幫助你重新想像，重振你在工作中的最佳狀態。這些練習比較長，需要深刻的自我反思，所以可能需要分幾次完成。

練習一：我的理想自我清單

這些問題的目的在激發自我反思，因此如果有任何問題沒有引起你的共鳴，請先跳過，往下看那些引起你共鳴的問題。讓我們開始想像你的理想自我，那是你最想成為的自己，你「最瘋狂夢想」中的自己。盡量畫大餅，不要自我審查！允許自己想像你最好的樣子。

身體

- 想像自己最健康、最有魅力、最有能力的樣子。哪些條件有助於達到這種最佳的身體狀態？

情緒

- 想像自己最快樂、最踏實、最有自信的時候。哪些條件有助於形成這種最佳情緒狀態？

社交／關係

- 想一想你理想生活中圍繞著你的人。你是一個大朋友圈的一員，還是關係密切的小圈子的一員？
- 你是長期伴侶關係中的一方、單身交際花還是獨行俠？
- 你的理想自我包括為人父母嗎？如果答案是肯定的，你有幾個孩子？
- 你的家庭是什麼樣的？你與家人多常互動？是什麼樣的互動？
- 你認為社交互動和獨處時間的理想平衡是什麼樣子？

行為

- 你參加什麼類型的休閒活動？多常參加？
- 如果要你設計理想中的時間表（睡眠和起床時間、每週工作時間、休息和休閒時間等），會是什麼樣子？
- 你參與過任何類型的志工活動嗎？如果是的話，請描述一下活動內容。

智力／創意

- 你參與了哪些持續學習的機會？可以是任何事情，從正規教育、參加讀書會，到參加系列講座和網路研討會。
- 對於與他人分享你的知識、專業、創意或才能，你有什麼看法？

精神／意義建構

- 你有任何信仰嗎？如果是的話，請描述一下。
- 你有參加宗教或靈性團體嗎？如果是的話，請描述一下。

- 你是否有任何傳統或非傳統的靈修方式，讓你保持專注並與超越自我的感覺連結？是哪些方式？
- 整體而言，套用我一個客戶的說法，你如何「集合自己的精神福祉」？

專業

- 我們將在下一個練習中探索你理想工作的具體細節，但在這裡先讓我們大膽夢想一下。你正在從事哪些專業工作，來實現獨一無二的人生目標？你可以用下面的提示激發思考，請隨意調整：

我【提供／創造／催化】【產品／服務／解決方案】給【客戶／顧客／受眾】，讓他們能夠【結果】。

有兩個客戶的回應特別讓我印象深刻，其中一個是：「我創造改變人生的奇妙冒險，給那些總是想追尋幸福卻磨磨蹭蹭的旅行者」。另一則回應是從回顧成功職涯的角度寫下的：「我設計、建造並贈送了一個美麗、實用的家，給洛杉磯每一個無家可歸的人。」這現實嗎？一點也不現實，但這不是重點。這個人捕捉到他理想職業生活中最深的渴望，你猜他正在做什麼？他離開建築公司，加入了一個非營利組織，為無家可歸和低收入的個人及家庭建造可負擔的住宅。

練習二：我理想的工作環境清單

現在，想像你夢想中的工作，讓我們更具體描述你理想的工作環境。

物理條件

- 我們將從最大的全局想像到最細微的枝節。首先，你在世界的哪個地方工作？（可以說出多個國家和大陸！）是什麼類型的區域（市區、小鎮、鄰里、鄉村等）？
- 在這個具體的地點，你理想中的工作環境有哪些物理條件？舉例來說，你的理想自我是在一個寬敞的開放式辦公室、獨立的商務辦公室、家庭辦公室、在野外、在路上，還是不限於任何特定地點？你想要每天到公司上班、完全遠距工作、遠距和實體混合，還是成為數位遊牧者？

- 再來是工作空間的能量流動。你是在一個熙熙攘攘、充滿活力的環境中，還是愜意地窩在家庭辦公室？是介於兩者之間還是兩者兼有？

社交／關係

- 你大約有多少同事？他們是什麼樣的人？
- 你在現場與同事互動和協作的情況如何？在工作之外與同事互動的情況如何（如果有的話）？
- 你如何與領導者溝通？如果你是領導者，你如何與隊友和員工溝通？

行為

- 在自主性、彈性和你對工作流程的掌控等方面，你完成工作的理想條件是什麼？
- 你理想的有薪假和假期政策是什麼？
- 你的工作和非工作時間之間有什麼樣的界線？在你的理想願景中，這些界線如何被尊重？

- 你在多大程度上參與決策、設定日程、制定使命或願景？
- 為了把工作做到最好，你需要什麼樣的回饋？用什麼方式接受這些回饋最理想？

情緒

- 哪些情感界線可以讓你把工作做到最好？這些界線如何被尊重？
- 有哪些資源和保障措施可以支持你的心理和情緒健康？取得這些資源的理想方式是什麼？
- 你的工作文化如何投入資源並保護你的情緒和心理健康？人們對自己的情緒和心理健康有多開放？你可以獲得哪些類型的支持和照護？

價值觀

- 有哪些價值觀激勵和驅使你在工作中全力以赴？
- 你理想的工作環境如何使你能夠實踐這些價值觀？
- 你的價值觀如何與組織的使命保持一致？

報酬

- 你理想的薪酬是怎樣的？說出一個數字，但也要考慮金錢以外的方面，比方說，你想要股權嗎？你想擁有一家公司或企業嗎？你想要打零工以獲得最大限度的彈性嗎？你想做一些完全脫離體制的事情，比如以物易物嗎？請記住，現在是夢想的時刻，你可以放心做夢。
- 你希望你的努力如何被認可？
- 你希望你的努力如何被感謝？
- 你希望如何知道你正在產生影響，做出成效？

成長與進步

- 在你理想的工作環境中，你利用了哪些類型的培訓、持續教育、專業發展或輔導方案？
- 有哪些晉升和職涯發展的機會？
- 當你走到職涯的終點時，你希望身處何處？你希望自己已經實現了什麼？

練習三：願景：重新想像你的影響力

利用你剛剛進行的所有豐富反思，回答以下問題，找出你希望透過工作獲得的經驗和影響：

1 當我去工作時，我想要感覺＿＿＿＿。

2 在一天的工作結束時，我想要感覺＿＿＿＿。

3 我的工作產生的影響是＿＿＿＿。

4 從我的工作中受益的人是＿＿＿＿。

5 如果我一生中能完成一件事，那就是＿＿＿＿。

6 我希望大家記得我，是因為＿＿＿＿。

當你思索答案時，你注意到什麼樣的模式？哪些條件可以幫助你超越目前的處境，制定願景和計畫，提供你需要的能量去實現你想要產生的影響？

美好的事物

我知道我在這本書中丟了很多東西給你，而且這些事情並不容易，特別是如果你已經倦怠或面臨倦怠的風險，或者如果你正在進行大量深刻的自我反思，也許是首次面對一些痛苦的現實。但相信我，這一切都是值得的。我保證！我不是那些天生就有倦怠免疫力的幸運兒之一，而且我也不是那種在壓力下依然心平氣和的聖人。這就是為什麼即使到了今天，在我取得巨大的進步，從倦怠中復原並且修復與工作的關係之後，我依然每天努力鍛鍊情商技能。具體而言，我承諾持續變好，讓生活以我的價值觀、使命和對理想自我的願景為中心。每一天我都能看到理想自我變得更清楚一點，如果工作中有任何事情讓我遠離那個最健康、最快樂的自己，我會說不。我不想那樣生活，你也不應該。這就是最大的回報，不管你是想要從倦怠復原，想要學會免於倦怠的技能，或只是想要學習更好的方法去管理工作壓力。現在你可以自由地專注於美好的事物，那些使生活變得有意義、有價值的事物。

我再次想起了哈佛成人發展研究，以及經過幾十年的研究和花費數百萬美元後，研究結論如何歸結為最簡單的真理：愛、幸福和溫暖的關係。研究負責人羅伯特．沃丁格博士最近被問到他對「美好生活」的定義，他的回答直白得令人耳目一新：「和我關心的人一起從事我關心的活動。[24]」

你正過著這種美好的生活嗎？你是否與你關心的同事、顧客和客戶一起從事你關心的有意義的工作？沒在工作的時候，你會和你愛的人一起做一些愉快的事嗎？**美好的生活**是我們努力變好的原因，意味著我們現在擁有身體、精神和情緒資源去追求想要的生活，值得為之變得健康的生活。這種生活可能時不時甚至大部分時間充滿壓力，卻是充實、有效能、有影響力的生活，在最好的日子裡會給你和其他人帶來真正的快樂。

親愛的讀者，這就是我對你們每一個人的期許！

致謝

說實話，我沒想到研究和寫書會這麼有趣。我跟很多拿到博士學位的朋友一樣，曾經以為完成博士論文後可能再也不會想寫任何東西了。顯然，博士後寫作創傷是真實存在的，而且天哪，我確實經歷過這種創傷！我也不知道我能不能放下辛苦培養的學術寫作技巧，用一種不會讓人打瞌睡的方式寫出一本關於我的研究的書。

但如果說生活經驗和研究教會了我一件事，那就是我們讓自己被什麼樣的關係包圍，直接影響了我們能夠做到的事。我與寫作夥伴凱瑟琳・克奈珀（Catherine Knepper）建立的關係就是一個典範，如果說這本書和我的生活都因為有她參與而變得無法衡量的美好，那還是太輕描淡寫了。從我們見面的那一刻起，我就知道凱瑟琳懂我。她有一種不可思議的能力，經常在我開口之前就知道我想說什麼以及想要怎麼說。她幫助我找到自己的聲音，然後呈現在頁面上，而且她鼓勵我展現自己的脆弱，即使這有時候讓我感到尷尬和不舒服。她不僅幫我避免了一些壞主意，還把優異的聰明才智和創造力帶入了本書的寫作。

我非常感謝她的友誼以及她對這本書的巨大貢獻，期待未來能繼續合作。

懷著最深切的謝意，我還要感謝為本書做出貢獻的其他人，他們曾經（並將繼續）是我獲得心理韌性的重要來源。

我的作家經紀人——馬薩爾里昂作家經紀公司的吉兒・馬薩爾（Jill Marsal），從一開始就相信這個寫作計畫會成功。當她同意接納我成為客戶時，我知道我有了一個夢幻團隊。她在整個過程中的指導和鼓勵是無價的。

我在哈潑柯林斯（HarperCollins）的編輯柯碧・桑德邁爾（Kirby Sandmeyer）和荷莉絲・海姆布赫（Hollis Heimbouch）立即理解了我的願景，看到了這個案子的潛力。她們還看到了這本書將會產生的影響，超越了我最瘋狂的夢想。我要感謝她們認可我的願景和想法，也感謝她們卓越的編輯，提高了這本書的品質。

我的公關團隊Fortier PR的馬克・福蒂爾（Mark Fortier）和瑪洛里・坎波利（Mallory Campoli）提供了我需要的專業知識和指導，使本書獲得最大的能見度和影響力。我特別感謝馬克對書名的建議，準確而真實地捕捉到我研究成果的精髓。

當我在第五章寫到有意義的關係時，有幾個人一直在我的腦海裡。

我的家人——艾瑞克、史賓塞、寇森和索耶・赫南德茲（Erick, Spencer, Colsen, and

Sawyer Hernandez）——不斷提醒我，有壓力的人生才是有意義的人生。為了能夠專注於我的研究和寫作，我犧牲了與他們相處的大量時間，他們一次也沒有讓我為此感到內疚。他們對我的工作表現出興趣，並給了我需要的耐心和空間，讓我專心做我喜歡的事情。看到孩子們成長為我和艾瑞克期許的堅韌榜樣，對我來說意義重大無比。

我的父親羅伯特・韋恩斯（Robert Wiens）是我見過最堅韌的榜樣。他的榜樣或許是我對心理韌性文獻有興趣的最大原因。他的人生經歷對大多數人來說可能導致悲慘的後果，但他的精神力和穩定的情緒挽救了這一切（可能也挽救了我的人生）。我非常驕傲能夠成為他的女兒，對他存在於我的生命中感到難以言喻的感激。

我的繼母凱西・韋恩斯多年來一直對我的工作表現出濃厚的興趣。她一路上的支持和鼓勵，在最艱難的一些日子裡鼓舞了我。

我的妹妹喬迪・費爾曼（Jodi Fellman）一直是我最棒的啦啦隊長。當我在寫書過程中遇到自我懷疑或不知所措的時刻，她的每日Snapchat正好給了我重新調整和重新集中注意力所需的東西。而且當我感覺亂成一團彷彿天要塌下來的時候，她會用FaceTime向我展示她最新的舞步，讓我一秒回到現實，屢試不爽。

我的好朋友戴林・羅威爾（Darin Rowell）博士不斷提醒我，最佳表現和心理韌性取決於人際關係。在過去的十年裡，他幫助我理清思路，針對我的價值觀和目標採取行動。而且在我們念博士時以及本書的寫作過程中，他提供了我需要的支持和鼓勵，讓我能夠盡最大努力投入研究和寫作中，同時保持我對倦怠的免疫力。我還要特別感謝他對我的初稿提供回饋，陪我一起設計了書中的一些練習，並且幫助我把研究成果轉化為幾篇《哈佛商業評論》的合著文章。

我在賓州大學的團隊：唐・博耶（Don Boyer）博士、安娜・魏斯（Anna Weiss）博士、杰・梅塔（Jay Mehta）博士、詹姆斯・奧蘭多（James P. Orlando）博士、妮薩・萊威（Nyssa Levy）、潔西卡・霍爾（Jessica Hall）和艾波・柯曼（April Coleman）在整個旅程中一直是我的好夥伴。我感謝他們的支持和鼓勵，那是我對抗壓力的主要解藥。

我的導師安妮・麥基博士和奈傑爾・潘恩（Nigel Paine）博士，教會了我成為一名深切關注研究參與者生活經驗的實務學者。透過多次私下談話以及在課堂上的時間，他們激發了我的熱情和好奇心，想要知道在今日這個要求苛刻的世界中，需要哪些條件和特質才能成為有效能的領導者。他們教導我重視自我疼惜、與崇高目標的深刻連結，以及對終生學習的承諾。

我的同事和研究導師達納・卡明斯坦（Dana Kaminstein）博士和雪倫・拉維奇（Sharon Ravitch）博士，幫助我培養了研究者的心態，以及進行嚴謹的學術研究需要的技能。早在我知道質性研究是怎麼回事之前，我就對其他人的生活經驗抱持著深深的好奇心，但直到我和達納及雪倫一起上了研究方法課程，我才能夠轉換身分成為實務學者。

我的朋友葛雷琴・施梅爾澤博士和彼得・洛珀醫生，經常和我一起興奮地研究與人類健康發展相關的所有事情。我希望我從他們那裡學到的知識能夠在書中得到準確的呈現。他們兩個對我幫助非常大，為我的初稿提供回饋意見，也幫助我思考和設計出一些練習。

我在賓州大學的博士班和碩士班學生、我輔導的客戶和研討會參與者是最棒的實驗對象，讓我能夠測試本書中的許多反思問題和練習。

最後，或許也是最重要的，我要感謝參與我研究計畫的數百位參與者。我非常感謝他們寶貴豐富的經驗，也感謝他們願意撥出時間與我分享。

倦怠風險評估

保護自己免於倦怠首要也是最重要的一個步驟，就是覺察自己的風險程度。你的風險等級是高還是低？回答下面的問題，然後把每一題答案括號中的分數加起來，計算你得到的總分。如果你比較喜歡電子版（英文版），可以到網站做評估，網站上還有其他工具和提示可以幫助你應對倦怠的經歷**編按**。

過去三個月，我的壓力程度是……

非常輕微（1）

可以忍受（2）

令人痛苦（3）

嚴重（4）

糟透了（5）

我的精力集中在我能控制的事情上。

非常不同意（5）
不同意（4）
無意見（3）
同意（2）
非常同意（1）

我對於在有壓力時向別人求助感覺很自在。

非常不同意（5）
不同意（4）
無意見（3）
同意（2）
非常同意（1）

我在工作中常與其他人發生衝突。

非常不同意（1）

不同意（2）

無意見（3）

同意（4）

非常同意（5）

我認為壓力源是可以解決的問題。

非常不同意（5）

不同意（4）

無意見（3）

同意（2）

非常同意（1）

我的工作文化感覺有毒。

非常不同意（1）

不同意（2）

無意見（3）

同意（4）

非常同意（5）

我工作的時間比我想要的更長、更辛苦。

非常不同意（1）

不同意（2）

無意見（3）

同意（4）

非常同意（5）

我的身分認同遠遠不只有我的工作。

非常不同意（5）
不同意（4）
無意見（3）
同意（2）
非常同意（1）

我感覺壓力大到難以長久承受下去。

非常不同意（1）
不同意（2）
無意見（3）
同意（4）
非常同意（5）

在過去的三個月裡，我曾經考慮過離職。

非常不同意（1）

不同意（2）

無意見（3）

同意（4）

非常同意（5）

我擁有高效工作所需要的支援。

非常不同意（5）

不同意（4）

無意見（3）

同意（2）

非常同意（1）

我現在對工作的態度很差。

非常不同意（1）
不同意（2）
無意見（3）
同意（4）
非常同意（5）

一天的工作結束時，我感到情緒上非常疲憊。

非常不同意（1）
不同意（2）
無意見（3）
同意（4）
非常同意（5）

我在工作中感受到一種使命感。

非常不同意（5）
不同意（4）
無意見（3）
同意（2）
非常同意（1）

我覺得我很擅長我的工作。

非常不同意（5）
不同意（4）
無意見（3）
同意（2）
非常同意（1）

我很難對別人說「不」。

非常不同意（1）
不同意（2）
無意見（3）
同意（4）
非常同意（5）

無論多忙，我總是會騰出時間給工作以外我喜愛的人和事。

非常不同意（5）
不同意（4）
無意見（3）
同意（2）
非常同意（1）

壓力很大時，我會專注於我對接下來發生的事情能夠產生的正面影響。

非常不同意（5）
不同意（4）
無意見（3）
同意（2）
非常同意（1）

我現在為了工作做出太多個人犧牲。

非常不同意（1）
不同意（2）
無意見（3）
同意（4）
非常同意（5）

我專注於生活中對我來說最重要的事情。

非常不同意（5）

不同意（4）

無意見（3）

同意（2）

非常同意（1）

評估結果

二十到四十分＝低風險

你的壓力程度應該可以透過目前的支持系統合理控制。你可能會感受到工作和生活的和諧感，並且通常有足夠的精力完成事情。設定和保持界線可能也會對你有幫助。為了維持你的韌性，你可以思考有哪些心態、行為和人正在支持你。遇到困難的案子或一年中忙碌的時節，請依靠這些支援，並且加倍努力自我保健。保持健康的習慣，你就可以遠離倦怠。

四十一到七十分＝中度風險

有時你可能會感到精疲力盡和倦怠，有時又感到精力充沛和投入。你是否感覺自己的創造力、創新力、協作性變差，或是對工作中的變化更加封閉抗拒？你是否覺得自己工作更努力卻感覺效能不如平常？你是否有時會感到麻木、不知所措或想要逃離現狀？

首先，不要驚慌！中度的倦怠風險並不一定意味著你的處境已經絕望。事實上，了解自己的倦怠風險等級，是做出有意義改變的重要第一步。現在你該做的是，看看工作場所有哪些觸發因素正在增加你的壓力，以及可能帶給你壓力的思維和行為模式。

下一步是密切注意你最常感到壓力或焦慮的時間和地點。關於你的壓力觸發因素，你有什麼發現？是不是跟特定的時段、人、活動或經歷有關？想一想這些感受和想法對你生活不同面向的影響。不斷增加的壓力，如何影響你學習新事物的能力、你的人際關係、你在工作和家中的表現，以及你的身心健康？密切注意你在工作中的感受以及你如何應對壓力，將是降低進一步倦怠風險的關鍵。

最後，即使事情真的很困難，也要繼續聚焦於你可以產生的正面影響。犯錯時，對自己和他人要寬容、原諒。並且不要忘記，當你抽出時間陪伴你愛的人、做你喜愛的事，感覺是多麼的棒！在工作之外參與有意義的連結和活動，是對抗倦怠最有力的保護措施之一。

七十一到一百分＝高風險

你可能會覺得自己喪失了活力、熱情和信心。倦怠可能以多種不同的形式出現，並且因人而異產生不同的影響。生病、缺乏希望、不耐煩、易怒、工作表現或人際關係的品質下降，以及對工作無動於衷或漠不關心的感覺，都是倦怠的跡象。無論你正在經歷什麼，都要知道倦怠不是你的錯，而且是可以逆轉的。

你可能需要先檢查給你帶來壓力的組織問題。哪些是你可以控制並且可以改變的？哪些不是？超出我們控制範圍的壓力源，往往會讓我們感到情緒耗竭，增加倦怠的風險。請你加強自我照顧，有需要的時候請假休息，並且向各方求助：朋友、家人、導師、同事、上司、公司的員工資源團體或健康方案、高階主管教練，或是進行心理治療或諮商。

編按：請掃描 QR code，造訪 kandiwiens.com/burnout-quiz 網站，做「What's your burnout risk level?」檢測。

Analysis," *Arts in Psychotherapy* 83 (April 2023), https://doi.org/10.1016/j.aip.2023.102021.

[21] Kevin Beaty, "An Unlikely Union Between a Hospital and a Writers' Workshop Is Helping Medical Workers with Trauma," Denverite, March 21, 2023, https://denverite.com/2023/03/20/an-unlikely-union-between-a-hospital-and-a-writers-workshop-is-helping-medical-workers-with-trauma/.

[22] C. P. West, L. N. Dyrbye, D. V. Satele, and T. D. Shanafelt, "Colleagues Meeting to Promote and Sustain Satisfaction (COMPASS) Groups for Physician Well-Being: A Randomized Clinical Trial," *Mayo Clinic Proceedings* 96, no. 10 (October 2021): 2606–14, doi:10.1016/j.mayocp.2021.02.028.

[23] Mayo Clinic Program on Physician Well-Being, "Research Translated into Strategies in Practice," Mayo Clinic, https://www.mayo.edu/research/centers-programs/program-physician-well-being/platforms-excellence/research-translated-into-strategies-practice.

[24] Emine Saner, "Forget Regret! How to Have a Happy Life—According to the World's Leading Expert," *Guardian*, February 6, 2023, https://www.theguardian.com/lifeandstyle/2023/feb/06/how-to-have-a-happy-life-according-to-the-worlds-leading-expert.

stress-according-to-science?utm_medium=email&utm_source=newsletter_daily&utm_campaign=mtod_notactsubs, accessed May 17, 2023.

[10] U. Naidoo, "Eat to Beat Stress," *American Journal of Lifestyle Medicine* 15, no. 1 (December 2020): 39–42, doi:10.1177/1559827620973936.

[11] M. Söderström, K. Jeding, M. Ekstedt, A. Perski, and T. Åkerstedt, "Insufficient Sleep Predicts Clinical Burnout," *Journal of Occupational Health Psychology* 17, no. 2 (2012): 175–83, https://doi.org/10.1037/a0027518.

[12] Caroline Colvin, "Mental Health Benefits Untapped by Many Workers, Study Finds," HR Dive, March 23, 2023, https://www.hrdive.com/news/unused-mental-health-benefits-2023/645829/.

[13] Juliana Menasce Horowitz and Kim Parker, "How Americans View Their Jobs," Pew Research Center, Social & Demographic Trends Project, March 30, 2023, https://www.pewresearch.org/social-trends/2023/03/30/how-americans-view-their-jobs/.

[14] Kira Schabram, Matt Bloom, and DJ DiJonna, "Research: The Transformative Power of Sabbaticals," *Harvard Business Review*, February 23, 2023, https://hbr.org/2023/02/research-the-transformative-power-of-sabbaticals?utm_medium=email&utm_source=newsletter_daily&utm_campaign=dailyalert_notactsubs &deliveryName=DM255601.

[15] A. A. Green and E. V. Kinchen, "The Effects of Mindfulness Meditation on Stress and Burnout in Nurses," *Journal of Holistic Nursing* 39. no. 4 (December 2021): 356–68, doi:10.1177/08980101211015818; erratum in *Journal of Holistic Nursing* 40, no. 3 (September 2022): NP1–NP5.

[16] Tani Singer and Olga M. Klimecki, "Empathy and Compassion," *Current Biology*, September 22, 2014, https://www.sciencedirect.com/science/article/pii/S0960982214007702.

[17] Ibid.

[18] T. Dowling, "Compassion Does Not Fatigue!" *Canadian Veterinary Journal* 59, no. 7 (July 2018): 749–50.

[19] Marc Mosset al., "The Effect of Creative Arts Therapy on Psychological Distress in Health Care Professionals," *American Journal of Medicine* 135, no. 10 (October 2022): 1255–62.E5, https://doi.org/10.1016/j.amjmed.2022.04.016.

[20] Kristen A. Torres et al., "Creative Arts Intervention to Reduce Burnout and Decrease Psychological Distress in Healthcare Professionals: A Qualitative

Chapter 7 三重處方

[1] Christina Maslach and Michael P. Leiter, *The Truth About Burnout: How Organizations Cause Personal Stress and What to Do About It* (San Francisco: Jossey-Bass, 1997), 17.

[2] Stacy Weiner, "Thousands of Medical Residents Are Unionizing. Here's What That Means for Doctors, Hospitals, and the Patients They Serve," Association of American Medical Colleges, June 7, 2022, https://www.aamc.org/news/thousands-medical-residents-are-unionizing-here-s-what-means-doctors-hospitals-and-patients-they.

[3] "The U.S. Surgeon General's Framework for Workplace Mental Health & Well-Being," Office of the U.S. Surgeon General, 2022, https://www.hhs.gov/sites/default/files/workplace-mental-health-well-being.pdf, 4.

[4] T. Bell, M. Sprajcer, T. Flenady, and A. Sahay, "Fatigue in Nurses and Medication Administration Errors: A Scoping Review," *Journal of Clinical Nursing* 32, no. 17–18 (January 2023): 5445–60, https://doi.org/10.1111/jocn.16620.

[5] F. McCormick, J. Kadzielski, C. P. Landrigan, B. Evans, J. H. Herndon, and H. E. Rubash, "Surgeon Fatigue: A Prospective Analysis of the Incidence, Risk, and Intervals of Predicted Fatigue-Related Impairment in Residents," *Archives of Surgery* 147, no. 5 (2012): 430–35, doi:10.1001/archsurg.2012.84.

[6] C. L. Garcia et al., "Influence of Burnout on Patient Safety: Systematic Review and Meta-Analysis," *Medicina* (Kaunas, Lithuania) 55, no. 9 (August 30, 2019): 553, doi:10.3390/medicina55090553.

[7] J. P. Cimiotti, L. H. Aiken, D. M. Sloane, and E. S. Wu, "Nurse Staffing, Burnout, and Health Care– Associated Infection," *American Journal of Infection Control* 40, no. 6 (August 2012): 486–90, doi:10.1016/j.ajic.2012.02.029; erratum in *American Journal of Infection Control* 40, no. 7 (September 2012): 680.

[8] Catherine Price, "Why We All Need to Have More Fun," *New York Times*, December 23, 2021, https://www.nytimes.com/2021/12/23/well/mind/having-fun-suceeding-coronavirus-pandemic.html.

[9] Alyson Meister, Bonnie Hayden Cheng, Nele Dale, and Franciska Krings, "How to Recover from Work Stress, According to Science," *Harvard Business Review*, July 7, 2022, https://hbr.org/2022/07/how-to-recover-from-work-

Effective, Caring Leaders," Regent University, July 7, 2022, https://www.regent.edu/journal/journal-of-virtues-leadership/character-and-servant-leadership-ten-characteristics-of-effective-caring-leaders/, accessed April 5, 2023.

[34] Jerry L. Chi and Grace C. Chi, "The Impact of Servant Leadership on Job Burnout Among Employees of a Christian Hospital," *International Journal of Management and Human Resources* 1, no. 1 (2013): 86+, https://link.gale.com/apps/doc/A401381747/AONE?u=anon~186b0ca7&sid=googleScholar&xid=eeba2bb7, accessed April 6, 2023.

[35] Kevin W. Westbrook, Duncan Nicol, Julie K. Nicol, and Denise Thornton Orr, "Effects of Servant Leadership Style on Hindrance Stressors, Burnout, Job Satisfaction, Turnover Intentions, and Individual Performance in a Nursing Unit," *Journal of Health Management* 24, no. 4 (2022): 670–84, https://doi.org/10.1177/09720634221128100.

[36] Zhenyao Cai, Yimin Mao, Ting Gong, Ying Xin, and Jiayun Lou, "The Effect of Servant Leadership on Work Resilience: Evidence from the Hospitality Industry During the COVID-19 Period," *International Journal of Environmental Research and Public Health* 20, no. 2 (2023): 1322, https://doi.org/10.3390/ijerph20021322.

[37] C. M. Grunhaus, T. J. Ward, V. E. Tuazon, and K. James, "The Impact of Supervisor Servant Leadership on Counselor Supervisee Burnout and Secondary Traumatic Stress," *Teaching and Supervision in Counseling* 5, no. 1 (2023): 1–12, https://doi.org/10.7290/tsc05csj9.

[38] Guangya Zhou, Rani Gul, and Muhammad Tufail, "Does Servant Leadership Stimulate Work Engagement? The Moderating Role of Trust in the Leader," *Frontiers in Psychology* 13 (July 5, 2022), https://doi.org/10.3389/fpsyg.2022.925732.

[39] Z. Hashem and P. Zeinoun, "Self-Compassion Explains Less Burnout Among Healthcare Professionals," *Mindfulness* 11 (2020): 2542–51, https://doi.org/10.1007/s12671-020-01469-5.

[40] Elise S. Vaillancourt and Louise Wasylkiw, "The Intermediary Role of Burnout in the Relationship Between Self-Compassion and Job Satisfaction Among Nurses," *Canadian Journal of Nursing Research* 52, no. 4 (2019): 246–54, https://doi.org/10.1177/0844562119846274.

and Suicide Risk in Medical Doctors," *La Clinica Terapeutica* 161, no. 6 (November–December 2010):511–14, PMID:21181078.

[19] Angela B. Pharris, Ricky T. Munoz, and Chan M. Hellman, "Hope and Resilience as Protective Factors Linked to Lower Burnout Among Child Welfare Workers," *Children and Youth Services Review* 136(C) (2022).

[20] H. Gustafsson, P. Hassmén, and L. Podlog, "Exploring the Relationship Between Hope and Burnout in Competitive Sport," *Journal of Sports Science* 28, no. 14 (December 2010): 1495–504, doi:10.1080/02640414.2010.521943.

[21] Annie McKee, *How to Be Happy at Work: The Power of Purpose, Hope, and Friendship* (Cambridge, MA: Harvard Business School Press, 2018), 92.

[22] Ibid., 5.

[23] Barbara Fredrickson, *Positivity: Embrace the Hidden Strength of Positive Emotions, Overcome Negativity, and Thrive* (New York: Crown, 2009).

[24] A. Keller et al., "Does the Perception That Stress Affects Health Matter? The Association with Health and Mortality," *Health Psychology* 31, no. 5 (September 2012): 677–84, doi:10.1037/a0026740.

[25] Kelly McGonigal, *The Upside of Stress: Why Stress Is Good for You, and How to Get Good at It* (New York: Avery, 2016), 69.

[26] Octavia H. Zahrt and Alia J. Crum, "Perceived Physical Activity and Mortality: Evidence from Three Nationally Representative U.S. Samples," *Health Psychology* 36, no. 11 (2017): 1017–25, https://doi.org/10.1037/hea0000531.

[27] Ibid.

[28] McGonigal, *The Upside of Stress*, 17.

[29] Alia Crum, "Evaluating a Mindset Training Program to Unleash the Enhancing Nature of Stress," *Academy of Management Proceedings* 2011, no. 1 (November 30, 2017):1–6, https://doi.org/10.5465/ambpp.2011.65870502.

[30] McGonigal, *The Upside of Stress*, 60.

[31] Ibid., 120.

[32] Nathan Eva, Mulyadi Robin, Sen Sendjaya, Dirk van Dierendonck, and Robert C. Liden, "Servant Leadership: A Systematic Review and Call for Future Research," *Leadership Quarterly* 30, no. 1 (2019): 111–32, https://doi.org/10.1016/j.leaqua.2018.07.004.

[33] Larry Spears, "Character and Servant Leadership: Ten Characteristics of

(May 2005): 313–32, doi:10.1080/02699930441000238.

[7] B. L. Fredrickson and R. W. Levenson, "Positive Emotions Speed Recovery from the Cardiovascular Sequelae of Negative Emotions," *Cognition and Emotion* 12, no. 2 (March 1998): 191–220, doi:10.1080/026999398379718.

[8] Fredrickson, "The Broaden-and-Build Theory of Positive Emotions."

[9] J. Perlo, B. Balik, S. Swensen, A. Kabcenell, J. Landsman, and D. Feeley, "IHI Framework for Improving Joy in Work," white paper, Institute for Healthcare Improvement, 2017.

[10] "Joy in Work Results-Oriented Learning Network Case Study: Mayo Clinic," Institute for Healthcare Improvement, 2021, https://www.ihi.org/Engage/collaboratives/joy-results/Documents/IHI_Joy-in-Work-ROLN_Case-Study_Mayo-Clinic.pdf, accessed April 13, 2023.

[11] Amar Shah, "Defying the Odds to Create Workforce Joy and Well-Being," Institute for Healthcare Improvement, January 5, 2023, https://www.ihi.org/communities/blogs/defying-the-odds-to-create-workforce-joy-and-well-being, accessed April 13, 2023.

[12] "Joy in Work Results-Oriented Learning Network Case Study: Mayo Clinic," Institute for Healthcare Improvement, 2021, https://www.ihi.org/Engage/collaboratives/joy-results/Documents/IHI_Joy-in-Work-ROLN_Case-Study_Mayo-Clinic.pdf.

[13] Lewina O. Lee, Peter James, Emily S. Zevon, Eric S. Kim, Claudia Trudel-Fitzgerald, Avron Spiro, Francine Grodstein, and Laura D. Kubzansky, "Optimism Is Associated with Exceptional Longevity in 2 Epidemiologic Cohorts of Men and Women," *Proceedings of the National Academy of Sciences* 116, no. 37 (2019): 18357–62, https://doi.org/10.1073/pnas.1900712116.

[14] Karen Reivich and Andrew Shatté, *The Resilience Factor: 7 Essential Skills for Overcoming Life's Inevitable Obstacles* (New York: Three Rivers Press, 2003), 40.

[15] Ibid., 41.

[16] Ibid.

[17] C. R. Snyder, Kevin Rand, and David Sigmund, "Hope Theory," in *The Oxford Handbook of Hope*, ed. Shane J. Lopez and Matthew Gallagher (New York: Oxford University Press, 2018), 257–76.

[18] M. Pompili, M. Innamorati, V. Narciso et al., "Burnout, Hopelessness

[20] Sigal Barsade, "No Employee Is an Island: How Loneliness Affects Job Performance," Wharton IDEAS Lab, https://ideas.wharton.upenn.edu/research/how-loneliness-affects-job-performance/.

[21] BetterUp Insights Report.

[22] Ibid.

[23] Emma Seppälä and Marissa King, "Burnout at Work Isn't Just About Exhaustion. It's Also About Loneliness," *Harvard Business Review*, June 29, 2017, https://hbr.org/2017/06/burnout-at-work-isnt-just-about-exhaustion-its-also-about-loneliness.

[24] Rob Cross, Karen Dillon, and Danna Greenberg, "The Secret to Building Resilience," *Harvard Business Review*, September 17, 2021. https://hbr.org/2021/01/ the-secret-to-building-resilience, accessed March 11, 2023.

[25] Patrick Lencioni, "Make Your Values Mean Something," *Harvard Business Review*, January 30, 2023, https://hbr.org/2002/07/make-your-values-mean-something, accessed March 8, 2023.

[26] Kelly McGonigal, *The Upside of Stress: Why Stress Is Good for You, and How to Get Good at It* (New York: Avery, 2016), 71.

[27] Kelly McGonigal, *The Upside of Stress*, 75.

Chapter 6 獲得倦怠免疫力的四種關鍵心態

[1] Carol S. Dweck, *Mindset: The New Psychology of Success* (New York: Random House, 2006), ix, 6.

[2] Ibid., 6.

[3] Ibid., 7.

[4] "Emotional and Social Intelligence Leadership Competencies: An Overview," Key Step Media, https://www.keystepmedia.com/emotional-social-intelligence-leadership-competencies/, accessed March 28, 2023.

[5] Barbara L. Fredrickson, "The Broaden-and-Build Theory of Positive Emotions," *Philosophical Transactions of the Royal Society of London. Series B: Biological Sciences* 359, no. 1449 (2004): 1367–77, https://doi.org/10.1098/rstb.2004.1512.

[6] B. L. Fredrickson, C. Branigan, "Positive Emotions Broaden the Scope of Attention and Thought-Action Repertoires," *Cognition and Emotion* 19, no. 3

[8] You can find the full results at https://www.adultdevelopmentstudy.org/.

[9] Scott Stossel, "What Makes Us Happy, Revisited," *Atlantic*, February 19, 2014, https://www.theatlantic.com/magazine/archive/2013/05/thanks-mom/309287/, accessed March 5, 2023.

[10] Melanie Curtin, "This 75-Year Harvard Study Found the 1 Secret to Leading a Fulfilling Life," *Inc.*, February 27, 2017, https://www.inc.com/melanie-curtin/want-a-life-of-fulfillment-a-75-year-harvard-study-says-to-prioritize-this-one-t.html, accessed March 5, 2023.

[11] Brené Brown, *Atlas of the Heart: Mapping Meaningful Connection and the Language of Human Experience* (New York: Random House, 2021), 169.

[12] Richard E. Boyatzis, Annie McKee, and Daniel Goleman, *Primal Leadership: Unleashing the Power of Emotional Intelligence* (Boston: Harvard Business Review Press, 2013), 6–7.

[13] Emine Saner, "Forget Regret! How to Have a Happy Life—According to the World's Leading Expert," *Guardian*, February 6, 2023, https://www.theguardian.com/lifeandstyle/2023/feb/06/how-to-have-a-happy-life-according-to-the-worlds-leading-expert, accessed March 5, 2023.

[14] Brown, *Atlas of the Heart*, 171.

[15] Fedor Galkin, Kirill Kochetov, Diana Koldasbayeva, Manuel Faria, Helene H. Fung, Amber X. Chen, and Alex Zhavoronkov, "Psychological Factors Substantially Contribute to Biological Aging: Evidence from the Aging Rate in Chinese Older Adults," *Aging* 14, no. 18 (September 27, 2022): 7206–22, https://doi.org/10.18632/aging.204264.

[16] L. C. Hawkley, "Loneliness and Health," *Nature Reviews Disease Primers* 8, no. 22 (2022), https://doi.org/10.1038/s41572-022-00355-9.

[17] BetterUp Insights Report—2022, The Connection Crisis, BetterUp, https://grow.betterup.com/resources/build-a-culture-of-connection-report, accessed November 9, 2022.

[18] R. Clair, M. Gordon, M. Kroon, et al., "The Effects of Social Isolation on Well-Being and Life Satisfaction During Pandemic," *Humanities and Social Sciences Communications* 8, no. 28 (2021), https://doi.org/10.1057/s41599-021-00710-3.

[19] "The Loneliness Epidemic Persists: A Post-Pandemic Look at the State of Loneliness Among U.S. Adults," https://newsroom.cigna.com/loneliness-epidemic-persists-post-pandemic-look.

Longitudinal Evidence," *Journal of Personality and Social Psychology* 115, no. 6 (2018), doi:10.1037/pspp0000157.

[11] "ICF, the Gold Standard in Coaching: Read About ICF," International Coaching Federation, August 18, 2022, https://coachingfederation.org/about, accessed January 30, 2023.

[12] G. Gazelle, J. M. Liebschutz, and H. Riess, "Physician Burnout: Coaching a Way Out," *Journal of General Internal Medicine*, U.S. National Library of Medicine, December 20, 2014, https://pubmed.ncbi.nlm.nih.gov/25527340/, accessed January 30, 2023.

[13] Chris Bittinger, "The Influence of Executive Coaching on Executive Leaders' Ability to Manage Stress and Mitigate Burnout" (EdD diss., University of Pennsylvania, 2023).

Chapter 5　使命、人與價值觀

[1] Naina Dhingra, Andrew Samo, Bill Schaninger, and Matt Schrimper, "Help Your Employees Find Purpose—or Watch Them Leave," McKinsey & Company, April 5, 2021, https://www.mckinsey.com/capabilities/people-and-organizational-performance/our-insights/help-your-employees-find-purpose-or-watch-them-leave, accessed March 7, 2023.

[2] Shawn Achor, Andrew Reece, Gabriella Rosen Kellerman, and Alexi Robichaux, "9 Out of 10 People Are Willing to Earn Less Money to Do More-Meaningful Work," *Harvard Business Review*, November 6, 2018, https://hbr.org/2018/11/9-out-of-10-people-are-willing-to-earn-less-money-to-do-more-meaningful-work, accessed March 6, 2023.

[3] Dhingra et al., "Help Your Employees Find Purpose."

[4] Achor et al., "9 Out of 10 People."

[5] "The U.S. Surgeon General's on team performance: "The U.S. Surgeon General's Framework for Workplace Mental Health & Well-Being," Office of the U.S. Surgeon General, 2022, https://www.hhs.gov/sites/default/files/workplace-mental-health-well-being.pdf, 26.

[6] Dhingra et al., "Help Your Employees Find Purpose."

[7] Gretchen Schmelzer, "One True Thing," November 6, 2022, http://gretchenschmelzer.com/blog-1/2022/11/6/one-true-thing, accessed February 19, 2023.

Business Review, June 21, 2017, https://hbr.org/2017/06/handle-your-stress-better-by-knowing-what-causes-it.

[27] Juliana Rosati, "Facing the Moment: Professor Howard Stevenson on Managing Racial Conflict Through Racial Literacy," *Penn GSE*, April 14, 2016, https://www.gse.upenn.edu/news/facing-moment-professor-howard-stevenson-managing-racial-conflict-through-racial-literacy, accessed January 9, 2023.

Chapter 4　調節的力量與展望

[1] Brené Brown, *Atlas of the Heart: Mapping Meaningful Connection and the Language of Human Experience* (New York: Random House, 2021), 6–7.

[2] M. Speer and M. Delgado, "Reminiscing About Positive Memories Buffers Acute Stress Responses," *Nature Human Behavior* 1, no. 0093 (2017), https://doi.org/10.1038/s41562-017-0093.

[3] Gretchen Schmelzer, "In Praise of Distraction," January 19, 2023, http://gretchenschmelzer.com/blog-1/2015/2/5/in-praise-of-distraction.

[4] Susan Jennifer Thomas and Theresa Larkin, "Cognitive Distortions in Relation to Plasma Cortisol and Oxytocin Levels in Major Depressive Disorder," *Frontiers in Psychiatry* 10 (2020), https://doi.org/10.3389/fpsyt.2019.00971.

[5] Kristin Neff, "Why We Need to Have Compassion for Our Inner Critic," Self-Compassion, https://self-compassion.org/why-we-need-to-have-compassion-for-our-inner-critic/, accessed December 27, 2022.

[6] Kristin Neff, "The Physiology of Self-Compassion," Self-Compassion, https://self-compassion.org/the-physiology-of-self-compassion/, accessed December 26, 2022.

[7] Catherine Moore, "How to Practice Self-Compassion: 8 Techniques and Tips," PositivePsychology.com, June 2, 2019, https://positivepsychology.com/how-to-practice-self-compassion/,accessed January 27, 2023.

[8] Ibid.

[9] Kristin Neff, "Exercise 2: Self-Compassion Break," Self-Compassion, December 13, 2015, https://self-compassion.org/exercise-2-self-compassion-break/, accessed January 27, 2023.

[10] B. Q. Ford, P. Lam, O. P. John, and I. B. Mauss, "The Psychological Health Benefits of Accepting Negative Emotions and Thoughts: Laboratory, Diary, and

[9] McGonigal, *The Upside of Stress*, 137.

[10] Ibid.

[11] Ibid.

[12] Ibid., 139.

[13] M. P. Mattson, "Hormesis Defined," *Ageing Research Reviews* 7, no. 1 (January 2008): 1–7, doi: 10.1016/j.arr.2007.08.007.

[14] Assaf Oshri et al., "Low-to-Moderate Level of Perceived Stress Strengthens Working Memory: Testing the Hormesis Hypothesis Through Neural Activation," ScienceDirect, November 5, 2022, https://doi.org/10.1016/j.neuropsychologia.2022.108354, accessed January 27, 2023.

[15] Linda Graham and Rick Hanson, *Bouncing Back: Rewiring Your Brain for Maximum Resilience and Well-Being* (Novato, CA: New World Library, 2013), 191.

[16] Ibid., 194.

[17] Ibid., 201.

[18] Ibid., 207.

[19] Ibid., 206–7.

[20] Ibid., 196.

[21] Ibid., 210–12.

[22] Holly MacCormick, "How Stress Affects Your Brain and How to Reverse It," *Scope* (blog), Stanford University School of Medicine, October 7, 2020, https://scopeblog.stanford.edu/2020/10/07/how-stress-affects-your-brain-and-how-to-reverse-it/accessed January 16, 2023.

[23] Kirsten Weir, "Nurtured by Nature," Monitor on Psychology, American Psychological Association, April 1, 2020, https://www.apa.org/monitor/2020/04/nurtured-nature, accessed January 16, 2023.

[24] A. Gračanin, L. M. Bylsma, A. J. Vingerhoets, "Is Crying a Self-Soothing Behavior?," *Frontiers in Psychology* 5, no. 502 (May 28, 2014), doi:10.3389/fpsyg.2014.00502.

[25] David Richo, *Triggers: How We Can Stop Reacting and Start Healing* (Boulder, CO: Shambhala, 2019), 1.

[26] Anne Grady, "Handle Your Stress Better by Knowing What Causes It," *Harvard* org/10.1177/00018392221135606.

[45] Graham, *Bouncing Back*, xxv–xxvi.

[46] Dr. Peter Loper, interview with the author, October 7, 2022.

[47] L. S. Varghese, A. P. Rogers, L. Finkelstein, and L. K. Barber, "Examining Mentors as Buffers of Burnout for Employees High in Neuroticism," *Human Resource Development Quarterly* 31, no. 3 (2020): 281–300, https://doi.org/10.1002/hrdq.21390.

[48] J. M. Grusnick, E. Garacci, C. Eiler, J. S. Williams, and L. E. Egede, "The Association Between Adverse Childhood Experiences and Personality, Emotions and Affect: Does Number and Type of Experiences Matter?" *Journal of Research in Personality* 85 (April 2020): 103908, doi:10.1016/j.jrp.2019.103908.

[49] Elizabeth Hopper, "Understanding Self-Efficacy," ThoughtCo., August 11, 2021, https://www.thoughtco.com/self-efficacy-4177970.

Chapter 3 善用壓力

[1] "Understanding the Stress Response," Harvard Health, July 6, 2020, https://www.health.harvard.edu/staying-healthy/understanding-the-stress-response, accessed January 9, 2023.

[2] Melanie Greenberg, *The Stress-Proof Brain: Master Your Emotional Response to Stress Using Mindfulness and Neuroplasticity* (Oakland, CA: New Harbinger, 2016), 21.

[3] Paula Davis, "What Is Your Stress Response Style?" *Psychology Today*, August 17, 2018, https://www.psychologytoday.com/us/blog/pressure-proof/201808/what-is-your-stress-response-style, accessed January 10, 2023.

[4] Kelly McGonigal, *The Upside of Stress: Why Stress Is Good for You, and How to Get Good at It* (New York: Avery, 2016).

[5] Ibid., 109.

[6] Ibid., 113.

[7] Ibid.

[8] S. E. Taylor et al., "Biobehavioral Responses to Stress in Females: Tend-and-Befriend, Not Fight-or-Flight," *Psychological Review* 107, no. 3 (2000): 411–29, https://doi.org/10.1037/0033-295X.107.3.411.

[35] "Fast Facts: Preventing Adverse Childhood Experiences," Centers for Disease Control and Prevention, last reviewed June 29, 2023, https://www.cdc.gov/violenceprevention/aces/fastfact.html.

[36] https://www.ncbi.nlm.nih.gov/books/NBK541120/.

[37] "ACEs and Toxic Stress: Frequently Asked Questions," Center on the Developing Child, https://developingchild.harvard.edu/resources/aces-and-toxic-stress-frequently-asked-questions/.

[38] C. A. Nelson et al., "Adversity in Childhood Is Linked to Mental and Physical Health Throughout Life," *BMJ*, October 28, 2020, https://www.bmj.com/content/371/bmj.m3048.

[39] Marilyn Metzler, Melissa T. Merrick, Joanne Klevens, Katie A. Ports, and Derek C. Ford, "Adverse Childhood Experiences and Life Opportunities: Shifting the Narrative," *Children and Youth Services Review* 72 (2017): 141–49, https://doi.org/10.1016/j.childyouth.2016.10.021.

[40] Peter Yellowlees et al., "The Association Between Adverse Childhood Experiences and Burnout in a Regional Sample of Physicians," *Acad Psychiatry* 45, no. 2 (April 2021): 159–63, https://pubmed.ncbi.nlm.nih.gov/33409937/.

[41] Gloria McKee-Lopez, Leslie Robbins, Elias Provencio-Vasquez, and Hector Olvera, "The Relationship of Childhood Adversity on Burnout and Depression Among BSN Students," *Journal of Professional Nursing* 35, no. 2 (2019): 112–19, https://doi.org/10.1016/j.profnurs.2018.09.008.

[42] Eric M. Brown, Kristy L. Carlisle, Melanie Burgess, Jacob Clark, and Ariel Hutcheon, "Adverse and Positive Childhood Experiences of Clinical Mental Health Counselors as Predictors of Compassion Satisfaction, Burnout, and Secondary Traumatic Stress," *Professional Counselor* 12, no. 1 (February 7, 2022): 49–64, https://doi.org/10.15241/emb.12.1.49.

[43] Elizabeth Crouch, Elizabeth Radcliff, Melissa Strompolis, and Aditi Srivastav, "Safe, Stable, and Nurtured: Protective Factors Against Poor Physical and Mental Health Outcomes Following Exposure to Adverse Childhood Experiences (ACEs)," *Journal of Child & Adolescent Trauma* 12, no. 2 (May 25, 2018): 165–73, https://doi.org/10.1007/s40653-018-0217-9. Emphasis added.

[44] A. Michel, "Embodying the Market: The Emergence of the Body Entrepreneur," *Administrative Science Quarterly* 68, no. 1 (March 2023): 44–96, https://doi.

color-at-work?utm_medium=email&utm_source=newsletter_daily&utm_campaign=dailyalert_notactsubs&deliveryName=DM217219.

[22] Michael Housman and Dylan Minor, "Toxic Workers," Working Paper 16-057, Harvard Business School, 2015, https://www.hbs.edu/ris/Publication%20Files/16-057_d45c0b4f-fa19-49de-8f1b-4b12fe054fea.pdf.

[23] Amy Gallo, "How to Manage a Toxic Employee," *Harvard Business Review*, October 3, 2016, https://hbr.org/2016/10/how-to-manage-a-toxic-employee.

[24] Jacqueline Brassey, Erica Coe, Martin Dewhurst, Kana Enomoto, Barbara Jeffrey, Renata Giarola, and Brad Herbig, "Addressing Employee Burnout: Are You Solving the Right Problem?," McKinsey & Company, October 7, 2022, https://www.mckinsey.com/mhi/our-insights/addressing-employee-burnout-are-you-solving-the-right-problem.

[25] Housman and Minor, "Toxic Workers."

[26] L. Bonnesen, S. Pihl-Thingvad, and V. Winter, "The Contagious Leader: A Panel Study on Occupational Stress Transfer in a Large Danish Municipality," *BMC Public Health* 22, no. 1874 (2022), https://doi.org/10.1186/s12889-022-14179-5.

[27] S. G. Barsade, "The Ripple Effect: Emotional Contagion and Its Influence on Group Behavior," *Administrative Science Quarterly* 47, no. 4 (2002): 644–75, http://dx.doi.org/10.2307/3094912.

[28] Devon Price, "Burnout contagion: Managing and reducing socially-transmitted burnout," CQ Net, April 25, 2018, https://www.ckju.net/en/dossier/burnout-contagion-managing-and-reducing-socially-transmitted-burnout.

[29] Sigal Barsade, "Emotional Contagion," Wharton@Work newsletter, https://executiveeducation.wharton.upenn.edu/wp-content/uploads/2018/03/1102-Emotional-Contagion.pdf.

[30] https://psychcentral.com/health/temperament-and-personality#temperaments-influence.

[31] Linda Graham, *Bouncing Back: Rewiring Your Brain for Maximum Resilience and Well-Being* (Novato, CA: New World Library, 2013), 4, 11.

[32] Ibid., 4.

[33] Ibid., xxv.

[34] Ibid., 5.

[5] These results are based upon eighty-five clients' multi-rater assessments.

[6] Edward Segal, "New Surveys Show Burnout Is an International Crisis," *Forbes*, October 15, 2022, https://www.forbes.com/sites/edwardsegal/2022/10/15/surveys-show-burnout-is-an-international-crisis/?sh=5343e2867cf7.

[7] Michael P. Leiter and Christina Maslach, *The Truth About Burnout: How Organizations Cause Personal Stress and What to Do About It* (San Francisco, CA: Jossey-Bass Inc., 1997), 21.

[8] "Understanding Job Burnout," IT Revolution, February 18, 2019, https://itrevolution.com/understanding-job-burnout-christina-maslach/.

[9] Ibid.

[10] Michael Leiter and Christina Maslach, "Six Areas of Worklife: A Model of the Organizational Context of Burnout," *Journal of Health and Human Services Administration* 21 (1999): 472–89.

[11] Ibid.

[12] Axonify, "Axonify Releases Annual Global State of Frontline Work Experience Study," PR Newswire, October 14, 2021, https://www.prnewswire.com/news-releases/axonify-releases-annual-global-state-of-frontline-work-experience-study-301399564.html.

[13] Leiter and Maslach, "Six Areas of Worklife."

[14] "The U.S. Surgeon General's Framework for Workplace Mental Health & Well-Being," Office of the U.S. Surgeon General, 2022, https://www.hhs.gov/sites/default/files/workplace-mental-health-well-being.pdf, 24.

[15] Ibid., 25.

[16] Ibid., 26.

[17] Leiter and Maslach, "Six Areas of Worklife."

[18] Ibid.

[19] Ben Wigert and Sangeeta Agrawal, "Employe Burnout, Part 1: The 5 Main Causes," Gallup, July 12, 2018, https://www.gallup.com/workplace/237059/employee-burnout-part-main-causes.aspx.

[20] Leiter and Maslach, "Six Areas of Worklife."

[21] Ruchika Tulshyan, "The Psychological Toll of Being the Only Woman of Color at Work," *Harvard Business Review*, September 20, 2022, https://hbr.org/2022/09/the-psychological-toll-of-being-the-only-woman-of-

原書附註

Chapter 1 擺脫倦怠

[1] Daniel Goleman, *Emotional Intelligence: Why It Can Matter More Than IQ* (New York: Bantam Books, 1995).

[2] Departmental News, "Burn-out an'occupational phenomenon': International Classification of Diseases," World Health Organization, May28, 2019, https://www.who.int/news/item/28-05-2019-burn-out-an-occupational-phenomenon-international-classification-of-diseases.

[3] Daniel Goleman and Richard E. Boyatzis, "Emotional Intelligence Has 12 Elements. Which Do You Need to Work On?" *Harvard Business Review*, February 6, 2017, https://hbr.org/2017/02/emotional-intelligence-has-12-elements-which-do-you-need-to-work-on.

[4] Carmen Allison, "Intense Workplace Pressure: Exploring the Causes and Intrapersonal Effects of Pressure on Executive Leaders" (EdD diss., University of Pennsylvania, 2023), https://www.proquest.com/docview/2811838428.

[5] "Asana Anatomy of Work Index 2022: Work About Work Hampering Organizational Agility," Asana, April 5, 2022, https://investors.asana.com/news/news-details/2022/Asana-Anatomy-of-Work-Index-2022-Work-About-Work-Hampering-OrganizationalAgility/default.aspx.

Chapter 2 「你」的個案研究

[1] Tasha Eurich, "What Self-Awareness Really Is (And How to Cultivate It)," *Harvard Business Review*, January 4, 2018, https://hbr.org/2018/01/what-self-awareness-really-is-and-how-to-cultivate-it.

[2] Lauren Landry, "Why EmotionalIntelligence Is Important in Leadership," *Business Insights* (blog), April 3, 2019,https://online.hbs.edu/blog/post/emotional-intelligence-in-leadership#:~:text=Leaders%20who%20excel%20in%20social,more%20effectively%20with%20their%20peers.

[3] Tasha Eurich, "Working with People Who Aren't Self-Aware," *Harvard Business Review*, October 19, 2018, https://hbr.org/2018/10/working-with-people-who-arent-self-aware.

[4] Ibid.

國家圖書館出版品預行編目（CIP）資料

你，燃燒殆盡了嗎？：用情商打造倦怠免疫力，在壓力下維持高效能，和工作建立更健康的關係／坎蒂・韋恩斯 (Kandi Wiens) 著；葛窈君譯 .-- 初版 .-- 新北市：方舟文化，遠足文化事業股份有限公司，2024.07
392 面 ; 14.8×21 公分 . -- (職場方舟；28)
譯　自：Burnout immunity: how emotional intelligence can help you build resilience and heal your relationship with work
ISBN 978-626-7442-40-1(平裝)

1.CST: 疲勞　2.CST: 工作壓力　3.CST: 生活指導
176.76　113006966

職場方舟 0028

你，燃燒殆盡了嗎？

用情商打造倦怠免疫力，在壓力下維持高效能，和工作建立更健康的關係

Burnout Immunity: How Emotional Intelligence Can Help You Build Resilience and Heal Your Relationship with Work

作　　者　坎蒂・韋恩斯（Kandi Wiens）
譯　　者　葛窈君
封面設計　Bert.design
內頁設計　Atelier Design Ours
內頁排版　吳思融
主　　編　錢滿姿
行銷經理　許文薰
總 編 輯　林淑雯

出 版 者　方舟文化／遠足文化事業股份有限公司
發　　行　遠足文化事業股份有限公司（讀書共和國出版集團）
231 新北市新店區民權路 108-2 號 9 樓
電話：（02）2218-1417
傳真：（02）8667-1851
劃撥帳號：19504465
戶名：遠足文化事業股份有限公司
客服專線：0800-221-029
E-MAIL：service@bookrep.com.tw
網　　站　www.bookrep.com.tw
印　　製　中原造像股份有限公司
法律顧問　華洋法律事務所　蘇文生律師
定　　價　460 元
初版一刷　2024 年 7 月

方舟文化官方網站

方舟文化讀者回函